Petites Chroniques du dimanche soir

Du même auteur

Le Système de Leibniz et ses modèles mathématiques, PUF, 1982 (1re éd. 1968)
Hermès I, La Communication, Éditions de Minuit, 1969
Hermès II, L'Interférence, Éditions de Minuit, 1972
Hermès III, La Traduction, Éditions de Minuit, 1974
Jouvences, Sur Jules Verne, Éditions de Minuit, 1974
Auguste Comte, Leçons de philosophie positive, tome I, Hermann, 1975
Esthétiques sur Carpaccio, Hermann, 1975
Feux et signaux de brume, Zola, Grasset, 1975
Hermès IV, La Distribution, Éditions de Minuit, 1977
La Naissance de la physique dans le texte de Lucrèce, Éditions de Minuit, 1977
Hermès V, Passage du Nord-Ouest, Éditions de Minuit, 1980
Le Parasite, Grasset, 1980
Genèse, Grasset, 1982
Détachement, Flammarion, 1983
Rome. Le Livre des fondations, Grasset, 1983
Les Cinq Sens, Grasset, 1985
L'Hermaphrodite, Flammarion, 1987
Statues, François Bourin, 1987
Éléments d'histoire des sciences (en collaboration), Bordas, 1989
Le Contrat naturel, François Bourin, 1990
Le Tiers-Instruit, François Bourin, 1991
Discours de réception de Michel Serres à l'Académie française et réponse de Bertrand Poirot Delpech, François Bourin, 1991.
Éclaircissements (entretiens avec Bruno Latour), François Bourin, 1992
La Légende des Anges, Flammarion, 1993
Les Origines de la géométrie, Flammarion, 1993
Atlas, Julliard, 1994
Éloge de la philosophie en langue française, Fayard, 1995
Nouvelles du monde, Flammarion, 1997
Le Trésor, dictionnaire des sciences (en collaboration), Flammarion, 1997
À visage différent (en collaboration), Hermann, 1997
Paysages des sciences (en collaboration), Le Pommier, 1999
Variations sur le corps, Le Pommier, 1999
Hergé, mon ami, Éditions Moulinsart, 2000.
Hominescence, Le Pommier, 2001
L'Incandescent, Le Pommier, 2003
Jules Verne, la science et l'homme contemporain, Le Pommier, 2003
Rameaux, Le Pommier, 2004
Récits d'Humanisme, Le Pommier, 2006

Michel Serres
de l'Académie française

Petites Chroniques du dimanche soir

Entretiens avec Michel Polacco

avec la collaboration de Barbara Merle et Jean-Christophe Ogier

france info

Éditions
Le Pommier

relectures : Elisabeth Belorgey et Valérie Gautheron

ISBN 2-7465-0289-5
239, rue Saint-Jacques 75005 Paris
www.editions-lepommier.fr

— *Michel Serres, bonsoir.*

— Bonsoir, Michel Polacco.

— *Michel Serres, vous souvenez-vous de notre première entrevue, au printemps 2004 ? Chargée des chroniques à France Info, Barbara Merle avait eu l'idée de nous réunir à la terrasse d'un restaurant, non loin de la Maison de Radio France. Je dirigeais cette station depuis plus d'un an. Je vous ai dit qu'écrite et audiovisuelle, la presse française diffusait une information étroite et stéréotypée. Que j'en souffrais, en tant qu'auditeur et téléspectateur, mais aussi en tant que responsable d'une grande station de radio. Que je rêvais d'une chronique où quelqu'un, au fait des sciences et de la philosophie, mais les pieds sur terre, nous aiderait à regarder l'actualité sous un angle différent. Et je concluais : « Qu'est-ce que le titre d'un journal à l'échelle d'une vie ou à celle de l'humanité ? »*

— « Qu'y a-t-il de nouveau dans les nouvelles ? vous ai-je répondu. Merci de me juger digne de répondre à cette question qui me travaille depuis longtemps et à laquelle je ne m'étais jamais essayé. J'accepte de tenter l'aventure. »

Ainsi, depuis la rentrée radiophonique 2004, le bureau du directeur de France info résonne, chaque semaine à la manière d'un salon de philosophie : studieux, enjoué, enthousiaste. Barbara Merle, le plus souvent, choisit dans l'actualité un sujet sur lequel « les deux Michel » s'accordent à rebondir, relancés au fil de l'émission par Jean-Christophe Ogier, adjoint au directeur de la rédaction. Le journaliste partage avec le philosophe la curiosité, l'intérêt pour les sciences, le goût du contre-pied. Une parenthèse de détente exquise, où chacun apprend et se réjouit au contact de l'autre… Voici donc le résultat de ces dialogues improvisés ; voici, recueillies sur plus d'une année, les sept minutes hebdomadaires du « sens de l'info », enregistrées dans les conditions du direct et retranscrites ici le plus fidèlement possible pour en préserver l'authenticité.

Les États-Unis de George W. Bush

Chronique du 5 septembre 2004

— *Michel Serres, bonjour.*

— Bonjour.

— *Avec vous, chaque dimanche, nous allons essayer de décrypter ou de dégager le sens de l'info. Relativiser ou parler sans ambages, nous interdire d'être « politiquement correct », comme on dit. Nous allons essayer de donner un contexte et une dimension aux événements : s'agit-il d'épiphénomènes, d'anecdotes, entrons-nous au contraire dans une nouvelle ère, est-ce le début d'un nouveau cycle ? Avec vous, philosophe et homme de sciences, au parcours atypique, de l'École navale à l'Académie française, de la France aux États-Unis – vous êtes professeur à l'université de Stanford et à la Sorbonne –, nous allons tenter de poser des balises, d'adopter un recul stratégique face à cette actualité que nous traitons sans cesse à chaud dans la presse – particulièrement, avec l'intérêt que l'on connaît, à France Info. Et puis cette idée vous a plu.*

— Elle me plaît au moins pour une raison. L'actualité me met souvent mal à l'aise. Pourquoi ? Parce que je me pose la question : qu'y a-t-il de nouveau dans ces nouvelles ? Parmi elles, on trouve, parfois, rarement, de l'inattendu, mais, le plus souvent, la répétition indéfinie de choses archaïques, cadavres et morts. Comment faire le tri ? Comment reconnaître le contemporain ?

— *Aujourd'hui, nous avons choisi de parler de l'un des sujets forts de l'actualité de cette semaine, l'Amérique de Bush, marquée par la convention républicaine. Michel Serres, depuis que Bush junior est là, on diabolise les États-Unis, en France mais dans bien d'autres régions du monde aussi. Vieux réflexe antilibéral ? Peur du géant ? Ou bien est-ce parce que la politique de Bush est vraiment impossible à comprendre ? Impossible à justifier ?*

— Peut-être impossible à justifier, mais à comprendre, sûrement pas. Lorsqu'on habite pendant longtemps les États-Unis, on peut y observer des choses rarement dites en France.

— *Quoi ?*

— D'abord que *les États-Unis unissent des États.* Un Américain habite d'abord son État. Qui vit dans le Nevada, dans l'État de Washington… se trouve fort loin de la capitale fédérale : Washington, D.C. En ce pays, les États jouissent d'une indépendance relative, mais réelle ; chacun a son budget, son gouverneur, sa législation, parfois différente de celle des voisins. Voilà un kaléidoscope compliqué, renforcé par de grands ensembles comme le Sud profond, le Middle West, la région des Grands Lacs… bloc moins unitaire que celui que forment les régions, en France. Nous tenons rarement compte de cette dispersion.

— *Pourtant, tous se retrouvent : ils ont voté Bush et vont peut-être voter Bush à nouveau.*

— Tous se retrouvent-ils ? Pas tout à fait. Revenons à cette dispersion : les gens, je le répète, tiennent beaucoup à leur État. Imaginez une province française plus girondine que jacobine. Souvent, les Américains n'aiment pas Washington, parfois même le détestent ; presque autant que les Toulousains, les Marseillais ou les Alsaciens redoutent et haïssent l'arrogance parisienne, en souffrent et en rient. Comment, de l'est à l'ouest, les États se sont-ils, peu à peu, unis ? Essentiellement par les guerres. La Première et surtout la Seconde Guerre mondiale ont eu un effet de fédération forte autour de la capitale fédérale : il a fallu lever des fonds, mobiliser les hommes, former des marins… Comme de coutume, l'unité vient de l'extérieur.

— *Développer une industrie…*

— … former des marins, fabriquer des bateaux… Les attentats du 11-Septembre me paraissent reprendre le même mouvement de fédération autour de Washington que l'on avait vu en 1914-18 et pendant la dernière guerre.

— *Et pourtant, pour la première fois depuis la guerre du Vietnam, on voit de nombreux intellectuels américains…*

— L'intellectuel, image très française, ne se traduit ni ne s'exporte outre-Atlantique. Il n'y a pas de mot pour le dire, ni de femme ou d'homme pour en porter l'habit.

— *… qui s'opposent à la politique de leur pays.*

— On assiste, en effet, à un mouvement croissant d'opposition.

— *Ce qui est assez étonnant, c'est que la politique américaine fut souvent accusée d'être isolationniste ; ça a notamment été le cas pendant la guerre. C'est ce qu'on reprochait à Clinton.*

— Exact.

— *Or, là, on reproche le contraire à Bush : on lui interdit de sortir !*

— La politique intérieure l'emporte de beaucoup, aux États-Unis, sur la politique extérieure. La chose se vérifie dans beaucoup de pays, dont le nôtre, certes, mais elle me paraît plus sensible encore là. Et la politique extérieure n'a de fonction d'union des États qu'en cas de conflit ou d'accident majeur ; le 11-Septembre a joué, je l'ai dit, un peu de la même manière que la Seconde Guerre mondiale.

— La peur des attentats et la richesse des États-Unis, qui s'accroît, expliquent donc que finalement, Bush, qui apparaît pourtant comme un mauvais président, soit aimé des Américains ?

— Au moment de l'élection, le 2 novembre, on mesurera l'impact de la politique extérieure par rapport à la politique intérieure. Les Américains sont très sensibles aux questions économiques – salaires et emplois –, mais pour eux, la politique extérieure a moins d'importance. Pourrais-je raconter une histoire à ce propos ?

— Je vous écoute.

— Me voilà invité l'an dernier dans une université du Texas, l'État du Président, pour un cycle de conférences. Le premier jour, je déjeune avec les étudiants et les collègues auxquels je vais parler pendant plusieurs semaines ; le chef de département me présente, et, piège abominable, dit en conclusion : « Michel Serres, en tant que Français, pourriez-vous expliquer ce qui sépare la politique de votre pays de la nôtre à propos de la guerre d'Irak ? — Je suis né, répondis-je, en 1930, date importante d'un point de vue historique, non pas pour ma personne, mais parce que ma mère fut la seule de son collège à trouver un mari, car le conflit de 14-18, horrible guerre, où il y a eu des millions de morts, avait tué tous les jeunes hommes ; je ne dois donc ma naissance qu'à un miracle. Mes premiers souvenirs datent de 1936 ; habitant non loin de la frontière d'Espagne, mes parents recevaient des réfugiés espagnols, rescapés de l'horrible guerre civile. D'autres souvenirs me rappellent 1939, quand ma petite ville de vingt-cinq mille habitants reçut soudain trois cent mille réfugiés de l'horrible guerre-éclair. D'autres souvenirs, encore, 1942-1945, guerre horrible où eut lieu la Shoah, terminée par une libération sanglante et, enfin, par Hiroshima et Nagasaki, horrible dévastation. Lorsque j'eus l'âge de porter l'habit militaire, il fallut que je fasse l'horrible guerre d'Algérie. Voilà, entre ma naissance et mes trente ans, il n'y a eu que d'horribles guerres : l'horrible guerre de 14, l'horrible guerre civile de 36, l'horrible guerre mondiale de 39-45, les horribles guerres de décolonisation… » À ce moment-là, je me suis dressé, debout, et j'ai dit : « Voici mes bras, mon cou, mes muscles et mes nerfs : mon corps n'a connu que la guerre ; j'ai un corps de guerre. » Je me suis rassis, en ajoutant : « J'ai donc une âme de paix. » Alors, me retournant, j'ai vu le *chairman* pleurer. Levé, à son tour, il a dit à l'assemblée : « J'ai à peu près l'âge de Michel Serres, je ne peux pas témoigner d'une pareille expérience ; j'ai vécu trop loin de ces atrocités » ; il s'est rassis, toujours en pleurant. Nous sommes sortis en silence, et le cours a commencé. Pas de théorie, pas de politique, un simple témoignage.

Ossétie du Nord : le massacre des Innocents

Chronique du 12 septembre 2004

— Michel Serres, en ce deuxième rendez-vous du dimanche, nous avons choisi de revenir sur le drame de la prise d'otages de Beslan, en Ossétie du Nord. Ce qui vous interpelle dans cette affaire, c'est le massacre des enfants, le « massacre des Innocents ».

— L'expression « massacre des Innocents » me paraît bien choisie, parce que, d'origine religieuse, elle permet de prendre de l'écart par rapport à ce drame et de lui donner une autre dimension. Il faudrait remonter encore plus haut que ledit massacre, intervenu au début de notre ère. Avant, de l'autre côté de la Méditerranée, à Carthage, la fameuse adversaire de Rome, détruite plus tard, on sortait des temples, à de certains jours de fête, une énorme statue de Baal en bronze, on la portait au rouge cerise en allumant un brasier dessous, et l'on y sacrifiait des enfants de nobles et de pauvres. Sacrifice humain, sacrifice des enfants, meurtre des fils. Depuis l'origine de l'histoire jusqu'à la Seconde Guerre mondiale, les pères tuent allègrement les fils, parfois par dizaines de millions.

— Et le fils d'Abraham ?

— Je reviendrai tout à l'heure sur cet extraordinaire décalage. Puisque la culture dominante, avec entêtement, nous enseigna le meurtre du père dans les temps où les fils mouraient par millions, restons encore un peu au meurtre des enfants, infiniment plus fréquent dans l'histoire : Jephté dans la Bible et Agamemnon, avant la guerre de Troie, sacrifient leur fille ; le *pater familias* romain avait droit de vie et de mort sur ses propres enfants ; au XIXe siècle, lorsque Mérimée raconte l'histoire de Mateo Falcone, en Corse, un père tue encore son fils. Pour des raisons de droit, d'État, de loyauté, le meurtre des enfants continue. Sans doute s'enracine-t-il dans la bestialité. Car, dans la jungle, les adversaires mâles qui se collettent avec un adversaire d'égale puissance ne s'entre-tuent pas, mais les mâles tuent les petits de la lionne ou de la tigresse pour qu'elle revienne en chaleur.

— *Ce mal fondamental resurgit donc des tréfonds de l'homme ?*

— Des lois les plus simples de l'évolution, passons donc à l'histoire des religions. Les vrais progrès ne viennent pas tous des sciences ou des techniques, mais de cette histoire-là. Ici, le progrès, vous venez de le dire, vient de la figure immense d'Abraham. Il part un beau matin avec Isaac, pour le sacrifier, comme font les pères de coutume, au sommet de la montagne. Alors, Yahvé arrête le bras d'Abraham et dit : « Tu ne tueras point ton fils. » Voici l'apparition de la civilisation que nous connaissons.

— *Une première loi moderne.*

— Voilà le progrès fondamental, l'apparition du « Tu ne tueras pas », l'interdiction du sacrifice humain et le passage au sacrifice animal. Abraham trouve un bélier qui avait les cornes prises dans les branches d'un buisson voisin, tue l'animal plutôt que l'homme et le bélier plutôt que son enfant.

— *Et il faudra encore cinq mille ans pour arrêter de sacrifier les bébés.*

— Cette interdiction du sacrifice humain nous permet, pour la première fois, de bien séparer le saint du sacré. Ainsi, le sacrifice, qui est en réalité un meurtre, commence à nous faire horreur. Nous basculons alors dans l'horreur du sacré. On dit aussi : « les saints Innocents » ; nous irons désormais du sacré vers la sainteté. Ce progrès fondamental nous arrache peu à peu à l'idée que nous avons raison de tuer, en raison de la culpabilité des victimes, mais que nous avons tort de le faire en raison, inverse, de l'innocence des victimes. D'où mon admiration pour l'expression : « le massacre des Innocents » ; elle tombe très bien. Il s'agit d'innocents, il s'agit de victimes. Victimes parce qu'innocents ; innocents parce que victimes. Les massacrer consiste à retomber dans le pire des archaïsmes. Je le répète, nous laissons le sacré pour aller vers la sainteté. Ainsi sommes-nous passés de la culture des vainqueurs à la civilisation des victimes.

— *Cela signifie-t-il que nous nous sommes habitués à ce nouveau rapport au monde, que ce terrorisme est durable ? Nous sommes-nous résignés ?*

— Voilà le progrès considérable de notre époque : je le répète, nous sommes aujourd'hui passés de la culture de la victoire sans remords à la culture des victimes avec remords. Que la civilisation ait ainsi profondément changé depuis quelques dizaines d'années me rend, à cet égard, optimiste.

— *Nous avons quand même besoin du nombre, de la jeunesse, pour prendre tout cela vraiment en compte.*

— Je crois qu'un changement de culture a lieu sous nos yeux, sans que nous le voyions ; car, hélas, nous sommes encore et toujours fascinés par ce genre de spectacle. À Carthage, une énorme quantité de spectateurs entouraient ceux qui exécutaient les enfants, pendant cet horrible sacrifice. À Paris, au XIXe siècle, le peuple se pressait aux exécutions capitales. Quelle réussite d'Audimat ! L'Audimat monte quand la télévision, toujours funèbre, expose plus de morts et de meurtres. Plongés jusqu'au cou dans cette sauvagerie si archaïque, nous formons encore un public assoiffé de ce genre de meurtre. Fascinés devant des spectacles pareils, nous participons donc, en quelque manière, obscurément, au massacre des saints Innocents.

— *Si les êtres humains sont encore capables de cela, est-ce que cela signifie que, finalement, l'homme est bien loin d'être terminé, que l'*Homo sapiens *n'est pas encore très sage ?*

— Vous avez raison. L'homme n'est pas né. L'hominisation est encore en cours ; voilà un processus extrêmement lent, extrêmement long, et nous demeurons encore dans le primitif. L'espoir : en sortir. À quoi sert la philosophie ? Elle cherche cette délivrance.

— *Combien faudra-t-il encore de décennies, de siècles ou de millénaires pour que l'homme finisse par s'échapper ?*

— Je reste optimiste, parce que, quoi que nous fassions, nous condamnons le « massacre des Innocents » ; cela consiste à dire : il s'agit de victimes, ne recommençons plus. Mais nous recommençons sans cesse ; mais nous participons tous à cela, au moins en spectateurs. Par quelle soif inextinguible du sang versé sommes-nous si attachés à regarder, tous les jours, des images de morts, de cadavres, d'assassinats, de meurtres dans les nouvelles ? Je reprends ma vieille question : s'agit-il vraiment de nouvelles ? Non, il s'agit des choses les plus vieilles du monde. La vraie nouvelle annoncerait précisément la sortie de cette horreur.

Ivan le Terrible : l'homme et la nature

Chronique du 19 septembre 2004

— *Michel Serres, cette semaine nous allons parler d'Ivan le Terrible. Pourquoi souhaitiez-vous que nous en parlions ?*

— Un cyclone ravage le sud des États-Unis et la mer des Caraïbes. Souvent plus basse que le niveau de l'eau, La Nouvelle-Orléans peut se trouver engloutie en un moment. Je connais un peu la Louisiane et les Cajuns ; vous le savez, ils parlent aussi le français. Je m'inquiète beaucoup pour certains de mes amis et collègues, là-bas. Nous nous posons aujourd'hui, à propos de ce cyclone, la question générale du climat.

— *Cela nous amène à cette question : l'homme a-t-il un vrai rôle dans l'évolution du climat, est-ce qu'il modifie la nature ?*

— Dès l'Antiquité, les sages distinguaient « les choses qui dépendent de nous des choses qui n'en dépendent pas », et nous les aurions beaucoup étonnés si nous leur avions dit que le climat, un jour, dépendrait de nous. La question est de savoir si vraiment nous sommes responsables du climat.

— *Y a-t-il un début, une date à partir de laquelle on pourrait dire que l'homme a commencé d'influer sur le climat ?*

— La communauté scientifique s'accorde aujourd'hui sur un terme un peu barbare : « anthropocène », qui signifie qu'une période nouvelle, où l'homme intervient sur les choses du monde, aurait commencé, en effet, vers 1770-1800, à la fin du XVIIIe siècle, au moment où apparaît la révolution industrielle, quand les effluents issus de cette révolution, fourneaux et moteurs, commencent à peser sur l'atmosphère par ce qu'on appelle aujourd'hui les « gaz à effet de serre ». Évidemment, cela ne fait que croître jusqu'à la période moderne où cela s'amplifie de façon exponentielle.

— *Mais n'est-ce pas un peu prétentieux de dire que l'homme est capable d'avoir une vraie influence sur le climat ? Aux temps préhistoriques, par exemple, les hommes n'ont influé ni sur les glaciations ni sur les périodes interglaciaires… Ils n'ont fait que les traverser.*

— Le GIEC, Groupe intergouvernemental sur l'évolution du climat, stricte communauté scientifique, parle aussi du passé. Par des carottages dans les glaces du Groenland, nous connaissons à peu près l'évolution du climat sur des millions d'années. Pendant très longtemps, il a connu des fluctuations un peu erratiques, pas tout à fait régulières, pas tout à fait cycliques, avec des périodes de glaciation et de déglaciation ; l'homme, évidemment, n'y intervenait pas. De cela, nous sommes sûrs.

— *Donc vous estimez que l'homme, aujourd'hui, intervient sur le climat ?*

— Oui.

— *Est-ce que vous estimez que c'est un acte politique d'intervenir, voire de modifier cette intervention ?*

— Vous m'avez proposé de prendre un peu de recul. Je ne vais pas entrer dans la discussion proprement scientifique sur la responsabilité de l'homme. Je préfère me référer à un livre que la Cité des sciences a publié, admirablement fait, qui s'appelle *Climat : chronique d'un bouleversement annoncé* et qui donne exactement l'état des lieux et les données scientifiques. Je fais confiance à ces données, mais aujourd'hui, je voudrais poser un autre problème : nous définissons la politique comme la gestion des relations humaines. Le mot « politique » dit, en effet, cela ; il vient du grec *polis* qui veut dire la « cité » – on parle de la cité, des relations sociales au sein de ce groupe. Et les gens qui gèrent la politique, les administrateurs, les journalistes également, les spécialistes de sciences politiques, sont formés par lesdites sciences humaines, par la sociologie, l'histoire, etc. Et, dans tous les pays occidentaux, l'Université fabrique deux populations différenciées, très séparées. D'un côté, ceux qu'on appelle les « littéraires », qui connaissent bien la culture, l'histoire, la sociologie, bref, les sciences humaines, et de l'autre côté, les « scientifiques », avec les sciences dures, la physique, les mathématiques, la chimie, etc. Ces derniers ont une idée précise de la nature, de la planète, de l'état de l'atmosphère et de la mer. Les premiers ont des idées précises sur le vote et la démocratie. Autrement dit, ceux qui connaissent la nature ne connaissent pas les hommes, ceux qui connaissent les hommes ne connaissent pas la nature.

— *Ce sont ces gens qui devraient prendre des responsabilités et des dispositions pour protéger la planète ?*

— Tout se passe comme si ceux qui commandaient la navigation sur un bateau s'occupaient des relations entre les officiers et les matelots, à la rigueur de l'état du bateau, mais jamais de l'état de la mer, calme ou tempête. Je souhaite vraiment que l'éducation ou la pédagogie mélange les deux sciences, en établissant des ponts entre les deux savoirs. Sans l'émergence de ce que j'ai nommé voilà vingt ans le « Tiers-Instruit », nous risquons beaucoup. Dans mon dernier livre, *Rameaux*, je vais même plus loin, je dis que parmi les institutions internationales, aujourd'hui, l'ONU s'occupe de stratégies ;

l'Unesco de culture ; la FAO, l'OMS de faim et de maladies, l'Unicef des enfants ; toutes ces institutions internationales, nécessaires certes, bénéfiques assurément, mais insuffisantes, ne s'occupent de politique qu'au sens des sciences humaines. J'imagine dans ce livre une nouvelle institution internationale, que j'appelle WAFLE, qui s'occuperait réellement de l'eau, de l'air, du feu, de la terre et du vivant. Elle manque cruellement.

— *Ce sont les savants qui devraient diriger la politique ?*

— Non, certainement pas : les savants ne disent que l'état des choses, et mieux vaut assurément le connaître. Qui décide ? Nous. Nos représentants politiques, légitimement élus. Mais, en urgence, il faut faire la fusion, non seulement dans les sciences et l'enseignement, mais aussi dans les institutions, entre les questions posées par les relations humaines et celles que posent nos relations au monde. Il faut s'occuper à la fois de l'équipage et de la mer, de la tenue de notre bateau selon l'état de la mer.

— *Alors tous ces sommets, Kyoto, Johannesburg, Montréal etc., ça sert à quelque chose ?*

— C'était jusqu'à maintenant des réunions partielles. Ce que je souhaite, ce serait au contraire une institution globale et permanente qui, réellement instruite de la liaison des sciences humaines avec les sciences pures, s'occuperait du rapport de l'humanité globale à la planète. Cette création me paraît urgente.

— *Donc, c'est l'OMP, l'Organisation mondiale de la planète que vous souhaitez ?*

— Je l'appelle autrement, voilà tout.

— *Pour une « planète attitude »...*

— Qui néglige l'état de la mer fait naufrage.

Richard Virenque : le héros-victime

Chronique du 26 septembre 2004

— *Michel Serres, cette semaine, nous avons voulu, vous avez voulu parler d'un départ en retraite : celui du meilleur grimpeur du Tour de France plusieurs années de suite, Richard Virenque, lequel n'a pour cela pas hésité à boire de la potion magique… Peut-on dire, malgré tout, que c'est une star qui nous quitte ?*

— Interrogeons-nous sur la gloire d'une vedette fort sympathique et populaire, en effet. L'affaire a commencé par une question de drogue. Loin de moi l'idée qu'il ne faille pas lutter contre des puissances encore plus puissantes que les États eux-mêmes, mais la question qui se pose à propos de la drogue me paraît générale, puisque les cyclistes ne sont pas, et de loin, les seuls dopés. Ne sommes-nous pas tous drogués ? Ceux qui ne pratiquent ni l'alcool, ni le tabac ni les narcotiques peuvent se droguer, je ne sais pas moi… au travail. Nos amis, aux États-Unis, disent *workaholic*…

— *Le stakhanovisme…*

— D'autres se droguent aux médias, ne peuvent se réveiller sans radio ni déjeuner sans télé, d'autres se droguent… Moi, est-ce que je ne suis pas drogué à la philosophie ?

— *Et Casanova aux femmes ?*

— Voilà : les animaux ne se droguent pas. Nous autres, femmes et hommes, ne nous droguons-nous pas parce que nous éprouvons des difficultés face à la réalité ? La bête vit sans décalage par rapport à son milieu ; nous y mettons un tel écart qu'il nous angoisse. L'homme se définirait-il comme un animal qui a besoin d'autre chose que du réel ?

— *Mais il y a des drogues qui sont admissibles ou admises dans nos sociétés.*

— Nous faisons la différence entre les drogues admises et celles que nous condamnons. Mais le cas de monsieur Virenque m'intéresse par son extrême popularité. Pourquoi bénéficie-t-il de cette faveur ? Parce qu'il a été sept fois le meilleur grimpeur du Tour de France, mais surtout, je crois, parce qu'il devient aujourd'hui une victime. De quoi ? Il a été lourdement et violemment vilipendé par les médias d'une manière qu'il faut préciser. Je prends un autre exemple : si tout le monde m'attaquait sur ma manière de m'exprimer, ce serait de bonne guerre parce que ma spécialité, parce que mon métier consiste à parler ou à m'exprimer. Mais enfin, c'est de bonne guerre et je peux me défendre. Mais si on m'attaque sur la largeur de mes mollets ou la direction de mon nez, alors là, c'est ignoble ; ignoble parce que je n'y peux rien.

— *Et là, c'était sur la manière qu'il avait de s'exprimer…*

— Au lieu de l'attaquer sur sa manière de grimper, sur sa spécialité, sur son talent, on l'a attaqué sur ses phrases.

— *« À l'insu de mon plein gré »...*

— Et ça, c'est ignoble vraiment ; le peuple, dont je fais partie, ne s'y est pas trompé. Peut-être a-t-il ri, mais il a surtout vomi. On ne fait pas cela. Le peuple ne se trompe jamais là-dessus, il choisit immédiatement le héros victimisé. Lorsque Virenque devint victime, sa popularité se multiplia par mille. Et ce n'est que justice. De ce point de vue, je trouve le public plus avancé culturellement, plus avancé dans la morale, plus humain et plus intelligent que ceux qui vilipendent ce sur quoi quelqu'un ne peut rien. Virenque peut beaucoup sur son souffle et ses mollets, il peut beaucoup moins sur sa langue. D'où l'ignominie.

— *Humain mais schizophrène ! Le peuple, normalement, ne doit pas reconnaître ceux qui transgressent les lois, qui prennent de la drogue, qui trichent...*

— Ce n'est pas sur ce point que Virenque devint populaire, il le devint sur le trait d'union : héros-victime. À l'occasion d'une triche, qu'on peut pardonner ou qu'on peut ne pas pardonner – ce ne sont pas mes affaires, je ne suis ni chimiste ni juge, je ne parle jamais pour juger –, ce héros devint à un moment super-héros, parce que victime, héros perdant et malheureux. Comme le public, j'ai eu pitié de son malheur. Il était déjà second plutôt que premier...

— *On a aimé Poulidor.*

— Cette popularité touche le sport, surtout le sport. Et pourquoi le sport ? Il m'intéresse puissamment pour la raison suivante : le sport couronne le plus souvent le gagnant, le meilleur footballeur, le ballon d'or, la médaille d'or aux jeux Olympiques, le finaliste, le champion, bref, toujours le vainqueur. Mais à y réfléchir de près, voyons, sur cent, sur mille, sur dix mille coureurs, qui gagne ? Un. Sur dix mille sauteurs en hauteur, sur cent mille athlètes... qui gagne ? Un. Un seul. Nous parlons toujours, nous ne parlons que de celui qui gagne, de l'exception rarissime. Les médias ne célèbrent que l'or et la victoire. Or je définis le sport comme *l'activité humaine où tout le monde perd*. En effet, statistiquement, pour le grand nombre, tout le monde perd. Schumacher, c'est l'exception rarissime. Anquetil, c'est l'exception rarissime. La médaille d'or, il n'y en a qu'une dans le monde tous les quatre ans pour une spécialité donnée. De quoi parlez-vous ? De ce qui n'arrive presque jamais ? Mais cette exception a finalement peu d'intérêt, car ce qui est intéressant, ce qui est concret, réel, présent, inévitable, c'est la masse de gens qui participent. Or la foule perd. Donc, je définis le sport comme l'occupation ou l'activité humaine où tout le monde perd. Et cette activité me paraît humaine parce que tout le monde y perd. Et de nouveau, le peuple ne s'y trompe jamais. Il fait une popularité extraordinaire à Poulidor parce qu'il perd, parce qu'il ne gagne pas, parce qu'il se situe hors de l'exception. Il est du peuple. Le peuple perd, forcément, il n'est pas champion, il n'est pas président, il n'est pas gouverneur, etc., donc le peuple, moi compris, nous nous reconnaissons plutôt dans le héros-victime ou dans celui qui perd. L'histoire de Virenque est un coup de projecteur formidable sur la société dans laquelle nous vivons. Mieux encore, sur l'homme même. Comme des fascistes, nous ne parlons que des réussites, que des dominants ; la réalité, ce sont les vies plus ou moins ratées, les vies minuscules, nous autres, moi, en tout cas. Et, de nouveau, le public me paraît, là aussi, plus avancé en culture, en morale, en humanité simple…

— *Finalement, ça nous rappelle à l'égalité : il y a un héros et tous les autres sont au même niveau. Tous des perdants.*

— Il y a une sorte de renversement extraordinaire : comment le héros devient-il celui du peuple ? Comment devient-il l'un quelconque parmi nous, un auditeur choisi au hasard, vous, moi, celui qui n'est pas couronné, celui qui ne gagne jamais ? Au fond, les gagnants ne sont peut-être pas toujours très populaires, au fond, Armstrong n'est pas très populaire, Schumacher non plus, mais le héros-victime s'approche de chacun de nous. Nous sommes tous plus victimes que héros. J'aimerais appeler cela l'« image Cyrano ». L'immense popularité de Cyrano de

Bergerac vient évidemment de son bagout, mais elle vient surtout du fait qu'il n'arrive pas…

— … *jamais…*

— … jamais à entrer dans le lit de sa belle. Il a perdu en amour.

Il n'est de pires sourds...

Chronique du 3 octobre 2004

— *Michel Serres, cette semaine, les médias parlent du festival européen « Théâtre et Handicap », avec Bruno Netter, aveugle, qui joue à Versailles* Le Malade imaginaire. *En parallèle se tient la campagne anti-surdité dans sept régions de France pour protéger les tympans des jeunes. Et à Paris, le cinéma L'Arlequin projette* Comme une image *dans une version aménagée pour aveugles ou malvoyants et même pour sourds. Cette semaine, nous allons donc, comme vous l'avez voulu, parler des handicaps sensoriels – la surdité, la cécité, le mutisme – et des comportements individuels et collectifs face à ces réalités.*

— Nous changeons d'époque puisque nous accueillons les handicapés le plus et le mieux possible dans les comportements sociaux usuels. Vous souvenez-vous de *L'Homme qui rit*, le roman de Victor Hugo, où le public se moque d'un handicapé de la face ? Ne nous vantons pas, cependant : ce changement d'époque a eu lieu à l'âge des Lumières, quand l'abbé de l'Épée écrivit *La Véritable Manière d'instruire les sourds-muets*, en 1784. Inventant le langage des signes, il les délivra de la prison du silence. L'abbé de l'Épée avait tant d'importance que le roi lui-même quittait le Louvre pour assister à ses cours. À la génération suivante, Braille, devenu aveugle très jeune, inventa son célèbre alphabet, lumière dans les ténèbres. À la même époque, avec bien des philosophes, Diderot discourait sur ceux qui recouvrent les sens ; voilà l'un des premiers moments, me semble-t-il, où les « normaux », avec autant de guillemets que vous le voulez, s'occupent des handicapés. Il mérite donc que nous le nommions l'« âge des Lumières ». Le second moment, plus récent, je l'ai moi-même vécu. Voici quelques années, j'ai connu d'assez près Emmanuelle Laborit, auteur d'un livre bouleversant, *Le Cri de la mouette*. Mouette pour muette. Petite-fille de Henri Laborit, auteur avec Alain Resnais, du film *Mon oncle d'Amérique*, Emmanuelle Laborit a travaillé avec moi à la fondation de la cinquième chaîne. Nous avons eu, à cette époque, quelques échanges épistolaires. Je finissais alors d'écrire *Les Cinq Sens* et l'ouvrage d'Emmanuelle Laborit m'a fait regretter de ne pas assez parler des handicapés. Pourquoi ? Parce que les comprendre ne veut pas seulement dire leur faire une place dans la société, mais essayer de voir à quel point nous-mêmes sommes, comme eux, handicapés.

— Oui, mais aussi à quel point nous apprenons d'eux parfois.

— L'une de mes lettres lui disait : « Savez-vous, Emmanuelle, qu'un écrivain a un message à faire passer qu'il ne comprend pas lui-même tout à fait, qu'il ne domine pas complètement ? D'une certaine manière, il se trouve muet parce qu'il n'arrive pas à écrire son message comme il le voudrait, qu'il le délivre aussi à un public de sourds qui ne l'entendent pas complètement. Du coup, son style compose ce mutisme avec cette surdité. » Je lui avais alors écrit des lettres un peu déchirantes pour essayer de lui faire comprendre que ma propre expérience et mon propre métier me poussaient, moi aussi, dans le monde des handicapés. Peut-on généraliser ma douloureuse expérience ? Sommes-nous tous, d'une certaine manière, des sourds et des muets ? Nous risquons de n'entendre personne ; nous pleurons souvent que personne ne nous entend.

— C'est pour cela que l'on se dit parfois, et entre nous : « Il n'y a de pires sourds que ceux qui ne veulent pas entendre. »

— Entre entendre et écouter, quelle différence ! Nous entendons des sons, nous écoutons du sens. Nous entendons des phrases, nous écoutons des personnes. Lorsque nous écoutons quelqu'un, nous écoutons ce qu'il dit, mais aussi, en même temps, la sonorité de sa voix, son enthousiasme, son malheur, sa faiblesse, sa joie, son allégresse. Lorsque vous écoutez au téléphone quelqu'un que vous connaissez, vous savez immédiatement par le son perçu l'état de sa santé, s'il est content ou, au contraire, s'il est malheureux.

— Les bruits nous apprennent beaucoup.

— Combien de gens sourds aux propos d'autrui ? Qui écoute ? Qui entend et qui écoute, vraiment ? Combien de couples ne s'entendent pas ? Vous entendez : « ne s'entendent pas » ?! Cela veut dire précisément que l'un n'écoute pas l'autre. D'autre part, combien d'hommes ne savent pas exprimer leurs sentiments ? Combien de mâles n'arrivent pas à parler d'eux-mêmes à leur femme ? Du coup, nous sommes tous quelque part et en quelque façon des sourds-muets.

— C'est vrai que c'est un handicap terrible, surtout dans cette civilisation totalement médiatique.

— La surdité et le mutisme dépassent de loin le monde du handicap, pour nous concerner nous, « normaux ». Et je rêve souvent de m'adresser à des auditeurs, puisque nous sommes à la radio... Quel beau mot, « auditeur » ! « Chers auditeurs » ! M'écoutez-vous, m'entendez-vous ?

— Moi, je vous entends.

— En êtes-vous si sûr ?

— Et je vous écoute aussi.

— M'entendez-vous en silence, avec bienveillance, hostilité, sympathie ? Combien de bruits divers, d'idées reçues, d'opinions fixes, tenaces, préétablies, combien d'incompréhensions… le dialogue vrai doit chasser, pour que l'entente advienne ! Dans tous les échanges, que ce soit dans un couple marié, entre amants ou entre amis, pendant le repas familial, pèse toujours un résidu, quelque chose comme une surdité et un mutisme, qui nous fait comprendre le monde des handicapés. Nous sommes tous des sourds-muets.

— *On a besoin de se voir, on a besoin de s'entendre ou de s'écouter… C'est amusant, c'est étonnant : sur cette terre, on n'a pas l'impression que c'est un handicap, par exemple, de ne pas avoir d'odorat ou bien de ne pas être sensible au toucher ou au goût.*

— Sourd, muet, aveugle : ces adjectifs de la langue courante désignent les handicaps sensoriels que nous remarquons.

— *Très désocialisants.*

— Mais « agueusique » ou « anosmique », mots rares, peu ou pas usités, concernent, en effet, l'odorat et le goût. Cette rareté montre à quel point nous méprisons les goûts et les odeurs. Il y a des sens dont le manque se remarque et des sens dont la langue ne remarque pas le manque. Mais je voudrais revenir à la parole et au mutisme. Enseignant, je me demande souvent si enseigner consiste à pérorer devant quelqu'un qui fait silence ; je crois, au contraire, qu'enseigner consiste à l'écouter. Et si, par hasard, enseigner voulait dire écouter plus que dire ?

— *N'est-ce pas un peu démagogique, ça ? Il faut quand même savoir, pouvoir profiter de l'enseignement… On a besoin d'apprendre, donc d'écouter !*

— Non, les deux à la fois. Même un orateur qui parle à mille personnes développe une audition extrêmement fine. Il sait, d'instinct, comment telle rangée l'écoute, attentive, et pourquoi telle autre perd le fil. Le vrai, l'authentique éloquent entend passionnément le silence de l'amphithéâtre. Et la qualité de ce silence le porte, tire et entraîne sa propre éloquence et même la persuasion qu'il induit chez ceux qui l'entendent.

— *Avec les yeux, effectivement.*

— Non, les silences… Il y a des silences intéressants, des silences qui appellent, des silences hostiles, etc. Cela touche le métier d'orateur, mais pas seulement, cela concerne aussi le métier de parent ou d'amant. Ainsi voudrais-je m'avancer plus encore, pour dire : « Avant de vous aimer et pour pouvoir le faire, écoutez-vous les uns les autres. »

Droits de l'homme et de la nature

Chronique du 10 octobre 2004

— *Michel Serres, cette semaine revenons sur l'attribution du prix Nobel de la paix à la Kenyane Wangari Maathai, fondatrice du mouvement de la Ceinture verte et secrétaire d'État à l'Environnement, aux Ressources naturelles et à la Faune sauvage au Kenya. Une femme, une Africaine, une écologiste, qui fut emprisonnée et qui a fait planter vingt millions d'arbres par des femmes en Afrique. L'Afrique, ce continent oublié....*

— Réjouissons-nous trois fois de ce prix Nobel : qu'on l'ait attribué à une Africaine, d'abord ; à une femme, ensuite, enfin à quelqu'un qui s'occupe d'environnement. Pourquoi l'Afrique ? En déshérence, un peu oublié aujourd'hui économiquement et financièrement, ce continent s'enfonce peu à peu dans le désordre politique et sanitaire. Cependant, voilà notre continent originaire. La paléoanthropologie a démontré, en premier, que nous sommes tous, à l'origine, des Africains ; qu'une poignée d'entre eux sortit de ce continent il y a quelques centaines de milliers d'années pour occuper peu à peu le monde. En analysant nos cellules, la biochimie, à son tour, démontra notre origine africaine.

— *C'est ce qu'affirme Yves Coppens.*

— Premièrement l'Afrique ; deuxièmement une femme. Et je me réjouis que, peu de temps après, le prix Nobel de littérature ait couronné une autre femme, une Autrichienne de talent. La cause des femmes est toujours à défendre. Quoique secrétaire d'État, alors même qu'elle participe au gouvernement, cette Kenyane se plaint cependant de servir sous les ordres d'un homme… Troisièmement, elle s'occupe d'environnement ; elle a, dit-on, planté nombre d'arbres…. Cette histoire de plantations d'arbres par une femme africaine retentit à mes oreilles comme un mythe d'origine. On a l'impression du paradis perdu… Venons-nous de couronner une Ève africaine, la mère des hommes ? Réjouissons-nous donc de cette triple couronne.

— *Heureux de votre bonheur, mais peut-on dire que l'écologie, l'environnement ont un rapport direct avec les droits de l'homme ?*

— Il y a quelques années, j'ai publié un livre qui s'appelait *Le Contrat naturel*. J'y parlais longuement de philosophie du droit. Dans l'Antiquité, n'avaient le droit d'aller devant les tribunaux que les mâles adultes. Et, peu à peu, au cours des siècles, tout le monde finit par acquérir la majorité juridique, autrement dit le droit d'être sujet de droit. Ni les esclaves, ni les femmes, ni les enfants n'étaient sujets de droit. Les femmes le devinrent, les esclaves se libérèrent… Comment alors définir ce que l'on appelle les « droits de l'homme » ? En disant que tout homme peut devenir sujet de droit : qu'il peut témoigner devant les tribunaux, voter, avoir un compte en banque… Aujourd'hui, même l'embryon, d'une certaine manière, est sujet de droit. Dès lors, les questions posées par l'écologie, les questions concernant l'environnement se ramènent à celle-ci : la nature, le monde, l'environnement, mieux encore, les détails de l'environnement, tel parc, tel arbre, telle côte, telle mangrove peuvent-ils être considérés comme sujets de droit ? Voilà l'idée toute simple que je développais dans *Le Contrat naturel*. J'y ouvrais, en outre, une discussion concernant le terme « environnement », qui suppose que l'homme se place, encore, au centre du monde, puisque la nature, dans l'ensemble, et les paysages, dans leur détail, se distribuent autour de lui. Cette image continue notre narcissisme usuel et l'aggrave sans que nous y prêtions la moindre attention. Si la nature et ses objets deviennent, également et à leur tour, des sujets de droit, l'humanité elle-même se déplace de sa position centrale.

— *L'homme a besoin de la nature, et les puristes comme vous…*

— Le mot « environnement » veut dire « ce qui est autour de nous et nous environne », ce qui suppose que nous nous plaçons au centre du monde. Or l'homme ne peut pas se contenter d'être le parasite de son environnement.

— *L'homme doit donc rendre justice à la nature qui, elle aussi, doit pouvoir faire prévaloir ses droits.*

— Voilà.

— *La nature, c'est-à-dire les objets, les animaux, les plantes.*

— Oui, mon idée consistait à opposer le parasitisme à la vie en symbiose. Le parasite prend tout et ne rend rien ; l'hôte (la nature) du parasite (l'homme) donne tout et ne reçoit rien. Si vous équilibrez, au contraire, ce rapport, vous tombez sur la symbiose, au sens biologique. Chacun des symbiotes rend service à l'autre et assure sa survie. Or le contrat, c'est l'idée juridique dont la symbiose est le fondement ou le correspondant biologique. Au lieu d'être l'un parasite et l'autre hôte, comme l'homme et l'environnement, aujourd'hui, mieux vaudrait que les deux vivent comme deux symbiotes. Et l'idée de symbiose entre l'homme et la nature se retrouve dans le droit sous la forme du contrat.

— *Mais qui peut finalement défendre la nature ? On imagine qu'elle ne sait pas s'exprimer…*

— Bien entendu, la nature ne s'exprime pas ; elle n'a ni intention ni langage ; tout le monde, alors, a traité ce livre par le mépris, en parlant d'utopie. Ils oubliaient, sans doute, que jamais on n'a vu quiconque signer le contrat social dont parle Rousseau. C'était aussi une idée utopique. À beaucoup d'égards, le droit se fonde souvent sur des idées aussi abstraites que le contrat social de Rousseau, ou le contrat naturel que j'ai défini. Mais je crois profondément que cette idée de contrat naturel peut amener une nouvelle forme de paix. Je souhaite que notre belle Kenyane ait eu le prix Nobel de la paix pour des raisons de ce genre. Laissez-moi finir par une anecdote. Il y a deux ou trois ans, je faisais des conférences en Afrique du Sud, à Pretoria, Johannesburg et au Cap. Et un jour, au Cap, nous avons eu un déjeuner avec des poètes, des écrivains et des romanciers kenyans et d'autres pays d'Afrique ; j'étais le seul visage pâle autour de la table ; nous avons beaucoup parlé de l'Afrique, nous nous inquiétions beaucoup de ce continent en déshérence, comme je le disais au début. À la fin du repas, nous avions un peu bu, et mes amis dirent : « Michel, raconte ta solution à nos problèmes. » Et je me suis levé, soulevé d'inspiration, et, après avoir énoncé le contrat naturel, après avoir souhaité la réalisation de cette institution internationale dont nous avons déjà parlé, qui traiterait de l'eau, de l'air, du feu et de la terre, j'ai tenté d'énoncer un programme commun d'études et de connaissances pour les premières années d'université dans le monde entier, pour qu'existe, pour tous les hommes à travers le monde, une communauté de savoir. Cette communauté pourrait amener la paix. Ils disaient, en riant : « Quel rêve, Michel ! » Ce programme, je l'ai publié dans mon avant-dernier livre, *L'Incandescent* : il émane de ces discussions brûlantes avec ces amis poètes et romanciers kenyans et africains, que notre prix Nobel, aujourd'hui, représente éminemment.

Mensonge et vérité

Chronique du 17 octobre 2004

— Michel Serres, cette semaine, parlons, si vous le voulez bien, du mensonge et de la vérité. À la une du Monde, *un ancien préfet de la République avoue avoir tergiversé avec la vérité dans l'affaire des paillotes corses. Un ancien Premier ministre, ancien dirigeant du parti du président de la République, admet avoir fait de même dans l'affaire des emplois fictifs. Un prisonnier, condamné à vie, s'accuse du crime dont il avait accusé son complice : avait-il menti, ment-il pour se sauver sans risque de représailles ? Toujours cette semaine, en Grande-Bretagne cette fois, David Beckham reconnaît avoir triché et est sanctionné… pour avoir dit la vérité ! Ces coïncidences vous frappent-elles, Michel Serres ?*

— Question universelle : la vérité est-elle un devoir ? Cette vérité, doit-elle être dite ? Pullulent, autour de nous, mille variétés de menteurs : le pervers qui torture et tue, le mythomane qui sauve la France tous les matins, le vantard naïf, le trompeur ignoble, le tricheur qui veut ignorer que triche et corruption sont les mamelles de la misère. Premièrement, donc : oui, dire la vérité est une loi universelle. Pourquoi ? Parce que l'univers ne nous trompe pas, les choses ne mentent pas, le monde ni la nature ne mentent : les choses lourdes tombent, voilà tout. Le corps ne ment pas : il ne saute pas, il ne court pas plus haut et plus vite qu'il ne peut ; il ne trompe personne sur ses performances. Seule la vérité sauve ; l'erreur, l'ignorance et le mensonge sont les pires des solutions.

— Il faut dire la vérité. C'est ce que l'on apprend aux jeunes. Mais les adultes ne mentent-ils pas tout le temps ?

— Il faut dire la vérité, oui, héroïquement. Pourquoi ? Pour une raison simple et démontrable : si vous mentez, ce mensonge vous appartient. Il est à vous, vous venez de l'inventer ; et comme vous l'avez forgé de toutes pièces, vous êtes responsable de lui ; donc vous pouvez passer devant les tribunaux, justement parce que vous êtes responsable de ce mensonge, de votre invention. Inversement, si vous dites la vérité, elle ne vous appartient pas, elle appartient à tout le monde ; donc elle vous couvre, et vous n'êtes pas responsable de la vérité. Vous devez couvrir votre mensonge, alors que la vérité vous couvre. Le mensonge vous rend justiciable, la vérité vous couvre de sa justice. C'est aussi simple que cela. Par conséquent, pour la science, pour la connaissance et pour le droit, pour la loyauté envers autrui et envers moi, je condamne le mensonge, la triche et toutes les variétés perverses dont nous avons parlé.

— Tous ces adultes qui, lorsqu'ils s'adressent à des jeunes, condamnent le mensonge, ne mentent-ils pas fréquemment dans leur vie quotidienne ? Même si, le plus souvent, ce sont de pieux mensonges…

— À côté de cette loi universelle que nous devons à la vérité objective, essayons de penser ce pieux mensonge, ce « oui mais ». Il s'agit là plutôt de secret que de mensonge, de réserve ou d'omission plutôt que de mensonge. Premier cas : le secret médical. Par égard à une personne privée, à son corps, à sa souffrance, le médecin peut être amené à ne pas dire toute la vérité ; il peut exister une déontologie médicale du secret.

— Ça se discute, ça…

— La personne privée a droit à son propre secret ; d'où ce premier cas, où le praticien protège le vôtre. Un second cas se présente avec la raison d'État ou le devoir de réserve. Par exemple, et pour s'en tenir à l'actualité, si l'on rend publiques les tractations avec des ravisseurs d'otages, la vérité dite bénéficie aux ravisseurs plus qu'aux victimes du rapt. Il existe aussi des cas où, si l'on dit la vérité, on peut déclencher des paniques ; d'où le devoir de réserve. Ce type d'omission s'oppose à l'idéal de transparence dont on parle tant dans les médias. Autre exemple : à publier la liste des trésors épars en France, avec leur valeur et leur localisation, cette vérité factuelle bénéficie aussitôt aux cambrioleurs. Je me résume : il faut, certes, dire la vérité, mais parfois garder certains secrets... Les lois morales souffrent souvent d'exceptions.

— « *Toute vérité n'est pas bonne à dire* » ?

— Moins bonne dans le cas du secret ou de la réserve... bonne pourtant dans une société où dominerait l'*omerta*. Dans une société de l'*omerta* où tout le monde cache la vérité, la dénonciation sauve la justice. Au contraire, celui qui dénonce son copain à l'instituteur se conduit réellement comme un petit salaud. Dénoncer, dit-on, est quelquefois bon, mais je trouve cela le plus souvent ignoble ; cela dépend des cas. Le soupçon est quelquefois bon, quelquefois mauvais, cela dépend des cas ; mais cacher n'est pas toujours mauvais, au moins pour sauver la pudeur dans la vie privée, cela dépend des cas... Voilà le cœur d'un conflit réel entre la valeur universelle et objective du vrai, de la connaissance, où le secret tue la science, où le secret peut aussi tuer la justice et, d'autre part, le respect du privé, le droit de l'individu singulier à sa vie personnelle. Le conflit oppose vérité universelle et personne singulière. On a beaucoup critiqué, vous le savez sans doute, la casuistique des jésuites ; pourtant, « casuistique » veut dire : « étude des cas ».

— *Un vieux principe, maintenant, qui nous amènera peut-être au « plaider coupable » : faute avouée doit-elle être à demi pardonnée ?*

— Je le crois parce que la vérité, je le répète, couvre la personne par sa force universelle, tandis que le mensonge laisse la responsabilité à la personne qui l'inventa par faiblesse.

— *Que pensez-vous de cette phrase d'Abraham Lincoln : « Aucun homme n'a assez de mémoire pour réussir dans le mensonge » ? C'est plutôt rassurant ?*

— Abraham Lincoln répète Montaigne, qui, dans ses *Essais*, au chapitre VI, « Des menteurs », avoue qu'il n'a pas assez de mémoire pour pouvoir mentir. Dès lors que vous mentez, en effet, vous vous précipitez dans une cascade croissante de mensonges. Pourquoi ? Parce qu'au premier qui vous démontre que vous avez menti, vous devrez répondre par une nouvelle invention, par un second bobard, pour justifier le premier, et ainsi de suite. Vous construisez alors un monde-refuge imaginaire qui demande une mémoire fantastique. Voilà le secret du comique irrésistible que déclenche *Le Menteur* de Pierre Corneille, actuellement représenté à la Comédie-Française. J'espère que tous nos auditeurs, menteurs fieffés ou finauds, s'y précipiteront et comprendront, à entendre le héros de la pièce s'emberlificoter dans des trouvailles empilées les unes sur les autres, à quoi ils s'engagent, à quelle série infinie d'inventions ils seront bientôt acculés. Cette croissance irrésistible du mensonge déclenche un comique tout aussi irrésistible. Non, ne faisons pas la morale : rions. Mais, au bout de ces éclats de rire, paraît une certaine mélancolie : à quoi bon toutes ces contorsions ?

— *« De grâce, dites-moi si vous allez me mentir », Michel Serres.*

La BD, la néoculture

Chronique du 24 octobre 2004

— Michel Serres, cette semaine nous allons parler BD, bande dessinée. A commencé cette semaine, à la Cité des sciences et de l'industrie, et pour huit mois, une exposition Franquin, parrainée par France Info. Franquin, c'est Gaston Lagaffe, le Marsupilami, Spirou... Cette semaine également, France 2 a diffusé une longue interview d'Hergé, que vous avez vue, et demain sort en kiosque « L'histoire secrète d'Astérix le Gaulois d'Uderzo et Goscinny », un hors-série de la revue Lire, *en partenariat avec France Info. La BD, on le voit, nous entoure, nous enveloppe, nous dit...*

— Oui, elle fait partie maintenant de la culture, non seulement populaire, mais aussi de la culture au sens noble du terme.

— C'est se cultiver en s'amusant ?

— Contrairement à ce qu'il est de mode de dire, se cultiver réellement, c'est toujours amusant. Oui, la BD vient de passer rapidement de la contre-culture à la culture. Contre-culture : au début du siècle précédent, un grand homme, Colomb, qui signait Christophe, de l'École normale supérieure, universitaire patenté, dessina les premières bandes, au moins en langue française – la famille Fenouillard, antibourgeoise, le Sapeur Camember, antimilitariste, le savant Cosinus, qui épinglait un peu les ridicules du monde universitaire...

— ... de la science...

— Le savant Cosinus, engendra, je crois, le professeur Tournesol. Il y avait là une contre-culture destinée aux enfants, aux adolescents, un peu comme *Little Nemo* aux États-Unis. Et, peu à peu, la bande dessinée a conquis sa place auprès de la culture…

— *… ses lettres de noblesse…*

— Elle ne les avait pas. Dans les années 1965, j'ai été un peu victime de cette contre-culture ; j'avais écrit des articles sur Hergé, Tintin et *Les Bijoux de la Castafiore,* monument inégalable de pensées profondes sur la rupture de communication ; or, ayant aussi écrit – mais dans le cadre de ce que l'on appelle la « culture » – sur la communication, j'avais, à cette époque-là, posé ma candidature pour un poste dans une université parisienne.

— *Nanterre.*

— Et le fait d'avoir écrit sur la bande dessinée a disqualifié ma candidature, qui n'a même pas été prise en considération. On ne pouvait penser, dans le milieu universitaire, qu'un professeur de philosophie pouvait s'occuper de sujets de ce genre.

— *La Castafiore, ce n'était peut-être pas ce qu'il y avait de mieux pour une thèse… ?*

— Hergé soutenait pourtant une thèse plus intéressante que les thèses ordinaires sur la rupture de communication ! La boucherie Sansot, la télé brouillée… Comment cette contre-culture est-elle devenue une culture, je voudrais l'expliquer sur une image très concrète. Vous vous rappelez sans doute, et tous les auditeurs le connaissent, le château de Moulinsart ?

— *Évidemment.*

— Le château de Moulinsart, comme vous le savez, coupe le château de Cheverny de ses ailes extérieures. Voilà donc un chef-d'œuvre d'architecture. Or ce château de Moulinsart appartenait autrefois aux frères Loiseau, antiquaires, qui entreposaient dans ses caves, immenses et profondes, un trésor hétéroclite, un chaos prodigieux, composé d'œuvres d'art, de tableaux, de sculptures, d'idoles, de tanagras, de vases chinois…

— *… de meubles, de maquettes de bateaux…*

— Ces bandits avaient accumulé là des œuvres issues de presque tous les arts : peintures, sculptures, instruments de musique, parchemins. Tous les arts se trouvaient là. Or voilà Tintin prisonnier dans la cave du château de Moulinsart, prisonnier des antiquaires, prisonnier des arts anciens. Au moyen d'une poutre, il enfonce un mur pour se délivrer… Pour se délivrer de quoi ? Eh bien, pour se délivrer de la cave, pour se délivrer des antiquaires, pour se délivrer des arts anciens entreposés par les antiquaires dans la cave du château de Moulinsart.

— *C'est une interprétation...*

— Tous ces arts se trouvent, là, dans l'Antiquité des antiquaires… Il s'agit de s'en délivrer. Tout à coup, la bande de Tintin, le capitaine Haddock en tête et le professeur Tournesol comme bailleur de fonds, achète le château de Moulinsart. Ils investissent, oui, l'architecture et la cave où s'entassent tous les arts. Là, le neuvième art, la bande dessinée, prend possession de l'ensemble des autres arts, eux-mêmes rejetés vers l'Antiquité, du côté des antiquaires, eux-mêmes roublards et criminels. Voilà enfin la victoire de la contre-culture sur la culture. Tout auteur qui veut faire du nouveau s'oblige à ce renversement-là, que j'admire sans réserve. Quel courage ! Ah ! que n'ai-je trouvé, en philosophie, cette poutre !

— *On voit que vous avez bien connu Hergé et qu'il vous imprègne !*

— Dans le château de Moulinsart ainsi conquis, habite désormais le neuvième art, la bande dessinée. Ce neuvième art a acquis tant de lettres de noblesse, qu'aujourd'hui, nous pouvons nous retourner vers le passé pour relire, dans leur vérité, la frise des Panathénées, les hauts-reliefs des sépultures égyptiennes, la tapisserie de Bayeux, les chapiteaux des cloîtres, les calvaires bretons, les vitraux des cathédrales, etc., tous ces prédécesseurs de la bande dessinée absents de la cave des frères Loiseau.

— Vous n'êtes pas aussi tendre avec Astérix le Gaulois qui, pourtant, est peut-être le vrai grand héros après Tintin.

— Faut-il toujours bâillonner le poète au moment des fêtes, faut-il chanter l'éloge de la drogue, la potion magique…

— Elle permet de vaincre les méchants.

— … peut-on résoudre tous les problèmes à coups de poing ? Je veux bien pardonner à cet éloge de la force brute, de la drogue chimique, à ce bâillonnement du chant et de la musique…, mais cela ne rappelle pas de bons souvenirs politiques… Mais pour revenir à Hergé, qui a été, pendant vingt ans, un de mes proches amis, je dis même mon ami de vieillesse : citez, je vous prie, un auteur contemporain, qui séduit toujours ses lecteurs de sept à soixante-dix-sept ans ; qui comble de joie des enfants qui ne savent pas lire, mais aussi des adultes très cultivés, dans tous les pays du monde, depuis 1935-1938 jusqu'à nos jours ? En existe-t-il un autre ?

— Le Petit Prince, *de Saint-Exupéry.*

— Il y a là une continuité tout à fait extraordinaire. J'avais jadis appelé Hergé le « Jules Verne des sciences humaines ». Certes, il y a chez lui une veine Jules Verne, avec *L'Étoile mystérieuse* ou *On a marché sur la Lune*, mais une veine plus secrète m'intéresse beaucoup plus. Parti de *Tintin au Congo*, qu'on lui a beaucoup reproché en raison du colonialisme, il en arrive à l'amitié avec Chang, enfant chinois, avec Zorino, petit Indien, mieux encore, avec l'autre absolu, le yéti, l'abominable homme des neiges. Comme beaucoup d'ethnologues de l'époque, il part du musée des Colonies, non pas, certes, pour fonder, comme eux, une anthropologie scientifique, mais, comme eux, pour nous convier à l'amitié sans partage entre les peuples du monde, sans aucune distinction. Mieux encore, il nous apprend, parmi la blancheur des neiges de l'Himalaya, que celui que les hommes appellent le pire des hommes est bon.

La Toussaint et les saints laïques

Chronique du 31 octobre 2004

— *Michel Serres, cette semaine, si vous le voulez bien, nous allons profiter de cette veille de Toussaint pour décliner ce mot. « Toussaint » : fête de tous les saints, héros, génies… ces gens qui, parmi les humains, sont distingués, décorés. Ceux dont l'Église, ou les Églises d'ailleurs, n'ont plus l'exclusivité…*

— « Toussaint » est un bon mot. Il a deux sens : le sens traditionnel, que vous venez de donner, plus un autre, que nous allons découvrir au fur et à mesure que nous parlerons. Le premier se réfère à tous les saints du calendrier, Jean, Pierre, Paul, etc., plus ceux que j'aime lire sur la carte de géographie – on oublie toujours Saint-Émilion et Saint-Nazaire !

— *Très importants !*

— Aussi prestigieux que soient ces lieux d'eau amère ou de vin délicieux, je ne sache pas qu'aucune mère ait jamais appelé son fils Émilion ou Nazaire, encore moins Gaudens, Girons ou Énimie. Pitié pour ces saints orphelins, pourtant nombreux, dont il faut faire au moins une fois la fête puisqu'ils n'ont aucun enfant. Voilà pour la religion. Mais les sociétés laïques ou les politiques civiles traduisent, sans que personne s'en aperçoive, traduisent, dis-je, le mot « Toussaint » dans le mot « Panthéon ». Le premier dit en latin ce que le second dit en grec. *Pan* veut dire « tout », et *théon* « les dieux » ; voilà les femmes et les hommes illustres. Le Panthéon correspond à une cathédrale laïque.

— *Ce sont des saints laïques ?*

— Les saints de la société civile : des génies, des écrivains, Rousseau, Victor Hugo, des inventeurs, Marie Curie, Pasteur, quelques autres célébrités, Jean Moulin, héros de la Résistance et libérateur de la patrie. Civiles, laïques ou religieuses, toutes les sociétés aiment fabriquer cette gloire, ou plutôt leur propre gloire à travers de hauts personnages ou des hommes exceptionnels qui ont accompli des exploits. Mieux encore, lorsqu'on s'occupe de morale, les pédagogues proposent des exemples, des champions – le mot « champion », en italien, veut dire « exemple ». Or, et voilà le point que je veux souligner, la société contemporaine fabrique encore plus de héros, de génies et de saints, bref, plus de gens glorieux ou exceptionnels que les sociétés traditionnelles dont nous venons de parler : chanteurs, stars, acteurs de cinéma, présentateurs de télévision, vedettes… tous gens d'exception.

— *Mais ce ne sont pas des saints.*

— Il y en a de deux sortes : ceux qui ont, réellement, fait des exploits, les médailles d'or aux jeux Olympiques, les maillots jaunes du Tour de France, les vedettes du football, Zinedine Zidane et Lizarazu, les heureux hommes qui ont deux *z* à leur nom…

— *Loana ?*

— Par exemple. Mais cette fabrique de héros, de génies ou de dieux, ce déluge contemporain d'argent, de puissance et de gloire vont nous permettre de découvrir le deuxième sens du mot « Toussaint ». « Toussaint » veut dire « tous les saints », Panthéon veut dire « tous les dieux »… mais nous venons de faire une découverte sensationnelle. Autrefois, aux ères de la Toussaint ou du Panthéon, les gens qui accédaient à la gloire avaient réellement accompli des exploits : Zidane avait marqué des buts, Marie Curie avait inventé de la physique, Hugo avait écrit des poèmes, Jean Moulin avait participé à la Résistance, mère Theresa avait réellement consacré sa vie à soigner des misérables. Tous pour de vrai. Mais aujourd'hui, nous avons inventé des machines qui fabriquent de la gloire. Des machines à fabriquer des dieux.

— *Sans exploit ?*

— Rien dans les mains, rien dans les poches. Jadis, on passait à la télévision lorsqu'on avait accompli un exploit et qu'on en avait acquis de la gloire ; aujourd'hui, on a la gloire parce qu'on passe à la télévision.

— *Pour raconter ses affaires intimes, pour chanter…*

— Voici une bonne définition de la télévision ou des médias en général : ce sont des machines à fabriquer de la gloire, des machines à fabriquer des héros, des stars, des dieux, des machines à Panthéon, des machines à Toussaint. Tous ceux qui passent là passent pour des dieux.

— *C'est très éphémère, alors que la gloire de nos saints est éternelle…*

— Une minute. Cette machine à fabriquer des dieux va aujourd'hui si loin qu'elle nous entraîne à réfléchir. « Le Loft » ou la « Star Academy », ces émissions qui portent toutes des noms américains, forcément, puisque c'est de là que viennent l'argent, la puissance et la gloire, ces émissions, dis-je, créent des académiciens qui ne siègent pas sous la Coupole, fort heureusement, mais qui exposent, tout simplement, leur vie ordinaire, banale, usuelle. Voilà une seconde grande découverte : la vie ordinaire devient productrice de gloire. Voilà quelque chose d'extraordinaire, que je traduirais volontiers de la manière suivante : « Toussaint » signifie désormais, non pas « tous les saints », mais « tout le monde est saint ». Tout le monde il est saint, tout le monde il est génie, tout le monde il est génial, tout le monde il est un héros… Je ne peux pas vous dire à quel point je trouve cela réjouissant, sain, heureux et bon. Voilà, en effet, une démocratisation progressive de la gloire : chacun peut passer pour un homme exceptionnel. Quel progrès géant !

— Il faut dans ce cas faire le tri : il y a de vrais saints, de vrais héros, de vrais génies…

— Excusez-moi, je suis tout à fait sérieux. Tout le monde s'affole de cette chose ; pardonnez-moi, j'y suis vraiment favorable, et même je m'enthousiasme volontiers pour cette invention-là. Car elle bouleverse bien des choses. J'aime la paix, le plus haut de tous les biens du monde. Cette démocratisation de la gloire, cette nouveauté selon les termes de laquelle tout le monde peut devenir, parce qu'il passe à la télévision, une star, un génie, un héros, quelqu'un d'exceptionnel, eh bien, tout cela est favorable à la paix. Parce que, pour obtenir la gloire, les gens se battent les uns contre les autres, la violence fait rage, mais pour avoir cette gloire-là, la méthode est toute simple et ne demande aucun talent : tout le monde peut l'avoir, tout le monde l'a. Tout le monde aujourd'hui peut passer pour un saint, un génie, un héros, etc., sans tri. Si cela se pérennisait, la société se transformerait complètement, car au lieu de célébrer sans cesse des gens d'exception, elle admettrait que tout le monde est exceptionnel. Du coup, les gens exceptionnels, ceux qui font vraiment des exploits, les vrais saints, les vrais génies, les vrais savants, les vrais découvreurs resteraient plongés dans l'anonymat. Et à ce moment-là…

— Mais nous avons besoin de modèles.

— Pardonnez-moi encore, mais il me semble que je découvre, là, une vraie morale. Qui dirait justement : « Soyez capable d'accomplir des exploits sans en attendre aucune gloire. » En rendant anonymes les génies ou les héros, la société qui abriterait ces saints-là aurait tant démocratisé ou relativisé la gloire qu'elle assurerait la paix entre les hommes. Voilà pourquoi dans mon livre *Rameaux*, j'ai pris plaisir à écrire : « Il n'y a de grands hommes que les saints, absents pourtant de la liste des grands hommes. » Aujourd'hui, à la Toussaint, ne célébrez personne. Nous ne connaissons pas les meilleurs.

Le peuple américain a voté

Chronique du 7 novembre 2004

— *Michel Serres, cette semaine, interrogeons-nous sur le jugement du peuple. Le peuple américain a réélu George W. Bush avec trois millions et demi de voix d'avance, ce qui est une première dans l'histoire américaine. Au regard de ce qu'a fait Bush depuis quatre ans, on peut se demander si c'est un gage de raison ou se demander – comme bien des Français et d'autres, d'ailleurs, tous hystériquement anti-Bush – si le peuple s'est trompé.*

— Belle question philosophique en vérité, question à laquelle un philosophe a vraiment répondu. Dans ses écrits politiques et en particulier dans *Le Contrat social*, Jean-Jacques Rousseau déclare tout à trac : « La volonté générale ne se trompe jamais. » Voilà le fondement de la démocratie : la volonté générale ne se trompe pas. Mais votre question en comporte réellement deux. D'abord celle sur l'erreur ; ensuite celle sur le peuple. Qu'est-ce que le peuple ? Regardez la carte des États-Unis ; la couleur bleue y distingue les États majoritairement démocrates et la couleur rouge les États en majorité républicains.

— *Aux États-Unis, les républicains sont en rouge et les démocrates en bleu.*

— Or les États en bleu comprennent premièrement le littoral de l'Ouest américain, celui du Pacifique, la Californie, d'autre part les États des Grands Lacs, avec au milieu Chicago, les grandes villes, enfin le Nord-Est, c'est-à-dire les États les plus anciens et les plus petits de la vieille Amérique. D'autre part, les États en rouge comprennent le Middle West, le Deep South, le Sud profond, et beaucoup d'États du Sud-Ouest, Arizona, Utah…

— *L'Amérique traditionnelle…*

— Ce qu'on appellerait volontiers l'Amérique profonde s'oppose d'une certaine manière à tous les États – Californie, Grands Lacs, Nord-Est – où se trouvent, par exemple, les centres industriels et les plus grandes universités – New York, Yale, celles de Boston, Berkeley ou Stanford. Or, l'*Ivy League*, cette ligue des grandes universités, cette Amérique des Grands Lacs et du Nord-Est, c'est le Nord de la guerre de Sécession, l'industrie, les ingénieurs, les diplômés des grandes universités, bref, j'ose à peine le dire, l'élite. L'élite américaine a voté démocrate et le peuple, l'Amérique profonde, a voté républicain. On pourrait presque dire qu'il s'agit d'une suite de la guerre de Sécession, Nord contre Sud. Oui, cette élection était prévisible ; la majorité vote Bush, en effet, par traditionalisme.

— *Ce n'est donc pas une élection droite-gauche. Quoi qu'il en soit, le peuple n'a-t-il pas quand même commis une erreur ?*

— Non, voici plutôt la vraie question à poser : « Sur quel critère s'est-il décidé ? » Vu de France, on pense souvent qu'il s'est décidé sur un critère exclusivement religieux. Il me semble que c'est une mauvaise façon de voir les choses. Pourquoi ? Parce qu'il y a une incompréhension relativement stable entre la France et les États-Unis du point de vue de la religion. Pourquoi ? Parce que notre histoire, notre histoire nationale, depuis la Révolution et la séparation de l'Église et de l'État, a fait de nous un État laïc. Et cette laïcité à la manière française est mal comprise des Américains, et beaucoup de mes amis venant en France sont stupéfaits et disent de façon aussi violente que nous, quand nous parlons de la religion américaine : « Vous vous conduisez comme un peuple antireligieux. » Par exemple, il est scandaleux à leurs yeux qu'une université ne comporte pas de département d'études religieuses. Il n'y en a pas à la Sorbonne, il n'y en a dans aucune université française, alors qu'il y en a dans toutes les universités américaines, et d'ailleurs aussi anglaises, allemandes, etc. Ce point nous sépare beaucoup et crée une incompréhension entre nos deux pays sur le fait religieux.

— *Notre laïcité n'est-elle pas la marque d'une civilisation plus évoluée ?*

— Mieux vaut ne pas penser que quiconque est plus évolué que quiconque d'autre ; eux, bien sûr, ont tendance à penser l'inverse, c'est-à-dire, la même chose, qu'ils sont plus évolués que nous. De là vient le quiproquo…

— *Le communisme était laïc.*

— … l'incompréhension entre les deux pays. Mais je ne crois pas vraiment que la décision se soit faite sur cette question. Je crois que la décision a été prise sur des questions plus profondes et décisives.

— *Et pas sur celle de la guerre, par exemple ?*

— Non. La guerre à l'extérieur, la politique extérieure ne comptent guère pour l'Américain moyen ; la décision ne s'est pas non plus faite sur l'économie, ni peut-être sur le chômage ou l'emploi. Ce qui a été décisif, à mon avis, aujourd'hui, ce sont des questions comme : « Que pensez-vous de l'euthanasie ? », c'est-à-dire de la mort ; « Que pensez-vous de l'avortement ? », c'est-à-dire de la naissance ; « Que pensez-vous du mariage homosexuel ? », c'est-à-dire du statut du mariage…

— *Ça veut dire que ce sont les conservateurs…*

— … « Que pensez-vous des cellules souches ? », c'est-à-dire de la reproduction. Les questions décisives se posent sur le plan culturel.

— La culture a tranché ?

— Oui, je crois que ces questions, que j'appelle « culturelles », ont été beaucoup plus décisives que toutes les autres, beaucoup plus décisives que la guerre extérieure, beaucoup plus décisives que toutes les questions politiques, économiques et sociales. Ces questions se posent à peu près partout dans le monde, en France et en Europe tout comme aux États-Unis ou en Asie, dans un monde saisi tout entier par de nouvelles émergences, bref, par cette nouvelle culture. Elle redéfinit la naissance, elle redéfinit la vie, la mort, la famille, la reproduction, le rapport à la planète, la vision du monde… Elle redéfinit toutes les relations humaines, je crois même qu'elle redéfinit l'homme. De quelque pays que nous soyons, nous voilà aujourd'hui tous saisis dans un processus de changement hominien, je dis même parfois « hominescent », oui, dans une transformation qui suscite et que suscite cette nouvelle culture. Et la question décisive, la voici : « En voulez-vous ? N'en voulez-vous pas ? » Et l'Amérique a répondu, majoritairement : « Nous n'en voulons pas. »

— Cette nouvelle culture brouillerait les cartes politiques ? Pas seulement aux États-Unis d'ailleurs…

— Les questions fondamentales se posent, aujourd'hui, beaucoup plus sur ce changement historique, sur l'émergence de cette coupure, de cette culture, que sur les questions politiques traditionnelles.

L'autorité

Chronique du 14 novembre 2004

— *Michel Serres, parlons de l'autorité, sujet d'actualité cet automne : le « plaider coupable » instaure un nouveau rapport entre le citoyen et la justice ; dans un autre genre, « Le Pensionnat de Chavannes », sur M6, fait des audiences records et dans la foulée de nombreuses associations réclament le retour aux fondamentaux à l'école, en matière d'enseignement et de comportement. L'autorité, sujet tabou… L'autorité est-elle naturelle chez l'homme ? Est-ce l'un des constituants de l'humain ?*

— Non. Le règne animal exerce et observe l'autorité. Lorsque j'étais jeune, de neuf à onze ans, quand nous gardions les vaches, mon frère et moi, nous avions observé que c'étaient toujours les mêmes qui rentraient les premières, le soir, à la grange.

— *Et qui bousculaient les autres…*

— Pas du tout : respectueuses et dominées, les autres les laissaient passer. Nous avions même fait l'expérience d'arrêter ces deux ou trois vaches, mais les autres attendaient qu'elles soient entrées pour entrer à leur suite. Nous ne connaissions certes pas le mot « dominance ». Ce type de hiérarchie se retrouve tel quel chez à peu près tous les mammifères et chez nos frères les chimpanzés, chez nos jumeaux les bonobos ; mais on le retrouve aussi chez les lions de mer, et dans des espèces encore plus éloignées de nous, comme les insectes collectifs, les fourmis, les abeilles, les termites. Généralement, le dominant est un mâle, comme chez les dingos, mais il peut arriver aussi qu'elle soit assumée, cette dominance, par des femelles.

— *Dans tous les groupes, quelqu'un se dégage Systématiquement.*

— Oui. La hiérarchie nous reste des conduites animales. Je ne puis observer les courbettes rituelles dans l'entourage d'un chef d'État, du président d'une entreprise, d'un patron de médecine… sans qu'elles évoquent à mes yeux, irrésistiblement, les gestes d'une espèce devant un wapiti ou un lion de mer au cou flasque, dominants. Cette autorité nous vient de la bestialité ; m'en souvenir me console de la subir ou m'empêcha toute ma vie de l'exercer. Science qui s'occupe des comportements animaux, l'éthologie dit que dans la reproduction les femelles choisissent le dominant parce qu'elles soupçonnent qu'il porte les meilleurs gènes. Est-ce le meilleur chasseur ? Celui qui détient l'autorité, le dominant, défend le groupe contre un prédateur éventuel. Le lion, avec sa crinière, épouvante les voisins. Plus il y a de violence, semble-t-il, plus il y a d'autorité ; celui qui l'exerce, le plus fort, celui qui défend les autres contre les prédateurs, devient lui-même quelquefois parasite ou prédateur de son propre groupe.

— *Si je vous entends bien, l'autorité protège. Ce n'est pas toujours ainsi qu'elle est ressentie…*

— Elle protège en effet. Mais je parlais jusqu'à maintenant des comportements sans langage. Dès qu'on passe de l'animal à l'homme, toute la question est de savoir si cette autorité se transforme ou si elle reste la même que dans les autres espèces. Et puisqu'il s'agit du langage, parlons de lui. L'autorité est un exercice, mais c'est aussi un mot. Or, souvent, un mot ressemble à une petite boîte qu'il suffit d'ouvrir pour y trouver des merveilles.

— *Allez-y.*

— Je considère la famille du mot « autorité ». L'« auteur » en fait partie ; ce mot signifiait, dans le droit romain, « celui qui se porte aval », celui qui, devant un tribunal, se porte garant d'un mineur, qui, lui-même, n'est pas encore sujet de droit : enfant, femme ou esclave dans ces usages anciens. Ainsi l'auteur d'un livre se porte seul garant de ce qu'il a écrit, de son œuvre. Je signe mon livre, j'en suis l'auteur, me voilà vraiment responsable de ce que j'y avance. L'autorité, c'est la garantie, mais ce n'est pas là qu'est vraiment la merveille ; ce n'est pas seulement pour des questions de droit, que j'en cherche la racine ou l'origine, c'est aussi parce que les mots « auteur » ou « autorité » viennent du verbe latin *augeo* qui veut dire « augmenter ». Le mot anglais *auction*, la vente aux enchères, signifie que, là, on augmente tout le temps. *Auction* a gardé le *c*, « augmenter » a gardé le *g*, « auteur » et « autorité » les ont perdus. Ainsi, l'auteur est celui qui augmente, celui qui détient l'autorité est celui qui vous augmente. L'auteur augmente le sujet dont il parle, il le fait fructifier.

— *Il le valorise...*

— Il le valorise, en effet. Celui qui a autorité sur vous est celui qui a le pouvoir de vous augmenter, d'augmenter votre intelligence, d'augmenter votre force, votre efficacité, de tirer de vous des fruits.

— *Je ne ferai pas de jeu de mots là-dessus...*

— Du coup, celui qui détient sur vous l'autorité n'est pas celui qui vous terrorise, qui vous écrase de violence, mais au contraire celui qui vous valorise. Si quelqu'un a l'autorité sans augmenter ceux sur lesquels il l'exerce, mieux vaut l'oublier ou le destituer, ou peut-être aussi le passer par la fenêtre !

— *Finalement, l'autorité, ce n'est pas insupportable.*

— Insupportable lorsque celui qui la détient n'augmente pas ceux sur lesquels il l'exerce. L'augmentation décide de tout. Continuons à visiter la famille. « Augure » : celui qui commence à exécuter un projet. « Auxiliaire » : celui qui aide à ce projet. « Augmenter », « autorité », « auxiliaire », « augure », « auguste »... voilà des mots parents. De la boîte de ces mots sort cette merveille de l'augmentation, de la valorisation. Cherchez qui produit des fruits.

— *Cela peut-il ou doit-il se faire contre ma volonté ? L'autorité entre-t-elle en conflit avec la liberté ?*

— Je ne crois pas en ce conflit. Ma liberté implique précisément l'espoir que je vais, par tel acte ou telle conduite, augmenter ma propre valeur, développer mes propres fruits. Et donc une autorité qui ne joue pas en faveur de cette fructification de l'individu ne vaut rien. Il faut s'en débarrasser. Si mon livre ne vous augmente pas, jetez-le donc par la fenêtre. Ne lisez, ne faites que ce qui vous augmente.

— *Tout ce que nous venons de dire peut être utile à beaucoup d'entre nous qui exerçons ou qui subissons l'autorité.*

— Si j'avais à conseiller des gens qui l'exercent ou la subissent, je leur rappellerais les deux origines : l'animale d'abord, pour leur faire honte ou les consoler ; ensuite, celle du mot. « Vous n'êtes plausible à votre place que si vous faites fructifier, que si vous augmentez l'intelligence, le bonheur ou les capacités de ceux sur lesquels vous l'exercez. »

La rumeur

Chronique du 21 novembre 2004

— Michel Serres, cette semaine, nous allons parler de la rumeur. La rumeur sur l'empoisonnement d'Arafat par ses proches, par le Mossad. La rumeur sur les comptes en banque à l'étranger de quelques ministres. La rumeur des Américains bombardant Falloujah pour empêcher la libération des otages français. Rumeurs qui s'ajoutent à ces milliers de rumeurs de notre quotidien et aux rumeurs historiques – les disparitions de femmes dans les magasins, la rumeur d'Orléans, de Rouen, les aliments empoisonnés, etc. La rumeur pourrit l'information – c'est en tout cas mon avis de journaliste. Et on ne sait pas l'empêcher. La rumeur est peut-être une information ; c'est en tout cas une information non vérifiée.

— De la rumeur, distinguons deux choses D'abord la dynamique de sa propagation, et, d'autre part, le contenu du message qu'elle propage. La dynamique de propagation a été parfaitement décrite par un vieux poème de Victor Hugo, « Les djinns », qu'il publia, jeune, dans *Les Orientales* : « Murs, ville / Et port, / Asile / De mort, / Mer grise / Où brise / La brise ; / Tout dort. / Dans la plaine / Naît un bruit, / C'est l'haleine / De la nuit. / Elle brame / Comme une âme / Qu'une flamme / Toujours suit. [...] La rumeur approche ; / L'écho la redit. / C'est comme la cloche [...]. » À chaque strophe de ce poème, Victor Hugo ajoute un pied, comme si la rumeur croissait...

— La rumeur enfle.

— À dix pieds, elle parvient à un bruit maximal, et soudain, après le passage des nains maléfiques, les strophes passent à neuf pieds, huit pieds, etc., jusqu'à l'évanouissement final.

— *Et la rumeur est morte.*

— Tout à coup, tout s'efface, l'espace efface le bruit. On peut lire et voir se dessiner le losange, croissant et décroissant, de la propagation. Dans *Le Barbier de Séville*, Beaumarchais décrit, aussi, parfaitement, la rumeur de calomnie : « C'est d'abord rumeur légère, / Un petit vent rasant la terre », et à la fin, « [...] l'on voit le pauvre diable [...] Tomber, tomber, terrassé ».

— *La rumeur tue.*

— La rumeur est un lynchage collectif, réalisé à coups d'accusations verbales, à coups de mauvaises réputations suggérées, puis répétées.

— *Mais la rumeur est-elle pensée, réfléchie, organisée, ou spontanée ?*

— Elle me paraît plutôt chaotique. Elle ressemble à ces phénomènes qui déclenchent des cyclones et qui commencent par un mouvement, fugace, léger, à peine perceptible, comme le mouvement d'une aile de papillon. Une personne commence une histoire, la dit à dix personnes, qui la disent à cent, qui la disent à mille, mais cela peut s'arrêter comme, tout à coup, produire une puissance colossale. Une petite énergie comparable à celle de l'information croît vers une puissance équivalente à celle d'un cyclone, tue des gens, destitue un Premier ministre, change un gouvernement... Petite cause, effet nul ; cause minuscule, effet gigantesque.

— *Le bobard peut séduire des gens qui vont le récupérer et en faire une rumeur utile.*

— Comment se fait ce lynchage ? La dynamique de cette propagation provient d'une chose simple, la mimétique : nous sommes des animaux qui aimons imiter, qui répétons volontiers un geste ou un mot. Tu me dis ça, je le répète, et cent personnes à qui je le dis le répéteront à leur tour, comme si la *mimésis*, comme si l'imitation formait le lien social par excellence. Ainsi s'explique la mode : je porterai le même pantalon… Certains auteurs, surtout de langue anglaise, ont même inventé une science, pour expliquer cette imitation : la *mémétique* !

— *Comme dans l'histoire de la queue du chat : le début n'a plus rien à voir avec la fin de l'histoire.*

— En les voyant faire des grimaces et répéter les grimaces des autres, nous nous moquons aimablement des singes… Or, et Aristote le disait déjà, voici plus de deux millénaires, nous sommes les animaux les plus mimétiques, les plus imitatifs, plus imitateurs encore que les singes. Le bouche-à-oreille par imitation réciproque déclenche parfois des phénomènes d'importance colossale. Passons, maintenant, au contenu du message, où il faut, aussi, distinguer deux choses. La rumeur, méchante, s'appuie sur le soupçon, sur nos tendances les plus basses. Nous soupçonnons autrui d'être plus affreux que nous encore. De cette rumeur mauvaise, le contenu est vrai ou faux. Alors, la langue française distingue la médisance – le message est vrai – de la calomnie – le message est faux. Rossini et Beaumarchais chantent l'air de la Calomnie ; l'actualité, souvent sinon toujours méchante, parle de tromperies, de mensonges…

— *… d'assassinats…*

— … de trahisons… Médisances ou calomnies ? Dans les cas que vous avez cités, ce sont visiblement des calomnies.

— *L'information, la vérité, la vérification tuent-elles la rumeur ?*

— Parlons maintenant de la publicité. Comment la définir, sinon comme l'intention de propager une rumeur ? Et comment définir l'information, sinon comme une rumeur vérifiée ? Partis d'une façon hasardeuse, chaotique, circonstancielle, il arrive parfois que ces messages, même intentionnels, disparaissent, comme une rumeur, comme le bruit décrit par « Les djinns » de Victor Hugo. Une onde s'efface, un bruit s'éteint, le silence se rétablit. Si la rumeur persiste, alors la médisance peut tuer la calomnie, alors la vérité tuerait l'erreur.

— *La rumeur…*

— La rumeur peut être positive. On ne dit pas toujours du mal d'autrui, on peut en dire du bien.

— « *Il va devenir ministre…* »

— « C'est un génie… » « Ce livre est intéressant… » Voilà, de nouveau, rumeur et publicité ; de bouche à oreille, le succès d'un livre, d'un homme, d'un produit advient souvent ainsi, selon ces propagations. La « communication », la rumeur élogieuse fondent la réputation, la reconnaissance, la gloire. La gloire se propage par rumeur, comme l'assassinat. Nous voilà au lieu précis où je voulais vous entraîner : en enfer, exactement. En grec, la « vérité » se disait *aletheia*, et, anciennement, *aletheia* voulait dire la « gloire ». Pourquoi ? Avant d'arriver aux Enfers, celui qui venait de mourir devait franchir le fleuve de l'Oubli, le Léthé. Celui qui avait, ainsi, traversé cette eau, tout le monde en perdait la mémoire. Mais certains avaient la permission ou la chance de le franchir, à nouveau, et dans l'autre sens : *a-léthé-ia*, et ceux-là obtenaient la gloire. Tout le monde s'en souvenait. Quoique morts, on parlait d'eux : leur gloire venait de ce qu'ils avaient triomphé de l'Oubli. Et leurs exploits, dont on parlait, on les disait vrais *parce que*, justement, on en parlait. La gloire, donc, se disait par le même mot que la vérité. Or nous, savants et philosophes, avons mis des siècles et des siècles de luttes acharnées pour que la vérité devienne objective, scientifique, vérifiée, loyale, et ne se confonde plus avec la gloire. Nul ne croit plus quelqu'un parce qu'il est puissant ou glorieux, mais parce qu'il montre ou démontre. Oui, l'origine sociale de la vérité, c'était la gloire ; tout se passait comme si la propagation d'une vérité au sein de la société était une preuve de son authenticité. Redoublons maintenant d'attention : la propagation de la publicité, celle de l'information, la société même du spectacle, ne nous font-elles pas revenir à ces origines archaïques, où la gloire, c'est-à-dire la rumeur, c'est-à-dire la communication, fondait la vérité ? Nos contemporains font-ils vraiment la distinction entre ce qui est vrai et ce qui se dit dans les médias, ces machines à produire de la gloire ?

La triche

Chronique du 28 novembre 2004

— *Michel Serres, ce soir, parlons de la triche. La tristesse règne en Ukraine, où les élections, suspectées d'être truquées, sont contestées. Les élections aux États-Unis furent elles aussi contestées, surtout il y a quatre ans ; en Géorgie, en Tunisie et dans bien d'autres pays, les élections sont données comme étant gagnées à 98 ou 99 %, ce qui est proprement incroyable. C'est très grave : le vote, c'est le socle de la démocratie. Si le doute s'installe, qu'adviendra-t-il de cette méthode de gouvernement que l'on donne comme la moins mauvaise connue ?*

— À l'exception de toutes les autres.

— *À l'exception de toutes les autres. Vous connaissez bien cette phrase...*

— Nous avons coutume en France de considérer la triche comme chose légère. Je la crois au contraire fort lourde, et mon propos cherchera justement à passer du léger au lourd.

— *C'est du Pagnol, la partie de belote de Raimu !*

— Je me souviens avoir discuté avec les entraîneurs de l'équipe de France de rugby et leur avoir demandé de regarder les résultats de l'équipe depuis des dizaines d'années. Elle sait marquer des essais avec une force, une finesse, une astuce, une stratégie remarquables, mais se fait battre régulièrement par les coups francs, parce que les joueurs trichent. Pour gagner, donc, il suffisait de dire : « Si vous ne trichez plus, vous gagnerez. » On aurait vraiment dit qu'ils faisaient exprès de perdre, en n'observant pas les règles. Passons, maintenant, du léger à du plus lourd. Qui n'a pas fait l'expérience de voyager dans un wagon de TGV, et spécialement dans un compartiment de première classe, vers Lille, Lyon, Bordeaux, Rennes... et entendu des hommes d'affaires, visiblement importants, téléphoner sur le portable exactement sous le petit...

— *... panneau...*

— ... panneau « wagon silence » ? Ils trichent. J'ai même vu un jour un professeur de philosophie morale de la Sorbonne fumer sous le panneau « interdit de fumer ». Je leur dis, quoique timide : « Ne fumez pas, je vous prie », et ils répondent, en riant : « Oh, se moquer de la loi est un sport national en France »...

— *C'est considéré comme véniel...*

— ... et j'ajoute : « Bien sûr, Monsieur, mais j'ai de l'asthme et la fumée bloque ma respiration. — Oh, pardon, dit-il, vous auriez dû me le dire. — Oui, dis-je avec ironie, mais l'interdiction de fumer ne fait que protéger les asthmatiques timides, qui, comme moi, n'osent jamais protester contre les abus. » Voyez maintenant l'entourage de ces hommes d'importance qui téléphonent sous l'interdiction de téléphoner, qui fument sous l'interdiction de fumer : il se peut que dans le wagon, voyagent, avec eux, un Anglais, un Allemand, un Américain ; ceux-là, et ils me l'ont dit souvent, refuseront de signer tout contrat, toute affaire, tout commerce avec ceux qu'ils ont vu tricher ainsi. Voyant quelqu'un tricher pour une chose légère, ils induisent aussitôt, et avec raison, qu'il trichera pour une chose plus lourde. Il perd confiance, et, je le répète, il a raison.

— *Vous nous dépeignez un monde totalement sinistre, dans lequel il faudrait, en permanence, respecter les règles.*

— Mieux vaut respecter les règles si l'on veut que gagne l'équipe de rugby, si l'on veut exporter, faire du commerce, faire prospérer son entreprise, travailler avec autrui. Chères auditrices, accepteriez-vous d'accoucher avec l'aide d'un gynécologue-obstétricien dont vous sauriez qu'il a triché à tous ses examens en faculté ? Le feriez-vous vraiment ? Si mes auditrices répondaient : « Non », je leur demanderais : « Pourquoi ? », et elles répondraient : « Parce que je m'exposerais au risque de mort. » De la même façon, prendriez-vous place à côté d'un automobiliste dont vous savez qu'il grille les feux rouges ? La réponse est non. Pourquoi ? Parce que vous seriez en risque de mort. Or tout à l'heure, vous avez dit que truquer les élections, c'est tuer la démocratie. Vous voyez, tricher n'est pas une plaisanterie légère, puisque tout à coup il s'agit de mourir.

— *Pour nous, ce n'est pas comparable.*

— Si, c'est comparable, parce que chaque fois que l'on triche, non seulement on sabote la gagne – voir l'équipe de France –, mais on sabote le métier – voir le cas du gynécologue –, mais on détruit la confiance des clients – voir le client américain… Certes, on gagne sans effort, en trichant sur les lois… Autre exemple : je hais les groupes de pression. Au lieu d'élire quelqu'un sur sa valeur, on l'élit pour son appartenance à un groupe de pression. Du coup, on tue la confiance, le lien social, la société, le groupe. De même, quand on manque à sa parole, quand on triche au point de vue légal, on se tue soi-même parce qu'on cultive sa faiblesse, on tombe dans la médiocrité et non pas dans l'expertise. *Mieux vaut perdre que tricher. Car, en perdant, on apprend ; en trichant, on reste ignorant.* Ainsi, à la limite, dans le cas de la recherche scientifique, si vous trichez, vous n'inventerez jamais rien. Qui ne triche pas ? Le monde, les objets, la nature, l'expérience directe ; les choses ne trichent pas. Einstein disait : « Dieu est subtil, mais non tricheur. »

— *Cela signifie-t-il que nous devons être disciplinés à en pleurer ?*

— La discipline est un autre sujet. Il s'agit simplement du respect des lois. Si vous entrez dans une société, vous signez un contrat, le contrat social.

— *Je n'ai pas été prévenu !*

— Si vous ne le respectez pas, vous sortez de la société.

— *Encore faut-il être prévenu.*

— En général, « nul n'est censé… »

— *« … ignorer la loi », certes.*

— « … ignorer la loi. » Allons encore plus loin. Je connais un cas lamentable de triche mortelle : la question du faux. Je travaille dans une fondation issue d'une société pharmaceutique, Pierre Fabre, qui distribue gratuitement des médicaments dans le tiers monde. Et mon cœur saigne à la tricherie, devant de vrais assassinats. Que l'on triche quelquefois en faisant de faux sacs ou de faux parfums, cela ne tue personne, certes, mais si vous trichez en faisant des fausses pièces détachées pour hélicoptères ou avions, alors vous tuez, délibérément, ceux qui prennent place à bord de l'hélicoptère ou de l'avion. Pis, si vous trichez en distribuant de faux médicaments, comme cela se voit sur les places publiques des villes du tiers monde, où des vendeurs cèdent à bas prix de la mie de pain en guise de pénicilline, alors vous tuez consciemment, volontairement les malades. Non, la triche n'est pas chose légère. Lourde, elle ne tue pas que la démocratie, elle tue les hommes : les plus faibles, les plus ignorants, les plus pauvres, les misérables.

Napoléon

Chronique du 5 décembre 2004

— *Michel Serres, cette semaine marque l'anniversaire du sacre de Napoléon. Si nous parlions des chefs d'État, des rois, des empereurs, du pouvoir ? Ce qui est frappant chez Napoléon – et que l'on retrouve chez certains dirigeants charismatiques –, c'est la place de la guerre dans l'assise de son pouvoir.*

— Bonaparte sort de Brienne, école militaire, école, certes, de stratégie ou de tactique militaire, mais, avant cela, école de science. Bonaparte, les gens le savent peu, n'est pas un mauvais mathématicien ; il remet à l'Académie des sciences un théorème, dit, aujourd'hui encore, « théorème de Bonaparte », un vrai théorème de géométrie. Il restera longtemps un amoureux des sciences ; par la suite, il visitera volontiers l'Académie des sciences – nous avons, de cela, les témoignages de Laplace et d'Arago. À cette époque, par parenthèse, la science française est la première du monde. On peut se demander même si, à la faveur de la Révolution, les savants ne s'emparent pas du pouvoir : Laplace, astronome, devient sénateur, Fourier, physicien, préfet de l'Isère, Carnot, mathématicien, préside le Comité de salut public, etc. Sur dix savants dans le monde, il y a au moins huit Français.

— *Pourtant, ce que l'on retient de Napoléon, à l'occasion du deux centième anniversaire de son sacre, ce n'est pas la science.*

— J'en parle parce que l'on n'enseigne jamais cela ; on n'en parle jamais, parce que les historiens, en majorité, ignorent les sciences. Organisant la fameuse expédition en Égypte, Bonaparte entraîne beaucoup de vrais savants vers un pays considéré, à l'époque, comme à l'origine de la science, vers le berceau de la culture… Là, tout commence, disait-on. Né en Corse, Napoléon, méditerranéen, ne sait, ne saura, ainsi, que mettre cap à l'est. Dès son expédition en Égypte, le voilà parti vers l'Orient. Il ne cessera d'aller vers l'Orient, vers l'Autriche, vers Rome, vers l'Allemagne ou la Russie… Sans doute ivre d'histoire, cet homme ne peut, ne sait qu'aller à l'est, vers les origines, non vers l'avenir. Catastrophe ! Pendant ce temps, nos amis ou ennemis anglais organisent des expéditions, celle de Darwin aux Galápagos, un peu plus tardive, certes, mais qui fait une sorte de symétrie avec celle de l'Égypte. La marine anglaise met le cap à l'ouest. Bonaparte va vers l'est, les Anglais vont à l'ouest. Napoléon refuse toujours d'aller au Québec, il n'ira vers l'ouest qu'au moment de Sainte-Hélène, à la fin, pour la mort et la punition. Avant Napoléon, la France et Bougainville avaient mis le cap sur toutes les mers du globe, comme les Anglais. Nous arrêtons de naviguer. Et les deux orientations que je pointe, vers l'est ou vers l'ouest, me paraissent symboliques : du passé, de l'avenir. Aveugle au futur, Napoléon envoie la France, hélas, vers le passé.

— *Voilà qui explique votre absence d'admiration pour cet empereur guerrier…*

— Au XVIIIe siècle et au début du XIXe, une mondialisation un peu semblable à celle d'aujourd'hui commence. Sensibles à cette mondialisation, beaucoup de pays explorent le globe. L'Angleterre célèbre Cook…

— *… alors qu'on oublie Bougainville.*

— Non : nous n'oublions pas Bougainville, nous le perdons dans un archipel du Pacifique. Nous n'en retrouverons la trace que des lustres après. Historiens, nous restons historiens, nous délaissons l'avenir. Oui à l'est, non à l'ouest ; oui, à la terre, non à la mer. Depuis Napoléon, connaissez-vous un seul homme d'État, en France, qui se soit intéressé, qui s'intéresse, vivement, à la mer ? Aucun. Catastrophe ! Or donc, cet homme, Napoléon, né dans une île, mort dans une île, reste un terrien. Vous parliez de ses expéditions militaires, de ses expéditions…

— *… continentales…*

— … toujours terriennes, vers l'Europe centrale, vers la Russie, etc., à l'envers du temps à venir. Qu'importent Ulm ou Austerlitz, victoires brèves, puisqu'elles ne correspondent à aucune avancée stable, devant Trafalgar ! La grande bataille perdue des Français, la voilà. La France tourne encore plus le dos à la mer qu'elle ne le fit déjà. Pour ne pas reprendre l'affaire québécoise aux plaines d'Abraham, nous perdrons l'Amérique, une fois de plus. Nous perdons dans l'opposition Est-Ouest, nous perdons dans l'opposition mer-terre, nous perdons enfin dans l'opposition histoire-géographie. Napoléon, voilà l'homme de l'histoire ; il court vers l'Égypte, vers la Russie, vers le Saint Empire romain germanique, veut devenir roi de Rome, se dispute avec le pape…

— *C'est avant tout un homme très ambitieux.*

— Il n'est rien de plus qu'un historien médiocre. Les Anglais, pendant ce temps, courent la géographie. Ils courent l'Amérique du Nord, l'Amérique du Sud, l'Australie, où nous étions les premiers, la Nouvelle-Zélande, où nous étions les premiers, le Pacifique… bref, participent à l'exploration géographique du globe. Nous l'oublions alors que nous l'avions inaugurée quelques décennies auparavant. Orient-Occident, mer-terre, histoire-géographie… À partir de ce moment-là, les Français auront la réputation, justifiée, de ne plus savoir de géographie ! À cette époque, l'avenir était en mer, il gisait à l'ouest, il appartenait à qui se passionnait pour la géographie. À mes yeux, Napoléon symbolise le passé à terre, le passé à l'est, l'histoire passée. Empereur du passé, sa puissance et son action furent entièrement régressives. Il a condamné la France au passé et l'a fermée à l'avenir. Au lieu d'ouvrir vers le futur, il l'a retournée sur l'histoire d'une Europe continentale, alors qu'à l'époque, cette Europe même explosait vers l'extérieur. Le mythe entretenu à plaisir sur le génie Napoléon, ce tueur catastrophique, cache cette simple vérité qu'il a fait rater à la France une mondialisation qui précéda et causa peut-être celle d'aujourd'hui. Napoléon ouvre le chapitre premier de ce déclin.

— *Pour vous, Napoléon n'était donc ni un visionnaire ni un grand homme politique…*

— Voir le passé, chose aisée.

— *Il cherchait la gloire. La gloire, c'est l'histoire…*

— Quelle mascarade tragi-comique ! Rappelez-vous le récit du pape et ses exclamations devant les mimiques impériales : « *Tragediante, commediante !* » Non, je le répète, le XVIIIe siècle et le début du XIXe connurent une formidable mondialisation. Nous en vivons une autre, ne répétons pas les erreurs engendrées par ce pauvre mythe-là.

La mer

Chronique du 12 décembre 2004

— *Michel Serres, aujourd'hui à l'occasion du Salon nautique qui s'achève, parlons de la mer. La mer, le Vendée Globe, ses aventuriers, Maud Fontenoy, rameuse solitaire, qui, après l'Atlantique, va bientôt s'attaquer au Pacifique… La mer, ses voyageurs, ses pêcheurs, ses riverains aussi. Vous êtes un ancien de l'École navale, vous êtes donc un marin – on l'est pour la vie. Pouvez-vous m'expliquer cette fascination de la mer, ce besoin perpétuel qu'ont les hommes de se mesurer à elle, bien souvent au péril de leur vie ?*

— Je parlerai, inévitablement, de mon amour de la mer. Mais avant d'en venir à ma fascination, posons la question : « Que veut dire habiter ? » Que veut dire habiter, avoir une maison, un lieu de repos, un lit et un jardin ? Pouvoir s'arrêter quelque part, à un endroit donné. Voilà, que je sache, l'habitat ordinaire. Mais, je le dis souvent, il y a quatre lieux inhabitables : la haute montagne, la haute mer, la banquise et le désert. Inhumains, inhospitaliers, invivables. L'habitat, là-bas, pour tous ; la planète, ici, solitaire et hostile. Le roc, la glace, l'eau, le sable. Sans humains. Vivre en mer transforme donc le corps, l'âme, la conduite et la société. Les idées, les sentiments, le rapport aux autres. J'ai habité la mer, j'ai hanté la mer, je ne me consolerai jamais de l'avoir perdue. Cette nostalgie m'habite ; depuis que j'habite à terre, les choses me paraissent ternes. Après avoir fait le quart, il ne se passait pas un repas que nous ne l'interrompions au beau milieu, souvent sans attendre le dessert, disant : « Et si nous allions voir la mer ? », comme si la laisser un quart d'heure nous avait paru intolérable. Amoureux, mystique, passionné de mer, j'avais besoin d'elle plus que de pain et de vin. Comme d'une femme.

— *Mais vous étiez dans la marine de guerre, pas dans la marine à voiles. Et vous alliez voir la mer pour le plaisir ?*

— Cet amour de mer ressemble à l'amour pour une femme vraiment femme. Nous avions pour maîtresse la mer, pour amie la mer, mais pour ennemie la mer… À certains moments, il fallait se tenir debout sur la muraille de la passerelle ou de la cabine, parce que le plancher se levait à la verticale, à d'autres moments nous terrifiaient, la nuit, le brouillard et le hululement de la corne de brume. S'engageait alors une lutte de chaque minute contre cette ennemie acharnée, contre cette maîtresse trompeuse et volage, redoutable, marâtre à la tête hérissée de serpents. Mer, notre amie ; mer, notre ennemie. Cet amour à deux entrées, voilà bien défini l'amour-passion, qui extasie et fait souffrir, à la fois terrifiant et infiniment aimable. La mer fait voir à la fois la mort et la mère, la fin et la naissance. Nous redoutions la mer, nous en savions les dangers et les risques, mais nous l'aimions comme une mère. Comme une femme aimée de l'amour-passion, comme une sorcière fabricatrice de philtres, mais aussi comme une mère accoucheuse de vie. Scientifiquement, c'est prouvé, tous les êtres vivants sortirent, temps par temps, de la mer. Les bactéries sont sorties de la mer, les monocellulaires sont sortis de la mer, les reptiles sont sortis de la mer, les baleines sortirent, un jour, de la mer, elles y sont même revenues, les veinardes. Quand y reviendrai-je, comme elles ? Voilà donc notre mère ancestrale, parturiente et nourricière.

— *Ne la pollue-t-on pas trop ? Ne lui fait-on pas subir trop de choses ?*

— Ne me posez pas la question, je vous prie, le frisson me passe par le dos. Comment nommer quelqu'un qui viole sa mère ? Un pollueur de mer dégrade notre mère première, notre mère quotidienne. Donnez-moi une escadre de pirates, je veux bien en devenir le dernier matelot, l'amiral même s'il le faut, pour les arraisonner, pour les jeter tout nus dans des culs-de-basse-fosse, au milieu des rats. Pas de quartier !

— *Des corsaires ?*

— Je veux bien faire la course pour ça. Je supporte mal l'existence et les actes de ces criminels-là. Pourquoi ne leur mène-t-on pas une lutte acharnée ?

— *N'a-t-on pas fait des progrès dans ce domaine ? Songez à tous ces bateaux qui sont interceptés lorsqu'ils procèdent à un dégazage…*

— Pas assez ! Cette alerte date de loin : depuis au moins les avertissements de Jacques-Yves Cousteau, nous savons parfaitement à quel point est fréquente et lourde la pollution de la mer. Mais je voudrais revenir à cette fascination, à l'amie-ennemie de l'amour-passion, à la fois vie et mort, au rapport charnel, au rapport concret, au rapport de toutes les minutes à ces choses de la vie et du monde. Quand je parle de la mer, ou que je veux la décrire, je la sais toujours infiniment plus belle que tout ce que je peux en dire. Ainsi, la vie à la mer me paraît aussi une œuvre d'art. Comme l'alpiniste, comme le Peul ou le Bédouin au désert, le marin qui habite l'inhabitable est tellement transformé qu'il croit accéder à une autre réalité. Esthétique, transcendante ?

— Quid *de la montagne, du ciel, de l'espace ? Ce que voient nos astronautes, par exemple, ne sont-ce pas aussi des sensations très violentes ?*

— Lorsque, jeune, je me trouvais debout sur la plage arrière, le sextant à la main pour faire le point, en attendant que la première étoile s'allume, et que je regardais le ciel attentivement pour voir si et quand elle allait s'allumer, j'avais l'impression que la mer était elle-même un œil ; rempli de larmes amères, cet œil sphérique de la mer qui entoure le globe, je le sentais qui contemplait extatiquement le ciel, comme je le faisais moi-même à ce moment-là. Attendions-nous, ensemble, quelque chose d'éternel, l'absence bleue de Dieu ?

— *Pensez-vous que les politiques aient pris conscience de l'importance de la mer pour notre avenir ?*

— Hélas, combien je regrette, pour finir, que la France n'ait jamais eu de vraie politique maritime ! Dotée, pourtant, d'un littoral merveilleux, à la fois long et sublime, la France, hélas, ma mère, a toujours tourné le dos à la mer, ma vraie mère.

— *Un bien joli poème, Michel Serres, que cette petite conversation que nous venons de partager, même si elle était quelque peu empreinte de nostalgie…*

Poison et empoisonneurs

Chronique du 19 décembre 2004

— *Michel Serres, parlons poison. Nouvelle affaire de poison et d'empoisonnement : Youtchenko, le challenger opposant ukrainien, a, semble-t-il, été dopé à la dioxine. Un bel homme, fané – grêlé – en quelques semaines. Quant au vice-président indonésien, il aurait avalé une soupe à la grimace. Tout cela nous ramène à l'histoire : Mithridate qui se protégeait du poison en s'empoisonnant, les Médicis, les Borgia, l'affaire des poisons sous Louis XIV, Napoléon qui aurait peut-être été empoisonné à Sainte-Hélène, la « bonne dame de Loudun »... Le poison, incroyable outil de violence politique ou sociale.*

— Vous savez sans doute qu'à telle dose, tel produit peut agir comme un remède, mais qu'à telle autre, il peut empoisonner. Depuis quand le savons-nous ? Depuis toujours. Lorsque j'étais petit, en classe de cinquième, notre professeur nous initiait à la langue grecque en nous disant que des mots, parfois, dans cette langue, peuvent avoir deux sens contradictoires et qu'il fallait donc se méfier. Il citait en exemple *pharmacos*, d'où vient notre « pharmacie », qui peut, selon le contexte, vouloir dire ou « poison » ou « remède ». Mais le raisonnement impliquait aussi le pharmacien lui-même. Parce que *pharmacos*, en cette langue grecque, veut dire à la fois l'empoisonneur et la victime de l'empoisonnement, l'assassin et la victime, celui qui donne et celui qui reçoit le poison. Du coup, *pharmacos* veut aussi dire le bouc émissaire, la victime sur qui toute la violence sociale se précipite, que l'on peut lapider ou lyncher. Empoisonnée ou empoisonneuse, la même personne peut prendre ce double rôle. Par une même logique de renversement, tel devient roi parce qu'il est victime, ou, parce qu'il est roi, devient victime. Tous les rois, tous les chefs ou présidents, toutes les personnalités en vue, en puissance et en gloire, s'exposent plus ou moins à un attentat – nous en donnerons des exemples tout à l'heure. Rois, certes, mais victimes possibles.

— *Nombre de chefs d'État ont été victimes d'attentats ou d'empoisonnements.*

— Oui, de Gaulle, Kennedy, le pape Jean-Paul II. Le Christ dans sa Passion, couronné d'épines, la palme à la main, recevant des coups et des gifles, incarne assez bien, dans notre culture, ce roi sacrificiel, à la fois victime qui deviendra roi, ou victime parce qu'il fut roi. Dieu et condamné à mort.

— *Et le poison dans tout cela ?*

— Voilà. Le poison – poison et potion – revient, comme exemple majeur de cette logique double, si intéressante. Pourquoi ? Parce que cette pharmacie, redoutable et guérisseuse, vivante et mortelle, magie fausse et chimie vraie, a donné aux sorcières leur charme. Et le mot « charme » m'intéresse autant que le mot « pharmacie ».

— *On associe souvent femme et poison…*

— « Charmante », « charmeuse » désignent à l'origine des diseuses de chants qui envoûtent ou de formules magiques. Peu à peu, le français dériva vers le deuxième sens, celui de la séduction. Mais, charmeuse, la sorcière prépare des poisons, des charmes, des philtres d'amour et de désespoir. Qui boit les philtres de cette sorcière en goûte, certes, les délices, mais peut en mourir aliéné, fou, attaché, pieds et poings liés à un amour douloureux et mortel, mais en jouissant intensément.

Ainsi Tristan et Yseult. Relisez donc *L'Amour et l'Occident*, écrit par Denis de Rougemont ; il en dit long sur cette potion, divine et diabolique. Don José, fasciné, tombe éperdument amoureux de Carmen, sorcière moderne qui porte justement ce nom de « charme », ce chant à la fois séducteur et mortel. Je souhaite à tout le monde et je ne souhaite à personne de tomber ainsi sous le charme ou sous l'empire de Médée, enchanteresse et maléfique. Ainsi peut-on décrire la passion amoureuse, ainsi le pouvoir politique, ainsi le pouvoir féminin, le pouvoir d'amour. Dans un livre fameux, un livre extraordinaire, *La Sorcière*, Michelet en a fait la vraie inventeur des sciences. La sorcière mélange les poisons, certes, mais connaît les plantes bénéfiques et les maléfiques, prépare les remèdes, invente la botanique et la chimie, découvre les secrets de la vie – jeune, belle, dangereuse, sage-femme, avorteuse, médecin, pharmacien, empoisonneuse. Ne remarquez-vous pas, encore aujourd'hui, la double valeur populaire de la chimie ? Biochimie qui découvre les secrets de la vie, mais dont personne ne veut les produits dans ses aliments ! Entendez-les se détourner en disant avec la grimace : « C'est chimique ! » Voient-ils que ni la vie ni la nature ne se peuvent comprendre sans la chimie ?

— Et finalement, c'est un peu génétique chez les êtres humains que d'utiliser des charmes, des sortilèges et des poisons, et ce qu'on voit renaître en ce moment, ce n'est que la répétition de cette espèce de…

— Au moyen de cette double entrée, de cette valeur qui se retourne, on pourrait imaginer une anthropologie profonde du pouvoir politique. Voilà un autre exemple que celui du charme ou de la pharmacie : le suffrage. Personne ne sait ce que veut dire « suffrage ». Le fragment qui suit le « sub- » ou le « sous- » se réfère à un morceau de terre cuite, à un tesson sur lequel les Athéniens, autrefois, écrivaient le nom de celui qu'ils voulaient bannir. Élire ou bannir, de nouveau les deux valeurs. Car ce tesson, de nouveau, vient des pierres jetées sur celui qu'on lapide, le bouc émissaire qui gît « sous les fragments » que la foule lance sur lui. *Suffrage : sous fragments !* La victime gît sous les suffrages ! Nous élisons tel ou tel, par votes, par acclamations, par nos suffrages, mais qui pense aujourd'hui, les jours d'élection, aux pierres avec lesquelles l'élu vient d'être lapidé ? De ce double coup, le pouvoir politique se définit admirablement, comme ce qui conduit le triomphateur au Capitole et ce qui pousse le condamné de la roche Tarpéienne…

— *…qui sont si proches…*

— Qui grimpe au sommet de la violence sociale ne se trouve pas si loin qu'il croit, et que nous le croyons, du puits aux clameurs de la violence sociale. Ainsi Kennedy, Jacques Chirac, de Gaulle lui-même, le pape, ont été…

— *… victimes d'attentats.*

— … victimes d'attentats. Du haut de la Maison-Blanche ou du Vatican, ils touchaient au fond de la violence collective.

— *Peut-être Youtchenko va-t-il gagner parce qu'on l'a empoisonné…*

— Ainsi Jacques Chirac a-t-il gagné sa première élection parce qu'il a été victime d'un lynchage médiatique forcené, déguisé de masques dérisoires…

— *« Les Guignols de l'Info » ?*

— En une période aussi victimaire qu'aujourd'hui, mieux vaut toucher le fond pour mieux remonter. Il a connu les avanies d'un roi sacrificiel. Par la même logique, ce tribunal-là peut faire élire aussi bien que tuer. On a vu les deux. Rien de plus ancien, rien de plus profond dans l'anthropologie du pouvoir politique : le pouvoir concentre la violence sociale. Dès lors, ou il sait la mobiliser, alors il devient roi ; ou il en est la victime, alors il est assassiné. Comme Jules César et tant de potentats, Kennedy connut les deux destins, concentrés dans un même corps. Nous en verrons d'autres.

— *On aurait pu croire que tout cela était un peu dépassé…*

— Nous sommes à la fois modernes et archaïques.

L'adoption

Chronique du 26 décembre 2004

— *Michel Serres, Noël passé, parlons naissance, famille. Vous nous dites que le tout n'est pas de naître, mais de se faire adopter. L'adoption, sujet d'actualité s'il en est, avec les nouvelles lois en débat,* Holy Lola, *le film de Tavernier, et puis les aventures de la petite Smet, la fille vietnamienne de Johnny Hallyday.*

— À Noël, on fête une naissance, mais l'adoption également. Vieille coutume qui vient de l'ancien Orient, de la Grèce aussi, l'adoption fut utilisée par les Romains, quand des familles nobles, patriciennes, impériales disparaissaient, faute d'héritiers ; l'adoption d'un tiers leur permettait de continuer la lignée, hors de tout lien de sang. Ainsi entra-t-elle dans les usages, la politique et les lois. En particulier, les empereurs romains ne se succédaient pas forcément de père en fils, naturels tous deux, mais ceux qui régnaient adoptaient quelqu'un de leur choix pour leur succéder au pouvoir.

— *On se souvient que Ben Hur avait été adopté par Quintus Arrius.*

— Exactement. Et en général, les fils adoptifs portaient les deux noms, le naturel et celui de leur père adoptif.

— *Revenons à Noël. La sainte Famille symbolise-t-elle l'adoption ?*

— Oui. Voici l'une des grandes idées que développe longuement mon avant-dernier livre, *Rameaux*. Nous datons de la naissance du Christ le début de notre ère, de l'ère chrétienne, de l'ère moderne que nous appelons parfois l'« ère commune ». Cette date a été calculée, seulement vers 540, par un certain Denis le Petit, assez bon chronologiste. On discute encore, éperdument bien sûr, au sujet de la date exacte d'une nova, d'une superposition de trois planètes… Cela ne nous retiendra pas.

— *Obscur Denis le Petit, dont on ne parle plus beaucoup…*

— Dans l'Antiquité, on comptait par généalogies. Untel engendra Untel qui engendra Untel… On datait les événements et calculait le temps selon ce processus d'engendrement.

— *Lecture de l'Ancien Testament.*

— Pas seulement. On se moque généralement de tel évêque qui calcula ainsi, par les généalogies de la Bible, la durée globale du monde – quelques petits milliers d'années ! – sans dire jamais que le grand Newton en fit tout autant. On ne se moque jamais non plus de ceux, si nombreux qu'ils entraînèrent tout le monde, qui fêtèrent notre deuxième millénaire en l'an 2000, comme si notre histoire avait connu un an zéro. Dans les ères précédentes, plus intelligentes assurément, l'on fêta le nouveau siècle en 1601, 1701, 1801, 1901… Nous devons juger notre siècle comme le plus bête, puisqu'il ne sut pas compter jusqu'à dix ! Comptez donc sur vos dix doigts : notre millénaire commença, dans le silence des sirènes, en janvier 2001. Bref, revenons à la naissance et à la sainte Famille. Dans cette famille-là, Joseph n'est pas le père. Donc Jésus n'est pas le fils. Et j'aime dire que Joseph, qui n'est pas le père, autrement dit qui est le père adoptif de Jésus, lui-même fils adoptif, j'aime dire, dis-je, de lui, qu'il est vierge de paternité comme Jésus est vierge de filiation.

— *Et comme la Vierge est vierge elle aussi.*

— Certes, on peut toujours discuter pour savoir si Untel est le père, c'est toujours un peu le hasard, mais nul ne peut éviter cette loi naturelle, absolument nécessaire, que tout homme ou toute femme venus en ce monde sortent du ventre d'une femme. Par conséquent, la maternité est naturelle.

— *Et indiscutable.*

— Pour la rendre moins naturelle, on a utilisé cette nomination de Vierge Marie. Pourquoi la mère reste-t-elle vierge ? On a tant discuté là-dessus ! Le Moyen Âge en a glosé, l'ère des Lumières en a ri, notre âge savant prétend que c'est contraire aux lois de la nature... Certes, certes, mais ce n'est pas de cela qu'il s'agit. Il s'agit de déconstruire le lien de sang, de rompre le processus de généalogie, la suite de l'engendrement. Non, le père ne sera pas le père, le fils ne sera pas le fils, et Marie sera, disons, le moins mère possible, si on la répute vierge avant et après l'accouchement.

— *À peine une mère porteuse....*

— Du coup, l'on construit une famille aussi loin que possible du lien de sang. Moderne, le christianisme substitue cette famille adoptive à la famille naturelle, en substituant à une loi naturelle, celle de l'engendrement, la liberté individuelle de choisir quelqu'un parce qu'on l'aime. Une liberté se substitue à la nécessité d'une loi naturelle. Une disposition juridique, culturelle, donc arbitraire, remplace une nécessité de nature. Cette liberté fonde, je le crois, l'ère moderne.

— *Jésus est donc le fils de la Vierge parce qu'elle aussi l'adopte.*

— Vous qui avez des enfants, qui êtes père et mère d'un enfant, il est naturel parce qu'il est sorti de vos testicules, de votre vulve, de votre ventre. Eh bien, il ne deviendra vraiment votre enfant que si vous l'adoptez, c'est-à-dire qu'en plus de l'avoir comme enfant naturel ou légal ou légitime, vous le choisissez par amour, par dilection adoptive. L'adoption l'emporte de beaucoup sur la loi naturelle, comme la liberté, l'amour du choix et le choix par amour l'emportent sur la nécessité des corps.

— *L'adoption donne-t-elle autant de devoirs, autant de droits ?*

— D'abord juridique, l'adoption me paraît dépasser le droit, la morale, et le sentiment lui-même... Il me semble qu'elle fonde une nouvelle histoire. Ce n'est pas pour rien qu'on invente, là, un compte-temps nouveau. Cela valait le coup ! La modernité s'oppose à l'Antiquité, comme la généalogie de sang à la liberté dilective, à l'adoption comme choix personnel et comme choix par amour.

— *L'an zéro, c'est la Noël, cette fête de la naissance et de l'adoption.*

— L'ère moderne commence par une naissance double. Une naissance naturelle, puisqu'une femme y accouche d'un enfant, mais s'y marque le début de l'adoption considérée comme *la structure élémentaire de la parenté*. La parenté ne sera plus forcement liée au sang, mais sera décidée par choix ou choisie par amour.

— *Cela préfigure-t-il ce à quoi nous assistons aujourd'hui : ce monde où des familles se déstructurent et où les parents de sang ne sont plus toujours les parents de l'éducation ?*

— En grande partie oui, absolument. Ce schéma, cette structure neuve de la parenté, en dehors du schéma naturel ou du lien de sang, implique une liberté que la modernité est en train d'exploiter. Faut-il vraiment se scandaliser de ces grandes déstructurations de la famille aujourd'hui, puisque c'était déjà prévu, prédit, comme préconçu, en l'an zéro, en la fête de Noël ? Quelle régression vers l'Antiquité que de reparler, à ce propos, d'Œdipe et de la famille de sang !

Cataclysme mondial

Chronique du 2 janvier 2005

— *Michel Serres, cette semaine, le sujet s'impose. D'heure en heure, la dimension du cataclysme en Asie nous donne davantage le vertige. Images du tsunami dignes d'une mythologie de fin du monde, rappelant les soubresauts de la formation de la croûte terrestre, ou Noé et le Déluge, auquel seuls quelques rescapés de chaque espèce ont survécu. Que se passe-t-il ? En huit jours, nous avons vécu une solidarité unique dans notre histoire… tout en faisant une lecture collective de l'Apocalypse. Ce tsunami est-il une répétition de la fin du monde, Michel Serres ?*

— Non, ce n'est ni la fin du monde ni l'Apocalypse, tout simplement un stade dans l'évolution normale de la planète. Aussi sensible que vous aux nouveautés, je me pose, dans mon livre *Rameaux*, la question suivante : « Qu'y a-t-il de neuf dans un événement ? » Qu'y a-t-il de nouveau dans cet événement ?

— *Mais nous n'avons jamais vécu cela !*

— Si, des dizaines de milliers de tsunamis ont ébranlé la planète depuis sa formation.

— *Quand même ! Cent vingt, cent quarante, cent cinquante mille morts…*

— Autant qu'à Messine au début du XXe siècle, époque où l'on ne connaissait pas encore la jouissance funéraire des médias. Seulement celle des philosophes ! Oui, en 1755, un immense raz-de-marée submergea Lisbonne, la capitale du Portugal ; à ce tsunami s'ajouta un séisme majeur, probablement de dimension 9 à l'échelle de Richter (mais l'échelle de Richter n'existait pas à cette époque) ; un incendie géant dévasta la ville où il y eut plusieurs dizaines de milliers de morts. Ce tremblement de terre, ce tsunami de 1755, à Lisbonne, ont été le traumatisme majeur du siècle des Lumières. Je vais donc répondre à votre question : « Qu'y a-t-il de nouveau ? » À cette époque, il y a eu deux réactions. Les écrivains, alors, faisaient l'office des médias. À cette occasion, Voltaire critiqua le célèbre optimisme de Leibniz. Comment peut-on prétendre vivre dans le meilleur des mondes possibles, alors qu'un événement pareil peut y survenir ? L'optimisme fut alors définitivement ridiculisé. Voilà une première réaction : puisqu'un tel mal survient dans le monde, il devient difficile de croire qu'un Dieu bon l'ait créé.

— *Cette fin du monde est programmée.*

— La deuxième réaction, plus intéressante encore, parce qu'active, fut de dire : « Plus jamais ça ! » À force d'étudier les sciences de la terre, d'inventer des techniques efficaces, nous parviendrons à des stratégies si fines et fortes qu'elles pourront nous protéger de tels accidents.

— *Prévoir, peut-être, mais lutter contre… ?*

— Premièrement, plus d'optimisme théorique et béat ; deuxièmement, « Plus jamais ça ! », au travail : optimisme de combat. Voilà vraiment la double réaction du siècle des Lumières au traumatisme de 1755. Du point de vue strictement événementiel, le séisme était à peu près de la même puissance que celui d'aujourd'hui. Comme aujourd'hui, toute la Terre entra, de ces coups, en vibration. Rien de nouveau, pour la physique du globe ; tout, au contraire, voici du nouveau, pour les hommes. Aujourd'hui, ce trauma gigantesque provoque l'inverse de ces deux réactions. L'inversion complète. D'abord, du point de vue scientifique, de la tectonique des plaques, avancée majeure en géophysique, je crois pouvoir dire qu'en l'état de nos connaissances, il est impossible de prévoir le lieu exact, le temps précis et l'intensité calculée d'un séisme. Il y a, certes, ici et là, des systèmes d'alerte, surtout dans les pays riches, mais l'exacte prévision n'est pas, pour le moment, en notre pouvoir. Un jour, peut-être, mais non maintenant. On peut, en précision, prévoir la position d'un astre, mais non, par exemple, tel événement météorologique en tel lieu ou tel séisme de telle intensité, en tel endroit, à tel moment. Le siècle des Lumières croyait que tous les événements ressemblaient à ceux de la mécanique céleste ; nous avons découvert la théorie du chaos. Toutes les prévisions ne sont pas vraiment possibles, nous le savons depuis Poincaré. Même en mécanique céleste, telle planète peut, sans crier gare, quitter le système solaire. La science et la technique n'ont pas une puissance totale de protection, parce que la prédictibilité universelle n'existe pas.

— *N'est-ce pas alors prétentieux d'avancer que nous pouvons prévoir ?*

— Certes, nous pouvons prévoir globalement que le séisme aura lieu sur telle faille, mais nous ne pouvons pas prévoir l'endroit précis de la faille, le moment exact du séisme, ni son intensité. Mais la deuxième nouveauté arrivée aujourd'hui inverse aussi la critique voltairienne de l'optimisme. Je suis optimiste : savez-vous pourquoi ? Devant l'intensité du tsunami qui vient de frapper à la fois le monde et nos amis de l'océan Indien vient de se lever une manifestation mondiale de solidarité. Le monde humain répond soudain au monde physique. Le monde humain entier répond à une catastrophe mondiale.

— *Réponse initiée par les médias.*

— Peut-être, mais nous observons aussi, depuis quelque temps, la formation progressive d'une opinion globale, un sentiment croissant de solidarité planétaire, par-delà les cultures, par-delà les politiques, par-delà les États, par-delà les langues et les religions, une conscience que nous sommes tous embarqués sur le même vaisseau. À mon avis, cette conscience-là commença au moment des essais nucléaires français dans le Pacifique. Souvenez-vous – je voyageais beaucoup à l'époque –, le monde entier les condamnait, d'une seule voix. Aujourd'hui, l'expression « Nous sommes embarqués sur le même vaisseau » a pris un sens vraiment puissant et concret. Dans *Le Contrat naturel*, je disais justement que la photographie de la planète globale, vue grâce aux cosmonautes, a renforcé le sentiment que nous faisons partie de l'équipage de ce vaisseau, a fait de l'humanité un collectif plus unitaire. Par-delà toutes les différences, par-delà les guerres ou le choc des civilisations, etc., une conscience planétaire prend corps, celui de l'équipage d'un vaisseau fragile, évolutif, difficile à gérer.

— *Les humains n'ont-ils pas néanmoins une part de responsabilité ? Construire au bord des plages, sans tenir compte de phénomènes qui, parfois, ont des siècles ?*

— Il y a eu des tsunamis sur la côte chilienne, beaucoup aussi sur les côtes du Japon – puisque le mot *tsunami* est japonais. Moi-même j'ai été sur le 7,2 de Loma Prieta, dans la Silicon Valley, en 1989, et je vous assure que l'expérience d'un 7,2…

— *… sur l'échelle de Richter…*

— … fait comprendre ce que doit être un 8,9. Lisez donc à ce sujet le texte de Claudel, « À travers Tokyo en flammes », où il a réellement expérimenté, avant la Seconde Guerre mondiale, un 8,9 à Tokyo. Je me résume donc : rien de nouveau, dans la catastrophe, d'un point de vue géophysique, rien de nouveau : voici cinquante ans, j'ai appris, dans la Marine, le mot et la théorie du tsunami. Mais ce qu'il y a de vraiment nouveau à ce jour, c'est le mouvement mondial de solidarité, sans doute unique dans l'histoire. Le contrat naturel a été signé aujourd'hui.

Les calendriers et les mois

Chronique du 9 janvier 2005

— *Michel Serres, aujourd'hui, parlons de cette année nouvelle dont les mois commencent à s'égrener, à se décliner : janvier, mars et ses ides, juin et son printemps… Pourquoi ces calendriers – julien, grégorien, révolutionnaire, positiviste, et juif, musulman… ? Éclairez-nous un peu.*

— Astronomique et religieux, notre calendrier fait coïncider, de manière assez compliquée, deux rythmes, fort peu harmoniques : l'un plutôt mensuel, celui de la Lune, et celui de l'année solaire. Les calendriers juif et musulman suivent les rythmes lunaires, alors que le calendrier grégorien, le nôtre, moderne, suit à la fois la Lune et le Soleil. Connaissez-vous le terme « épacte » ? Il désigne le nombre de jours formant la différence entre l'année solaire et les douze mois lunaires, l'écart entre les deux rythmes ; il change, comme vous le savez, tous les ans. Ce problème est si compliqué qu'on ne peut le traiter en sept minutes. En fêtant l'année nouvelle, laissez-moi donc fêter le nom, si prodigieux, de nos mois.

— *J'espère bien que vous allez nous faire faire une jolie petite promenade dans ces mots-là !*

— Janvier, c'est une bûche, un morceau de bois devant chaque porte chez les Romains. Vaguement sculpté dans la bûche, ce « Janus » tournait un visage vers l'intérieur de la maison et un autre vers l'extérieur ; j'y vois une sorte de fétiche. Et janvier débute l'année, parce qu'une partie de nous, de notre corps, est encore tournée vers l'année précédente alors que nous attaquons l'an neuf. Futur et passé, regrets et angoisses, souvenirs et espérances. Plus difficile, février : pas du tout le mois des fièvres comme on croit, plutôt un mois de purification. Dans la vieille religion romaine archaïque, à de certains jours, les chevaliers romains se promenaient nus sur des chevaux et frappaient les femmes qu'ils rencontraient avec des lanières faites dans des peaux de chèvres ; ces lanières rendaient, dit-on, les femmes fécondes. Ces fêtes, dites « lupercales », avaient lieu le 15 février. Quant aux « februales », ou fêtes de purification, assez obscures, on ne comprend pas encore très bien leur signification. Voilà, les deux premiers mois : bûche sculptée, peaux de chèvres en lanières. Étrange !

— *Je crois que les femmes ne vont pas aimer… Poursuivez.*

— Mars, voilà le dieu de la Guerre. Jadis, les légions romaines se mettaient en marche et commençaient la guerre dès le 1er mars, premier jour de l'année militaire. Vénus, déesse féminine, suit Mars, dieu mâle de la Guerre ; car avril cite Aphrodite ou Vénus, déesse de la Beauté, de l'Amour érotique, de la Reproduction et de la Fécondité. Mai : voilà le nom, chez les Grecs, de la mère d'Hermès, ou, chez les Romains, du plus grand (*maius*) des dieux, Jupiter. Mars, avril, mai : un dieu, deux déesses, puis une troisième déesse : juin, Junon, la femme de Jupiter. Quatre mois portent des noms de dieux, avec une prééminence féminine. Un dieu masculin et trois déesses féminines. Par la suite, avec juillet et août, on quitte le Panthéon, domaine des dieux. Juillet cite Jules César, assassiné en plein Sénat, juste après avoir conquis la Gaule et tué bien des Gaulois. Et août cite Auguste, le premier des grands empereurs romains. Résumons-nous : d'abord des fêtes étranges, un peu de sorcellerie ou de magie, puis quatre dieux bien établis et repérables, puis deux chefs d'État romains. Par la suite, curieusement, rien que des nombres. Septembre, sept ; octobre, huit ; novembre, neuf ; décembre, dix. Pourquoi dix, alors qu'il y a douze mois ? Tout simplement parce que l'année la plus ancienne commençait en mars ; le compte suppose donc que janvier et février n'existent pas et décembre devient dixième. Voilà le bilan de l'affaire.

— Tout ce que vous nous dites nous amène à la Révolution et à un calendrier beaucoup plus rationnel.

— Je n'ai pas fini. Je vais dire notre calendrier plus rationnel que vous ne le croyez. Pourquoi ? Observez au début de l'année une sorte de rite, un peu sombre et obscur, des fétiches, des pratiques étranges, puis quatre dieux, institutionnalisés, connus, respectés, puis deux chefs d'État, enfin des nombres. Qu'est-ce que ça veut dire ? Cela veut dire quelque chose que nous avons tous plus ou moins en tête, une sorte de cliché. Le voici : le temps humain partirait de la religion, d'abord fétichiste, un peu archaïque, obscure, ensuite institutionnalisée, avec des dieux officiels, spécialisés dans la guerre, la reproduction, l'agriculture… Après la religion adviendrait l'histoire, l'histoire humaine scandée de chefs d'État dominants, comme si chacun avait marqué une ère, enfin la raison, la science arithmétique : 7, 8, 9, 10. N'y a-t-il pas là toute une philosophie, simpliste, positiviste même, de l'histoire, dont nous pensons irrésistiblement qu'elle commence par la religion, continue par l'histoire et la politique, pour finir en science ?

— J'aurais dit : 9, 10, 11, 12…

— J'aime aussi beaucoup le calendrier révolutionnaire, d'une intense poésie : nivôse, pluviôse, ventôse…

— … fructidor, thermidor…

— ... germinal, floréal, prairial, messidor, vendémiaire, brumaire, frimaire. Je l'appellerais volontiers le « calendrier du contrat naturel ». L'histoire revient dans le paysage, dans les saisons, la ville sort à la campagne, la politique signe une sorte d'alliance avec la nature, avec des allusions permanentes à la pluie, au vent, aux frimas, aux vendanges, aux activités agricoles et pastorales. Mais comme ces dates, thermidor ou brumaire, si fraîches de météorologie ou de rusticité, rappellent des tragédies, des exécutions à la guillotine, bref quelques horreurs bien sanglantes, elles court-circuitent de manière brûlante l'histoire et la nature. Dates terrifiantes d'une intense poésie.

— *Voilà une très belle poésie. Michel Serres, je vous remercie. Je ne vous renvoie pas aux calendes grecques ! On se retrouve dimanche prochain, si vous le voulez bien.*

L'aventure et l'exploit

Chronique du 16 janvier 2005

— *Michel Serres, cette semaine je vous propose de parler d'aventure. Il est vrai que toute la vie, que toute notre vie est une aventure. En ce début 2005, France Info parraine plusieurs aventuriers. Après l'Atlantique l'an passé et bien des douleurs et des peurs, Maud Fontenoy a commencé sa traversée à la rame de l'océan Pacifique ; Jean-Louis Étienne se débat parmi les crabes sur un atoll inhospitalier, à Clipperton, au large du Mexique ; dans les Alpes se déroule la plus difficile course de traîneaux à chiens, avec Nicolas Vanier, l'auteur du* Dernier Trappeur, *toujours sous le drapeau de France Info. Michel Serres, pouvons-nous dire que nous avons tous besoin d'aventure pour sublimer la vie, pour sublimer notre vie ?*

— Quelquefois un peu simple et médiocre, notre vie a besoin de héros, de modèles... Alors que je mène une vie pas racontable, vous citez des noms, des gens, des exploits qu'on peut, tout justement, raconter. Nous ne savons pas à quel point nous avons besoin de récits. Ils soutiennent votre vie. Je me raconte, notre pays nous enseigne son histoire... Premier récit : celui des explorateurs du monde. Ces braves gens ont des prédécesseurs. L'un des héros de mon enfance, ami de mon âge mûr, le commandant Cousteau, à la vie pleine d'aventures, nous a fait découvrir deux choses : les fonds sous-marins, faunes et flores, tout un monde du silence, mais aussi les problèmes d'écologie : alerte rouge sur l'état de la planète, banquises et mers. Il prenait lui-même la suite d'autres aventuriers qui explorèrent l'espace du monde, en vue de résoudre des problèmes scientifiques ; l'aventure savante précède la conquête coloniale. De la Renaissance au XVIIIe et même au XIXe siècle, des astronomes, des physiciens, des naturalistes, zoologues ou botanistes, partent en voyage, à travers toutes les montagnes et sur tous les océans du monde. On parle rarement de ces aventures savantes.

— *Ou dans les Alpes…*

— Par exemple, Maupertuis, au XVIIIe siècle, va mesurer le méridien en Laponie, et La Condamine en Équateur, pour faire voir la différence de leurs longueurs et montrer que la Terre est renflée à l'équateur et aplatie aux pôles. Tout le monde a en mémoire le fameux voyage de Darwin aux Galápagos, sur le *Beagle*. Avant lui, cent explorateurs avaient déjà collectionné animaux et plantes pour les ramener dans des zoos ou des jardins des plantes, que l'on pourrait appeler des « banques de données », où l'on rassemble les vivants du monde. Ni la classification ni l'idée de l'évolution n'auraient pu naître sans ces collections. Ni sans ces voyages.

— *Il y a l'époque des curieux… et il y a l'époque des aventuriers.*

— Quand Bougainville ou Cook exploraient le monde, ils embarquaient avec eux des biologistes, des astronomes, bref, des scientifiques et même des dessinateurs. Mais plus tôt encore, à l'époque de Vasco de Gama, Magellan, Christophe Colomb, Jacques Cartier, prime sans doute la découverte de l'espace du monde comme tel, et aussi celle des hommes. Et avant même ceux-là, remontons leur généalogie, pour ne pas oublier l'époque romaine et grecque, où Hannon avait fait déjà en partie le tour de l'Afrique, où Pythéas de Marseille avait été considéré comme un farceur parce qu'il parlait d'Ouessant, du golfe de Botnie, de ces détroits qui séparent l'actuel Danemark de l'actuelle Suède… et que nul ne l'a cru. Au cours de ses voyages, il semble même qu'il ait inventé une manière de calculer la latitude du lieu, au moyen du cadran solaire.

— *De la glace dans la mer… vous n'y pensez pas !*

— Personne ne le croyait. Encore plus haut dans le temps, l'homme naît en Afrique et sort du continent-berceau. Depuis quelque cent mille ans, *Homo sapiens* voyage, occupe et explore le monde. Yves Coppens et les paléoanthropologues racontent alors un immense, un formidable récit, celui de l'hominisation, qui commence à devenir le Grand Récit de notre culture universelle. Oui, nés en Afrique, nous en sortons, nous envahissons l'Europe, puis l'Asie, nous débarquons en Australie, voici soixante mille ans, enfin en Amérique, il y a vingt-cinq mille ans, certains disent même à une date plus récente. *Homo sapiens, Homo viator*. Homme voyageur. Qui sommes-nous ? Ces voyageurs-là. Ce Grand Récit montre que les aventuriers dont vous parlez reprennent, aujourd'hui, la tradition la plus vieille de notre espèce.

— *L'aventure n'est-elle pas devenue « narcissique » ?*

— Nous savons ce que ces ancêtres ont fait, mais nous ne pouvons pas dire pourquoi. Quel étaient leur but ? Nous l'ignorons. Était-ce la recherche de nourriture ? Nous ne savons pas. Le cliché courant consiste à dire que nous ne voyageons que pour des raisons économiques, pour la conquête de marchés. Sommes-nous si sûr que *Homo sapiens*, dont le Grand Récit relate les exploits, ait été si préoccupé de ces commerces ?

— *La connaissance du monde…*

— Connaissance du monde, de l'espace, des vivants, flore et faune, mais aussi connaissance des hommes – l'exploration des langues et des civilisations commence dès la plus haute

Antiquité. Les récits à la manière d'Hérodote précèdent ceux des ethnologues comme Lévi-Strauss. Le premier, déjà, s'adonne à la description et à la comparaison des cultures. Il se demande même pourquoi nous parlons des langues différentes ; un enfant élevé seul parlerait-il, dit-il, la langue naturelle ? Voici le bilan : nous ne cessons de voyager depuis notre émergence. Pourquoi ? Voici ma réponse, elle n'engage que moi : pour connaître. Pour connaître les reliefs du monde, les vivants du monde, les hommes, leurs cultures, leurs coutumes, leurs dieux et leurs langues. Enfin, pour se connaître soi-même : suis-je capable d'accomplir un tel exploit ? de faire le Vendée Globe, de traverser le Pacifique à la rame... ?

— *Je me mesure à la nature.*

— Bilan, de nouveau : le monde entier, aujourd'hui, est déjà exploré, déjà connu... Peut-être la connaissance de soi-même devient-elle l'enjeu majeur au cours de ces exploits, à la fois vacanciers, sportifs et autobiographiques. J'hésite, cependant : vous le savez sans doute, beaucoup d'espèces animales ne sont pas encore connues. Rien n'est jamais fini.

— *Cet exploit a-t-il une utilité ?*

— Je me connais assez pour savoir que j'en suis incapable, à mon âge.

— *Trouvez-vous cohérent, dans notre civilisation si « précautionneuse », de risquer sa vie pour traverser le Pacifique à la rame ?*

— Le principe de précaution domine tellement nos vies frileuses que l'on admire celles et ceux qui, justement, risquent leur vie. Voilà des modèles que la jeunesse suit plus facilement que le principe de précaution.

— *Cela nous apporte, aux uns et aux autres, cette part de rêve que la société, malgré le cinéma, la télévision, la radio, les livres, ne nous apporte pas.*

— Moins un rêve que des connaissances.

— *Peut-on parler, pour citer Lionel Terray dont vous m'entreteniez tout à l'heure, des « conquérants de l'inutile » ?*

— J'aime bien ce titre et vous auriez pu le jeter dans mes pieds dès le début. Faut-il croire que les hommes n'aient jamais voyagé que pour leurs besoins ? *La question : « À quoi cela sert-il ? » ne sert pas toujours à trouver des réponses.* Les animaux migrent pour manger, trouver des niches plus confortables, de l'herbe, de meilleurs territoires de chasse... Certes, nous essayons, nous aussi, d'améliorer l'ordinaire ; mais comment se fait-il que les plus comblés, que les plus fortunés appareillent ?

Jules Verne

Chronique du 23 janvier 2005

— *Michel Serres, juste suite à la chronique de la semaine passée, parlons de Jules Verne. On commémore cette année – vous l'avez vu un peu partout dans les journaux – les cent ans de sa disparition. C'est l'occasion de se souvenir de ce génie de l'aventure, de ce précurseur de la science-fiction – plus science que fiction, d'ailleurs, comme l'a montré la suite. Jules Verne n'a peut-être eu qu'Hergé comme successeur, au siècle dernier : rares sont ceux qui savent anticiper, rares sont ceux qui savent nous promener dans l'imaginaire, tout en gardant les pieds sur terre.*

— J'ai moi-même baptisé Hergé « le Jules Verne des sciences humaines ». Jules Verne voyage plutôt dans les sciences de la nature, et Hergé du Musée ethnographique à la recherche du Migou. Nous commémorons aussi la mort d'un autre successeur de Jules Verne, le commandant Cousteau, né en 1910 : pénétrant le monde du silence, il rappelait étrangement le capitaine Nemo, y descendant à bord de son sous-marin *Nautilus*…

— *Dans* Vingt mille lieues sous les mers…

— Lorsque Nemo observe, par le hublot de son salon, les variétés de poissons, lorsque, muni du scaphandre, il ouvre des huîtres géantes et se défend contre des pieuvres gigantesques, je ne sais plus si je lis un roman de Jules Verne ou si j'assiste à un film de Cousteau.

— *Comment expliquez-vous cette faramineuse capacité à anticiper ?*

— Il n'anticipe jamais, ou moins que l'on ne le croit. La science dont il parle, et dont il se fait le champion, date plutôt de trente à soixante ans avant lui. Jules Verne écrit autour de 1880-1900, où dominent Poincaré ou Jean Perrin, années des atomes, par exemple ; or, la science dont il parle date plutôt d'Auguste Comte, des années 1830-1850. Il en reste à son enfance. Le lecteur aussi, le critique plus encore ! La recherche court loin devant lui. Il n'anticipe donc pas sur la science. Et sur les machines ? Oui et non. Non, parce qu'il y a peu de machines réellement nouvelles, dans ses romans – ni le sous-marin ni le bateau à vapeur… – mais il anticipe surtout sur les moyens de communication. Il parle très peu de machines productrices, il parle d'avions, il parle d'obus…

— *…spatiaux ?*

— … oui, spatiaux, *La Columbiad*, à bord de laquelle, Michel Ardan et ses compères partent pour la Lune ; il parle même, dans *Le Château des Carpathes*, d'une chose étrange, d'une ancêtre de la télévision, une espèce de vitre à l'intérieur de laquelle on voit une cantatrice, la Stilla, chanter, alors qu'elle est morte, donc il y a une anticipation étrange…

— *Mais dans* Paris au XXe siècle, *par exemple, il invente le fax… et imagine un port de plaisance… au pied de la tour Eiffel !*

— Curieuses anticipations ! Verra-t-on un jour des voiliers en ces lieux ? Voyez plutôt son retard, quand il donne à l'un de ses romans le titre : *Vingt mille lieues sous les mers*. Ne croyez-vous pas que le système métrique date déjà de cent ans ? On reproche aux Français de ne pas s'adapter vite à l'euro alors qu'on oublie que, spécialisé dans les sciences et les techniques, Jules Verne ne disait pas « kilomètre » mais « lieue », ou ailleurs « toise » au lieu de « mètre ».

— C'est pour l'ambiance, la pédagogie…

— J'admire Jules Verne, parce qu'il passe partout. L'un des voyageurs du *Tour du monde en 80 jours* s'appelle Passepartout. Voilà mon héros, celui de mon cœur et de ma vie entière. Jules Verne passe partout. Et trois fois. Premièrement, il passe partout dans l'espace du monde : vous ne trouverez pas un seul pays, un seul désert, un seul océan, une seule banquise, même un pôle où un roman ne passe pas. Dessinez la carte ou l'atlas de ses voyages : l'entrecroisement de ses cheminements suit, en somme, le filet global des longitudes et des latitudes. Mondialisation des routes. Et non seulement il passe partout sur la surface du globe, mais il descend dans les profondeurs de l'océan, nous l'avons dit, avec le *Nautilus*, puis part dans l'espace, d'abord vers la Lune, voyage même…

— … au centre de la Terre…

— … au centre de la Terre et part même se perdre dans le système solaire : Hector Servadac, capitaine en Algérie, est entraîné par la chute d'une sorte d'aérolithe et, à bord de ce météore, visite Jupiter, Mars, court allégrement le système solaire. Jules Verne vise la totalité de l'espace, sans limites. Sauf, évidemment, quelques erreurs notables : il est difficile de pénétrer vers le centre de la Terre et de croire que, là, les ancêtres des hommes paissent des monstres. Deuxièmement, il passe partout du point de vue des sciences. Voilà ce que le *Magazine d'éducation et de récréation* appelait la pédagogie. Là, j'ai appris avec enthousiasme de la géologie, la classification des poissons, de la botanique, de l'astronomie, de la physique du globe… Je me souviens y avoir lu, enfant, des équations que je me suis juré de comprendre un jour !

— Il ne dit pas trop de sottises ?

— Visiblement, il recopie les sciences dans un cours de philosophie positive. Bref, en passant partout, il dessine une encyclopédie. Grande réussite : *il met la science en récit*. Voilà le plus important : il nous manque aujourd'hui un Jules Verne, parce que plus personne, hélas, ne met la science en récit. Pour passionner les enfants de sept à soixante-dix-sept ans, il faut que quelqu'un parte à la recherche de quelque chose. Le voyage-recherche vise un endroit donné, car, là, on espère trouver la solution à un problème. Là on pourra observer une éclipse ; ailleurs assister à une éruption ; ici voir nager les baleines... Grand résumé des voyages savants des siècles précédents dont nous avons parlé dimanche dernier. Bilan : premièrement, voyage par tout l'espace ; deuxièmement, par toutes les sciences. Avec une correspondance fine entre les deux : quand vous voyagez, il est intéressant de savoir *ce que l'on voit, où l'on va,* de savoir un peu de botanique et de zoologie pour mieux voir l'Australie, de la géophysique pour comprendre les séismes de Californie... Attention : pour rebondir sur votre question à propos de l'imaginaire, voici le troisième voyage de Jules Verne, d'autres lieux, plus étranges, qu'il nous fait aussi traverser. Exemple : des savants mesurent le méridien dans le désert du Kalahari, en Afrique du Sud. À lire le récit de ces savants traversant le désert, traversant un espace, traversant une science, on reconnaît l'Exode de la Bible. Le peuple hébreu s'avance vers la Terre promise... Tout à coup résonne une tonalité mythologique, religieuse, mystique. Autre exemple : *Les Indes noires* descendent dans une mine d'Écosse où des gens habitent... Soudain, trois héros sortent de ces ténèbres vers la lumière, en une sorte d'initiation extatique à la vérité. *Le Château des Carpathes,* encore un autre exemple, reprend le mythe d'Orphée. Bilan des trois voyages : toute la Terre, tout ce qu'il est possible d'explorer ; toutes les sciences, tout ce qu'il est possible de connaître ; enfin, les mythes, qui permettent de survivre.

— *On a raison de fêter Jules Verne. C'est une des gloires de la culture française, et il nous manque.*

— Il nous manque Jules Verne, pour raconter ces trois voyages vers le monde, vers les sciences et vers la réflexion sur notre destin. Je souhaite à chacun de les entreprendre : voir, savoir, comprendre.

La mort, fin ou origine de la vie

Chronique du 30 janvier 2005

— Michel Serres, en cette semaine de commémoration des horreurs d'Auschwitz et donc d'hommage aux millions de morts de la dernière guerre mondiale, aux morts des camps soviétiques et des autres, alors que le bilan des victimes du tsunami atteint les trois cent mille victimes, nous savons aussi qu'au quotidien, la mort nous entoure. La mort de Jacques Villeret, vendredi, ou celle d'un de nos proches, nous le rappelle sans cesse. Toutes nos sociétés sont constituées autour de la mort et sur un certain traitement des morts. C'est presque ce qui caractérise l'humanité par rapport au monde animal : la civilisation. Obsèques, cérémonies, cimetières, rites, résurrections, réincarnations, douleurs… C'est encore et peut-être de plus en plus important, depuis la profanation de sépultures. Mœurs qui rappellent celles des premiers hominidés. Le rapport à la mort a changé dans les sociétés modernes.

— Nous sommes devenus les hommes que nous sommes quand nous nous sommes aperçus que nous allions mourir. La mort est à la fois notre fin et notre origine. Je comprends l'hominisation comme la découverte progressive de la mort ; aussi haut que l'on remonte dans le passé humain, dans l'histoire, dans la préhistoire, tout ce que nous en apprenons tourne autour des sépultures, des funérailles et des rites funèbres. La mort est, certes, notre destin, mais elle est également notre origine comme être humain. Elle est notre origine comme individu, et elle est notre origine culturelle ; chaque culture se différencie selon l'originalité des sépultures, des rites funèbres, ou même parfois des cantilènes qui accompagnent le chagrin de la mort. L'origine des langues elles-mêmes vient-elle de ce qu'autour du cadavre, les cris et les chants des femmes…

— … ont fabriqué le langage…

— L'enterrement est un acte fondamental ; je ne prononce pas ce mot-là au hasard, car « fonder » exige de creuser la terre. Fonder un bâtiment, c'est creuser le sol pour le soutènement. J'ai alors envie de poser la question : « Qu'est-ce qu'une maison ? » Notre Antiquité gréco-latine construisit l'habitat aux côtés de la tombe des ancêtres ; les maisons anciennes comprenaient les pénates, les lares, dieux familiers de la maison, qui perpétuaient le culte des parents. Mieux encore, j'ai envie de dire que l'épitaphe « ci-gît » ne dit pas du tout que là repose le cadavre de quelqu'un, mais que le lieu, ici, ne peut se définir que si et seulement si un corps y repose. Tout l'espace est repéré par la distribution des tombes. Lorsque Romulus fonde Rome, il creuse un sillon, à la charrue, pour les murailles de la ville ; alors Remus, son frère, traverse ce sillon. Pour le punir de cette profanation, Romulus tue Remus et l'enterre dans ce même sillon. Rome se fonde donc sur un cadavre. Et la Rome chrétienne se fonde sur le cadavre de saint Pierre. Tout l'espace de la France est repéré à partir de l'Arc de Triomphe, où gît la tombe du soldat inconnu. La métropole commence par la nécropole. Vrai pour les maisons, vrai pour les villes, vrai pour les pays et les institutions.

— La mort et l'après qu'on ne connaît pas ?

— Même l'université où j'enseigne, en Amérique, se fonde sur la tombe du fils Stanford, mort jeune. Elle gît sur le campus. Je reformule la question que vous me posez : est-ce que notre histoire contemporaine, notre temps contemporain, a oublié cette tradition-là ? La réponse est oui d'une certaine manière. Tout le monde croit, aujourd'hui, que nous oublions la mort ; tout le monde dit que nous la refoulons, que nous la rejetons. Alors que les médias ne parlent que d'elle, que le matin, à midi et le soir, on ne parle que cadavres ! Mais je voudrais apporter une tout autre réponse que ces clichés reçus. Voilà : ce n'est pas aujourd'hui qu'on a oublié la mort, c'est il y a deux mille ans. Quand la civilisation fondée sur la mort a-t-elle changé ? Elle a changé un matin de dimanche. Ce jour-là, des femmes, portant des vases d'aromates, coururent de grand matin, bien avant l'aurore, vers la tombe où Jésus-Christ avait été enterré le vendredi soir. C'était le matin de Pâques. Arrivées, essoufflées au voisinage de la tombe, elles virent la pierre roulée, entrèrent dans la tombe et la virent vide, avec des linges pliés au fond. Que les aromates et les bandelettes deviennent inutiles signifie que l'on ne procédera plus à la momification. À partir de ce moment-là, le temps change, l'espace change, car les tombeaux sont vides, car il n'y a plus de cadavres, car il n'y a plus de morts. Laissez les morts enterrer les morts... À la civilisation de la mémoire succède la civilisation de l'oubli. C'est-à-dire de la vie. Les sages entre les sages disent : « Pensez à la vie et non à la mort. »

— *Le réalisme commence donc à effacer le sacré.*

— Le sacré se réalise dans et par la mort. Par la mémoire de la mort. L'ère chrétienne dit le contraire ; elle refuse la mort, elle refuse le sacré ; garde la sanctification et rejette le sacré ; respecte la vie, non la mort. Là, l'histoire se retourne. Que nous le voulions ou non, nous ne sommes plus les héritiers des cultures de funérailles ou du culte des ancêtres ; que nous le voulions ou non, nous restons les héritiers de ce moment-là, où nous avons refusé la mort comme origine. Elle est encore notre destination, mais voilà, elle n'est plus notre origine.

— *Peut-être les morts sont-ils aujourd'hui bien peu de chose par rapport aux vivants ?*

— Au XIXe siècle, Auguste Comte disait, à juste titre : « L'humanité est composée de plus de morts que de vivants. » Et à l'époque, c'était probablement vrai. Je ne sais si l'explosion démographique rend aujourd'hui faux le compte d'Auguste Comte. Il faudrait refaire le calcul. Il y aurait alors un nouveau retournement de l'ère moderne : l'humanité serait composée de plus de vivants que de morts.

— *Depuis les débuts de l'humanité, un peu moins de six milliards d'individus ont vu le jour et sont morts ; aujourd'hui, il y a plus de six milliards d'individus vivants sur terre…*

— Loin de ce calcul, je cherche à comprendre la fonction de la mort pour les humains. L'hominisation a, peut-être, débuté par la conscience que nous allions mourir ; elle a peut-être bifurqué lorsque, par volonté, par liberté, par espérance, nous l'avons délibérément oubliée.

La responsabilité

Chronique du 6 février 2005

— *Michel Serres, cette semaine, autre grave sujet : parlons de la responsabilité. Un joli mot, qui aime le courage par exemple, qui a des sens bien divers et qu'on retrouve dans des situations d'actualité très variées. Quelques exemples : un garçon de vingt et un ans commet un double crime horrible dans un hôpital psychiatrique ; un ancien fonctionnaire de Vichy va pouvoir suivre son procès sur la chaîne Histoire – c'est Maurice Papon –, les patrons du tunnel du Mont-Blanc sont jugés pour les conséquences d'un feu de camion qui a fait de nombreuses victimes. Chacun d'eux est, a été ou va être présenté au juge, et pourtant ce sont des situations qui n'ont rien à voir les unes avec les autres.*

— Le mot « responsable » vient du mot « réponse ». À une question posée, quelqu'un doit répondre. Caïn vient de tuer Abel. Yahvé dit : « Où est ton frère Abel ? » et Caïn répond : « Je ne sais pas ; après tout, suis-je le gardien de mon frère ? », et Yahvé répond : « Qu'as-tu fait ? » Caïn est en situation de répondre à ces questions. Qu'avez-vous donc fait de vos frères qui passaient le tunnel du Mont-Blanc ? Suis-je le gardien du tunnel ? Suis-je le gardien des mes frères ? Qui doit répondre à ces questions ? Mais, avant d'accuser, posons-nous la question préalable : qui a le droit de poser la question ? En droit romain, le terme « question » voulait dire justement l'enquête du tribunal, l'instruction du tribunal sur un crime donné. Au Moyen Âge, question voulait dire…

— ... *la torture.*

— Oui. Qui donc a le droit de poser la question ? Le représentant de la loi ; Dieu dans le cas du meurtre d'Abel par Caïn ; celui aussi qui a subi un dommage ou un préjudice. On doit distinguer trois questions : celle de la responsabilité civile, celle de la responsabilité pénale, celle de la responsabilité morale. La responsabilité civile d'abord, dans le cas d'un dommage causé à autrui ; alors, le responsable a l'obligation de payer des dommages et intérêts à celui à qui il a causé un dommage ; il faut donc démontrer qu'il y a eu dommage, et quel est le degré de responsabilité de celui qui doit payer. Dans cette responsabilité civile, on distingue la responsabilité contractuelle, qui concerne l'exécution ou l'inexécution d'un contrat, et, d'autre part, la responsabilité délictuelle, qui touche à un délit envers autrui. Dans ces cas-là, la loi détermine les responsables presque *a priori* : dans les familles, les parents seront plus responsables que les enfants ; de même le patron, le chef d'entreprise, le capitaine du navire... Quand j'étais dans la marine, notre bateau passe en carénage ; sorti de là flambant neuf, il appareille avec nous pour passer une semaine en mer et y essayer les différents apparaux qu'on avait réparés. Très bien. On revient et le commandant dit au second : « Vous ferez... »

— ... *l'accoste...*

— « ... la manœuvre d'accostage ; pendant ce temps je vais m'habiller, parce que les amiraux et la musique de la flotte attendent, sur le quai, le bateau neuf. » Piètre manœuvrier, le second rate piteusement les manœuvres d'accostage et embouque le quai de façon effroyable en faisant une épouvantable estafilade à la proue, toute fraîche refaite et repeinte. Je vois le commandant remonter de sa cabine, vite, faire lancer la planche, sauter sur le quai ; enfin, je l'entends dire à l'amiral : « Je vous saluerai tout à l'heure, je vais d'abord constater les dommages que *j'ai faits* à mon bateau. »

— *Responsable…*

— Je n'osais plus regarder le second. J'ai reçu là une leçon de morale que j'ai conservée toute ma vie. Je me souviens de cet homme – s'il m'entend, je le salue et lui dis ma reconnaissance –, cet homme qui revendique, d'office, la responsabilité de l'accident et des dommages, alors qu'un autre a commis la sottise et mal dirigé le bateau. Chapeau !

— *L'officier de quart qui était à la manœuvre…*

— Voilà les responsabilités du pacha, du père par rapport à ses fils, du patron par rapport à l'entreprise, celles, surtout, des officiers ministériels, assermentés, qui jouissent du titre de maître, notaire, avocat, greffier, etc., des fonctionnaires ou des ministres… La loi Fauchon a un peu diminué les responsabilités du maire, jusqu'à maintenant trop lourdes. Sans cette disposition, on risquait de ne plus trouver de candidats pour gérer les communes de France !

— *La responsabilité, c'est bien, mais ce que nous cherchons dans notre société, ce sont des coupables.*

— Passons alors à la responsabilité pénale. À supposer qu'il y ait eu infraction, délit ou crime, il faut que, devant le tribunal où la question se pose, soit démontré d'abord qu'il y a eu en effet délit ou crime, ensuite qu'il a été librement et volontairement commis par tel ou tel. Si la personne incriminée ne jouit pas de sa liberté, elle peut ne pas être responsable ; de même, si elle n'a pas agi volontairement ; on peut parler alors de circonstances atténuantes. Du coup, nous passons de l'acte, c'est-à-dire du délit ou de l'infraction, à l'intention. De la responsabilité *civile* d'abord, je suis passé à la responsabilité *pénale*, j'arrive enfin, à propos de l'intention, à la responsabilité *morale.* « Qui pose la question ? » ai-je demandé en commençant. Et je réponds : « Moi. » Je suis le tribunal de moi-même ; je me pose la question de ma propre responsabilité intérieure devant ma propre conscience ; je me pose la question, et je me réponds. Tout se passe à l'intérieur. Ailleurs, les actes comptaient ; maintenant, ce sont mes intentions. Tribunal intime.

— *« L'œil était dans la tombe et regardait Caïn. »*

— Quelle est ma responsabilité devant ma conscience ? Cela dit, je veux, je dois finir par l'éloge de ce dernier siècle. Parce qu'il a inventé, développé, imposé parfois des sciences humaines, aux deux sens de ce mot : elles s'occupent de l'homme ; elles ouvrent à la bienveillance. Elles ont permis de mieux poser la question des limites de la liberté de la personne, qui peut être déterminée par mille conditions. Oui, la psychologie, la sociologie, bref, les sciences humaines, méritent ce nom-là, je le répète, non pas seulement parce qu'elles étudient l'homme, mais parce qu'elles sont humanitaires. Toi qui es trop jeune et qui ne comprends pas encore ; toi, depuis si longtemps soumis aux affres de la démence ; toi, pauvre, indigent, misérable, nécessiteux ; toi sur qui pèse telle ou telle condition, psychique, financière, familiale, sociale..., je te préjuge moins responsable, je t'accuserai donc moins que ne le faisaient les tribunaux jadis, souvent implacables, parce que j'ai appris à connaître tes déterminations. Le pardon alors se donne.

— *Vous me faites penser au Petit Prince de Saint-Exupéry, au renard et à la rose dont il se dit responsable, toujours...*

— Le mot même le dit : le pardon est au-dessus du don.

L'arbre et sa symbolique

Chronique du 13 février 2005

— *Michel Serres, nous allons parler de l'arbre. Nous pensons évidemment au chêne de Marie-Antoinette, arraché devant les caméras à l'âge de trois cent vingt-quatre ans, après qu'il a été victime de la tempête, puis de la sécheresse. Un arbre, une émotion, qui ont fait la une des médias. Il y avait foule à ces funérailles étranges dans le parc du château de Versailles... Arbres qui symbolisent la force, la vie, la justice, avec Saint Louis et son chêne, déjà... qui symbolisent l'épopée si l'on retient Malraux, auteur des* Chênes qu'on abat, *où il évoquait de Gaulle. Le chêne symbolise aussi la raideur, comparée à la souplesse du roseau Et tous ces arbres qui fournissent l'oxygène de la vie et cèdent la place au béton... Heureusement, la déforestation n'est pas partout.*

—J'ai bien connu Pierre Barbizet, aux dix doigts magiques ; il jouait à la perfection non seulement *La Campanella,* mais surtout *Ah ! vous dirais-je maman,* Listz et Mozart ; il allait, de temps en temps, prendre des leçons chez Yves Nat, le grand pianiste de la génération qui nous précédait. Un jour, me trouvant présent, Yves Nat nous a raccompagnés à la porte et a eu, pour Pierre, un mot qui m'a bouleversé ; très vieux, proche de mourir, il a dit : « Vivez comme un arbre. » Il ne nous a pas dit : « Soyez un homme », mais : « Soyez un arbre. » Je suis sorti de chez lui avec l'idée qu'une belle vie, qu'une grande œuvre prenaient, en effet, la forme d'un arbre, croissaient, se développaient, occupaient l'espace comme lui. Pourquoi ? Parce que l'arbre est notre symbole fondamental, presque le symbole de tous nos symboles. Nul ne l'a mieux dit que Robert Dumas, dans son *Traité de l'arbre.* Ce symbole a trois caractéristiques. L'élan unique, d'abord, le jet du tronc, l'unicité d'une érection qui part de bas et se lève, se multiplie, bifurque, s'épanouit, occupe l'espace par des embranchements, par rameaux et ramilles en toutes directions... Voilà l'un et le multiple, l'harmonie et la diversité. L'élan vital ! Deuxièmement, voici un vivant attaché à la terre, qui a les pieds sur terre, les racines enfoncées dans la terre, mais qui, de plus, porte la tête haute, dans la lumière, l'air et le soleil. La matière et l'idéal. Il porte même les nids et les chants d'oiseaux. Enfin, ô merveille, cette lumière le nourrissant, il sait, il peut faire de la matière avec de l'illumination ! Par sa racine, matière veut dire bois ; il fait du bois matériel au moyen de rayons qui paraissent immatériels. Le bois, la cellulose, savez-vous que c'est du sucre ? Au fait, avez-vous pensé, aussi, au mot « racine » ? Tous les mots ont des racines, comme si les mots étaient des arbres. Je le crois. Nous avons tous des racines – terriennes, familiales, régionales, paysannes... –, comme les arbres et les mots. L'arbre réunit les quatre éléments : il sort de la terre, il ruisselle d'eau et de sève ; il occupe l'air et envahit l'espace ; il se nourrit du feu solaire. Il unit la lumière du soleil aux ténèbres du sol.

— *À travers les siècles, les êtres humains n'ont cessé de s'identifier aux arbres.*

— Lisez, de Frazer, *Le Rameau d'or.* Il enseigne les religions du bois sacré, celles des druides, les vieilles religions sacrificielles. Terrifiant !

— *Avec leur serpe..*

— Vous parlez du *Quercus robur* du parc de Versailles qui

a trois cent vingt-quatre ans ; que diriez-vous des séquoias de Californie qui ont quatre mille ans ? À leur pied, vous vous trouvez en face de quelques-uns des plus vieux vivants de la planète, âgés déjà de deux mille ans à la naissance de Jésus-Christ, au début de notre ère...

— *S'ils pouvaient parler...*

— Ils m'ont parlé ! J'ai tenté d'écrire, dans *Détachement*, une méditation sur ce vivant archaïque et puissant qui ne se reproduit que sous les coups de la foudre ; il m'avait donné l'idée de l'immortalité ; j'avais l'impression, tout à coup, de me trouver dans le bois sacré des druides et que les religions les plus vieilles et fondamentales me tombaient sur les épaules et dans le corps. Tous les arbres n'atteignent pas des âges comme celui du séquoia, mais dans beaucoup de cas, l'arbre vit plus longtemps qu'un homme. « De mémoire de rosier, on n'a jamais vu mourir un jardinier », dit Fontenelle. De mémoire d'homme, a-t-on jamais vu mourir un séquoia ? Allons, Michel, réveille-toi et redeviens raisonnable, car l'arbre donne aussi un principe logique de classification, puisqu'on dit...

— ... *l'arbre généalogique...*

— ... mais surtout, en biologie et histoire naturelle, l'« arbre des espèces ». Avez-vous appris, en classe de philosophie, l'abracadabra RECOFGERI – règne, embranchement, classe, ordre, famille, genre, espèce, race, individu ? Je m'en souviendrai toute ma vie ! Quel paradoxe ! L'arbre, vivant, classifie tous les vivants. L'arbre, espèce, classifie les espèces. L'arbre classifie les sciences et les connaissances. Chaque fois que nous mettons en ordre, nous plantons cet arbre-là. « Un octogénaire plantait. / Passe encore de bâtir ; mais planter à cet âge ! » dit La Fontaine.

— *On se projette : car on ne plante pas pour soi, on plante pour les générations suivantes.*

— Quand il s'agit de plantation d'arbres, il faut que l'économie dépasse l'individu, octogénaire ou jeune, qu'importe, et devienne collective : domaniale, seigneuriale, royale, nationale. Dans les économies de l'Antiquité mais aussi de l'âge moderne, la déforestation dont vous parlez ne vint pas seulement de l'agriculture, mais aussi de la marine. Il fallait du bois pour faire les coques des bateaux, et des fûts magnifiques, issus d'essences spéciales, pour faire des mâts. Bien des batailles navales, anglo-françaises par exemple, eurent pour enjeu la recherche d'essences propres à la construction des grands voiliers. Voilà l'une des causes de la colonisation.

— *Quel arbre préférez-vous ?*

— Né dans la vallée de la Garonne, je choisis le peuplier. Léger dans ses branches, mobile follement dans ses feuilles, lumineux, il laisse entendre une musique chaotique lorsque la brise caresse doucement sa frondaison. Le bruit de fond du monde…

— *Mais il est fragile, votre peuplier.*

— Souple, fragile, il a des racines formidables qui enchaînent à jamais les jardins et les prés. Abominable.

— *Revenons à la symbolique, à l'être humain, à la politique, après tout : dans* Les chênes qu'on abat, *l'arbre de la Liberté, par exemple…*

— Allons-y, parlons politique, vraiment… L'arbre de la Liberté m'inspire un message urgent, que j'adresse aux auditeurs : « Si, au cours de votre vie, vous voulez poser un acte de long terme, au-delà de votre vie, faites, certes, des enfants ; mais si, de plus, vous voulez travailler pour les générations futures, c'est-à-dire, justement, pour vos enfants, plantez un arbre. Tout de suite, quel que soit votre âge, plantez un arbre. »

La politique-fiction

Chronique du 20 février 2005

— Michel Serres, cette semaine, parlons de la politique-fiction, à l'occasion de la sortie du film événement de Robert Guédiguian, qui évoque les derniers mois de François Mitterrand. Un film dont certains estiment qu'il porte un regard discutable sur un moment de notre histoire contemporaine. Peut-on récrire l'histoire ?

— On peut la récrire et on ne peut pas. Car le mot « histoire » a deux sens. D'une part, l'enchaînement réel des événements qui se sont réellement passés ; celui-là, inévitable, nécessaire comme le passé, on ne peut pas le refaire ; nul, jamais, ne revient en arrière. D'autre part, l'ensemble des récits que les historiens ou d'autres font de ces enchaînements, de ces événements ; celui-là, on le récrit sans cesse. Certes, on récrit cette histoire : mieux encore, l'histoire, par définition, se récrit toujours. L'Antiquité que racontaient nos aïeux et nos pères n'a rien à voir avec l'Antiquité que m'ont racontée mes professeurs d'histoire, qui n'a rien à voir avec l'Antiquité que je conçois, moi. Il m'arrive souvent de ne rien comprendre à ce que l'on relate d'un passé que j'ai vécu, la guerre, par exemple, la Résistance, la Libération… Entre mes souvenirs et les récits que l'on en fait, une crevasse s'ouvre, souvent géante, pleine le plus souvent de passions partisanes. Parmi toutes ces histoires, ces suites de récits, ces interprétations, y en a-t-il une de vraie, combien y en a-t-il de fausses, où sont les fictions dans ces affaires-là ?

—Politiques-fictions, histoires-fictions, utopies... Distinguons l'utopie dans l'espace et l'utopie dans le temps. En 1515, Thomas More invente le mot, dans son grand roman *Utopia.* Il s'agit d'une île où des hommes abordent et y créent des institutions, une politique, une société, où ils vivent heureux. « Utopie » reste longtemps le nom d'une île : Marivaux écrit *L'Île aux esclaves* ; Anatole France *L'Île des pingouins*…

— *Jules Verne…*

— Jules Verne, *L'Île mystérieuse.* Dans ces îles-là, des hommes idéaux fondent des républiques idéales, des socialismes idéaux… Mais chaque fois que l'on a essayé de transposer ces abstractions dans la réalité, comme, au Texas, les socialistes utopiques du XIXe siècle, l'entreprise s'est soldée par de grands désastres. J'ai même connu, au sud des États-Unis, quelques descendants de ces tentatives avortées. Voilà l'utopie.

— *Des déceptions…*

— Mais, on le sait moins, en 1876, un philosophe français, Renouvier a écrit un roman passionnant qu'il appela *Uchronie.* Ce mot mime « utopie » : « utopie » désigne une île, une portion découpée de l'espace ; « uchronie » se rapporte au temps. Voilà inventée l'histoire-fiction. Non point refaite à plaisir comme le fait, avec son magnifique enjouement, Alexandre Dumas, mais rationnellement construite sur quelques questions simples, de la forme : « Que se serait-il passé si… » Que se serait-il passé si Jeanne d'Arc n'avait pas entendu des voix, si Jules César n'avait pas franchi le Rubicon et envahi la Gaule, si Bonaparte avait porté son prétendu génie de la guerre au Québec et non en Italie et en Russie…

— *Ou si Aliénor d'Aquitaine ne s'était pas remariée…*

— … si Bismarck n'avait pas tronqué la dépêche d'Ems, la guerre de 1870 aurait-elle été déclarée ? Où se trouve l'intérêt de cette question ? On dirait une expérience. L'utopie projette l'idéal dans un espace clos ; l'uchronie propose une expérience temporelle, que l'on imagine presque concrète. Si tel événement n'avait pas eu lieu, il est sûr que l'histoire eût été complètement changée. Racontez donc sa suite dans de tout autres conditions. De l'utopie à l'uchronie, on passe de l'espace au temps, de l'île à d'autres séquences, à d'autres bifurcations.

— *Il y a quand même une certaine logique à récrire l'histoire à périodes régulières : des informations nouvelles nous arrivent. Mais cela s'explique aussi probablement par le fait que certaines personnes veulent que l'histoire s'adapte à la période, au moment, à l'environnement, qu'elle épouse les opinions.*

— J'ai envie souvent d'écrire des uchronies. De raconter comment Jeanne d'Arc continua paisiblement de paître ses brebis en filant sa quenouille et laissa les Plantagenêts régner sur la France – comme à cette époque, l'Angleterre, les nobles au moins et la cour royale parlaient le français, cette langue eût sans doute supplanté celle des îles Britanniques. De raconter comment, par la suite, Bonaparte, délaissant l'Est et partant vers l'ouest, reconquit la Nouvelle-France et libéra les Québécois. J'aime ces uchronies parce que, en jouant avec le destin d'une langue, elles concernent mon métier. Que se serait-il passé si Jules César, imbécile, avait laissé les Gaulois battre toujours les Romains ? L'uchronie d'Astérix fait jouir un autre côté imbécile de notre particularisme. Et voilà qu'une idée merveilleuse apparaît : dans le cas de l'utopie, on reproduit, dans un espace organisé, des conditions lourdes : institutions, économie, échanges, lien social, religion, etc. Au contraire, dans le cas de l'uchronie, il ne s'agit que de la légèreté de l'événementiel. Une toute petite chose. Le bout du nez de Cléopâtre, les voix, presque inaudibles de Jeanne, deux phrases tronquées dans la dépêche d'Ems… Ce minuscule événement déclenche des suites géantes dans l'histoire. Curieusement, l'utopie correspond à ce que les historiens considèrent comme sérieux ; l'uchronie à des broutilles.

— *Ce film qui parle des derniers mois de François Mitterrand, le classez-vous dans les uchronies ou dans les utopies ?*

— Je n'ai pas vu le film et ne crois pas qu'il m'intéresse. Mais je tombe sur une vraie idée, que cette uchronie fait briller de mille feux. Question : « Que peut changer un tout petit événement ? » Réponse : « Peut-être toute la suite des choses. » Cela ressemble si fort à ce que les physiciens découvrent avec la théorie du chaos que les historiens devraient, je crois, s'adonner, de temps en temps, à des jeux de ce genre. Autrement dit, l'économie, la stratégie, les institutions, le droit, etc., sont les conditions *lourdes et nécessaires* de l'histoire, tandis que, dans le petit événement, dans le fait que Jeanne laisse ou non la quenouille, avons-nous trouvé, en cette circonstance minime, la condition *légère et suffisante* de la suite ?

— *Il y a toutefois une mise en scène…*

— Mise en scène ou non, j'appellerais volontiers la légèreté de cet événement la « condition suffisante ». Les conditions nécessaires sont *lourdes, mais banales et non décisives*, alors que la condition suffisante, petit événement léger comme une plume, *décide*, quant à elle, de l'histoire à venir.

— *Faudrait-il se méfier des historiens ?*

— J'ai de charmants amis parmi eux.

La drogue

Chronique du 27 février 2005

— *Michel Serres, cette semaine, parlons de la drogue. Une grande campagne d'information dissuasive a été lancée contre la drogue, ou plutôt contre certaines drogues. Sans cesse sous les feux de l'actualité à cause des trafics, des accidents, la drogue participait, jadis, du mystère qui entourait poètes et écrivains, plus tard de célèbres artistes, avant de toucher le grand public. La drogue est-elle un phénomène nouveau ou bien est-elle consubstantielle à l'être humain ?*

— Oui et non sur la première question, oui sur la seconde. Passons d'abord à la première. Non, la drogue n'est pas un phénomène nouveau, parce que tout ce que nous savons des civilisations archaïques ou des cultures traditionnelles comporte des questions analogues à celles de la drogue. Par exemple, la religion grecque a ses Silènes, Dionysos, le dieu du vin, et les Bacchantes ; elle décrit des phénomènes d'extase et de possession ; on peut retrouver tout cela, encore, dans les cultures traditionnelles, qu'étudient les ethnologues. Aussi loin que l'on aille, aussi haut que l'on remonte, on trouve des phénomènes analogues. Mais oui, c'est un phénomène nouveau, par son importance au moins. Il faut dire et répéter avec force, que la drogue est aujourd'hui l'une des grandes catastrophes du monde occidental. Pour au moins deux raisons. Elle développe des volumes financiers tels qu'on a pu démontrer récemment qu'il n'y a pas de grandes concentrations financières qui ne soient aujourd'hui touchées par l'argent sale ;

la circulation économique que provoque la drogue drague un chiffre d'affaires si élevé qu'il parvient aux tout premiers rangs dans le classement mondial. Enfin, pour moi, père de famille, professeur, éducateur, c'est une immense catastrophe, humaine, pédagogique, culturelle, éducative. Les marchands de drogue collent aux pas des jeunes enfants du primaire, dès le CM2, à l'âge le plus tendre, et feront de nos gosses des esclaves.

— D'où cette campagne lancée sur les ondes et sur le petit écran. La drogue serait-elle consubstantielle à l'être humain ?

— Où la drogue commence-t-elle ? Qui se drogue ? À quoi se drogue-t-il ? Comment définir l'assuétude ? Par la prise régulière, quotidienne par exemple. Ce que les médecins appellent aujourd'hui l'« addiction », parce qu'ils ignorent ou détestent la langue française, c'est le verre de whisky à heure fixe. L'alcoolisme ne se définit pas par l'ivresse, comme on le croit, mais par la prise régulière. De quoi ne pouvons-nous pas nous passer ? Si donc la drogue implique l'assuétude, alors on peut se droguer à n'importe quoi. Ceux-ci ne peuvent pas ne pas voir la télé de huit à dix heures ; d'autres se droguent de musique, tels autres de politique, d'autres encore d'un somnifère régulier… Moi-même je me drogue d'écriture, puisque j'y consacre un emploi du temps régulier. Tout le monde, ainsi, se drogue-t-il ?

— L'emploi du temps lui-même est une drogue.

— Descendons plus encore dans l'analyse : si nous pensons que la drogue est consubstantielle à l'homme, alors qu'est-ce que l'homme ? Si je nous compare à nos cousins animaux, je vois que beaucoup d'entre eux sont des automates génétiques. Qu'est-ce à dire ? Qu'ils ont des conduites dictées par l'instinct, programmées. Le rapport au réel, chez beaucoup d'animaux, est déjà comme câblé, comme tout monté au préalable. Dès qu'il naît, le petit reproduit les conduites de l'espèce. Je ne parle pas de tous les animaux, mais de ces automates génétiques. D'autres, dont l'homme, sont beaucoup moins programmés ; des processus d'apprentissage, difficiles parfois, douloureux souvent, font que notre rapport au réel n'est pas préétabli, n'est pas programmé, n'est pas directement déterminé pour des conduites données. Du coup, les humains supportent un porte-à-faux permanent par rapport au réel, porte-à-faux qui demande et permet l'apprentissage. Voilà pourquoi votre culture n'est pas la mienne, ma langue n'est pas la vôtre, et ainsi de suite. Vous avez appris différemment, nous ne sommes pas identiques du point de vue des conduites. Ce décalage par rapport au réel fait peur. Cet écart au réel fait de nous des animaux pas complètement adaptés, assez indéterminés, donc en proie à l'angoisse. Nous craignons le réel, nous le rêvons aussi, nous cherchons à éviter la douleur de ses épines.

— *C'est ainsi que l'homme a inventé la drogue.*

— Je ne sais pas comment il l'a inventée, nous ne le saurons sans doute jamais, mais, comme je ne connais aucune culture sans drogue, je me demande s'il n'y a pas une liaison profonde entre la drogue et l'apprentissage. Voulé-je apprendre une langue ? Me voilà obligé d'y travailler tous les jours. Devenir tennisman ? Me voilà obligé à un entraînement quotidien. Devenir un peintre… Poussin disait : « *Nulla dies sine linea* », pas de jour sans dessiner une ligne, et du coup, hop ! on passe à une assuétude. L'assuétude fait apprentissage, et l'apprentissage détermine une sorte d'assuétude.

— *Donc, là, on est…*

— J'ai l'impression qu'en effet, la drogue est, à cet égard, consubstantielle à l'homme. Mais alors, si tout est drogue, si nous sommes tous des drogués, comment trouver, où dessiner la ligne de partage, comment décider de ne pas prendre telle drogue et d'accepter d'écrire, d'accepter d'aller à la piscine tous les jours, sans fumer ni boire ? Où se trouve la ligne de partage ? À la mort, au risque de mort. La drogue tue. Inversement, une assuétude positive fait vivre. L'écriture me fait vivre ; le tabac a failli me tuer. Je suis un ancien drogué du tabac ; j'ai mis deux ans, abominables de douleurs, à me tirer de cet esclavage, esclavage qui, je le savais, m'entraînait à la mort. Mort à la drogue, mort à la mort.

Les grands-parents

Chronique du 6 mars 2005

— *Michel Serres, cette semaine, parlons de mamies, de grand-mères ou de mémés. C'est aujourd'hui la fête des grand-mères, donc des grands-parents, comme il y a celle des amoureux, celle des femmes, celle des mamans, celle des pères. Vous avez remarqué que la relation entre grands-parents et enfants, entre ces deux générations, est devenue de plus en plus particulière ces dernières années, du fait de l'allongement de la durée de la vie.*

— De Balzac, pour qui la femme de trente ans était déjà vieille, à nos jours, l'espérance de vie a plus que doublé, en deux siècles ; nous ne vivons plus avec les mêmes vieux, nous n'avons plus les mêmes grands-parents. Un petit conseil aux grand-mères, pour commencer : ne lisez surtout pas *L'Art d'être grand-père* de Victor Hugo ; il ne dit presque rien sur les grands-parents, mais fait l'éloge narcissique de lui-même, de manière insupportable.

— *Ce n'est pas sa plus belle œuvre.*

— L'écart des générations fait, là, toute l'affaire. Du coup, le rapport particulier qui peut exister entre les grands-parents et les petits-enfants devient souvent paradisiaque. Pourquoi ? Parce que cet écart de générations permet de mettre un terme à deux conflits bien repérés par les psychologues, par les médecins…

— … *et les psychanalystes.*

— Premièrement, le conflit parents-enfants, d'une génération à la suivante, repéré depuis longtemps, symbolisé même par le complexe d'Œdipe, le meurtre du père, dit-on, mais surtout, à mes yeux, le meurtre des fils – je suis moi-même l'enfant de deux guerres mondiales où l'on vit quelques pères, épars sur la planète, mettre à mort joyeusement des dizaines de millions de leurs fils, pendant qu'on enseignait l'inverse dans les universités. Entre les générations ainsi espacées, ledit conflit finit par s'effacer. Deuxièmement, s'efface plus encore le conflit à l'intérieur d'une même génération. À côté dudit complexe d'Œdipe, l'histoire biblique d'Ésaü et de Jacob montre que s'opposent deux frères ennemis ou des jumeaux rivaux. Cette rivalité à l'intérieur d'une famille, fort bien décrite, non par Freud, mais par René Girard, n'existe plus, elle non plus, en raison d'un écart, encore plus considérable, entre les générations. Du coup, les relations sont plus aisées, plus larges, sans obstacles, la transmission se fait plus aisée, plus fluide. Mais la fin des conflits ne suffit pas ; c'est une raison trop négative. Voici la positive : ce qui unit, ce qui sépare ces deux générations ainsi séparées par les parents, c'est le « pas-encore » et le « déjà-plus ». Imaginez un espace comme une maison, où les enfants ne sont pas encore entrés, que les vieillards, dont je suis, sont en train de quitter. Ils n'habitent pas la maison, ils déménagent et emménagent. Ils se croisent sur le seuil.

— *Ils sont sortis de la course au pouvoir, à l'autorité ?*

— Pas seulement. Les vieux s'apprêtent à sortir, pendant que les petits ne sont pas encore entrés. Pas encore et déjà plus. Les enfants ne sont pas encore entrés dans les peines sexuelles, les chagrins d'amour, la passion, les tromperies, les jalousies, les frustrations, les désespoirs et les sanglots, cette tragédie perpétuelle… L'enfant n'y est pas encore et le vieillard est en train, peu à peu, de la quitter.

— Il a déjà compris.

— Du coup, le rapport entre les deux a moins de chair et de souffrance, moins d'angoisse et moins de larmes. Là aussi, un obstacle s'adoucit. Mais à côté de la tragédie sexuelle, il y a la comédie sociale. L'enfant n'est pas encore entré dans la cruauté des envies, de l'ambition, dans le besoin inassouvi de reconnaissance dont l'adulte est affamé, pas encore dans les responsabilités, le métier, les travaux, dans la course, comme on dit, et, de l'autre côté, le vieillard n'est déjà plus dans cette course. Il n'a plus d'ambition frénétique : s'il a été reconnu, c'est bien, s'il n'a pas été reconnu, c'est très bien aussi... De toute façon, c'est trop tard.

— Il doit bien aimer l'être encore un peu ?

— Je n'ai pas dit qu'il avait quitté ces tragédies, mais qu'il était en train de les quitter, sur le point de les quitter. Tandis que les enfants n'y sont pas encore entrés. Au seuil de cette maison, de part et d'autre de l'espace à l'intérieur duquel les tragédies sexuelles et les comédies sociales soumettent l'adulte à leurs tensions aiguës et exigeantes, existe une sorte de symétrie entre les petits-enfants et les grands-parents, de symétrie inversée entre la garde montante et la garde descendante. En cette égalité extraordinaire, ils peuvent rire et jouer ensemble, bref se comprendre vraiment. Les adultes ne comprennent pas cette complicité.

— Vous êtes en train de me dire qu'il faudrait naître de ses grands-parents... On va finir par se demander quelle est la place des parents dans tout cela ! Ils gênent ?

— Ils ont la responsabilité de la pédagogie, de l'éducation ; ils travaillent, c'est eux qui...

— *... ils ont le rôle des « pas drôles »...*

— ... qui ont le poids, et évidemment ce poids-là, que ne supporte pas encore l'enfant, le grand-père ou la grand-mère ne le supportent déjà plus. Du coup, oui, cette complicité, ce jeu, aisé, entre les grands-parents et les petits-enfants peut aller – surtout ne le dites pas... – oui, un peu contre les parents, ou, mieux, contre ce lieu où l'enfant n'est pas encore entré et dont le vieillard sort, contre les servitudes ridicules de l'âge adulte. On se moque ensemble du sérieux adulte, on en perçoit le creux : nous devenons ensemble presque anarchistes !

— *Cela peut également faciliter la transmission de la mémoire.*

— La transmission passe aisément, parce qu'il n'y a plus ces obstacles de rivalité, de passion, ces obstacles charnels ; d'où une sorte d'alliance, miraculeuse, entre cette espèce de virginité, une alliance merveilleuse entre cette virginité et cette sagesse. Certes, les vieillards ne sont pas toujours sages, c'est mon cas, et les enfants ne sont pas toujours vierges, on l'a bien assez dit...

— *Heureusement...*

— Bref, cette alliance entre une quasi-virginité et une quasi-sagesse peut devenir miraculeuse.

— *Sans compter qu'ils ont de belles histoires à raconter, nos pépés et nos mémés...*

— L'histoire racontée le soir, le récit, le conte, le mythe participent ou, mieux encore, expriment ce domaine-là, cette alliance-là, cette transition, ce porche de maison, où il n'y a plus d'obstacles, où il n'y en a pas encore, où il n'y en a déjà plus... sans pesanteur !

— *Ma grand-mère était née avant l'électricité, avant la tour Eiffel. Avant l'automobile, avant le train, avant l'avion, bien sûr.*

— Ma grand-mère regardait derrière le poste, quand je passais à la télévision, pour voir si je n'étais pas derrière.

— *Elle avait lu Boris Vian !*

— Certes non ! Je rêve souvent de cette apesanteur sans responsabilité, de ce seuil où je croise mes petits-enfants – j'en ai onze : une équipe de football, qui manque gravement de remplaçants, pour les déplacements ou en cas de blessure... –, de ce seuil d'espace et de temps où se joue une complicité, dont je me demande souvent si, d'aventure, ce ne serait pas cela, le vrai amour.

L'Europe

Chronique du 13 mars 2005

— *Michel Serres, cette semaine, parlons de l'Europe. L'Europe, un vieux rêve sur un ancien territoire de guerres et de sang. Il y a un an, notre Europe passait de quinze à vingt-cinq membres. Notre antenne partait alors à la découverte de ses vieux amis, avec « Les Jeudis de l'Europe ». Et chaque semaine, avec Ruggero de Pas, nous nous penchons sur la poursuite de cette intégration, qui se passe bien. Nous connaissons maintenant la date du référendum sur la Constitution : le 29 mai. Sur le oui ou le non, il y a débat, on peut même dire « fracture », au sein des familles politiques. Mais que le oui ou le non l'emporte en France, l'Europe n'en continuera pas moins...*

— Laissez-moi d'abord porter témoignage de ma génération. Je suis né en 1930, et j'ai le souvenir très net de la guerre de 1870 racontée par mon grand-père, de la guerre de 14-18 racontée par mon père, qui en est revenu gravement blessé et gazé ; j'ai assisté à la mobilisation générale de la guerre de 39-45. Dans ma famille comme autour d'elle, c'était la guerre, la guerre, la guerre, et dans ma propre vie ça a été encore la guerre puisque j'ai connu, en plus, celle d'Espagne et les guerres coloniales. J'ai servi dans la Marine, en Algérie. Pendant un siècle et demi, l'Europe s'est suicidée. Et maintenant, quand je vais en Allemagne et que je traverse le Rhin, l'ancienne frontière entre Strasbourg et Karlsruhe, je pleure. Je ne peux retenir mes larmes, pris par une émotion intense. L'Europe actuelle, nous l'avons construite contre ce suicide généralisé dont sont morts mes parents et grands-parents.

— *Il n'y a pas de barbelés, il n'y a pas…*

— … il n'y a plus de postes frontières, plus de douanes, seulement cet espace libre entre deux anciens pays rivaux, devenus le même pays. Je ne peux m'empêcher de pleurer. Je suis un Européen de paix. Le cauchemar sans fin de la guerre, la guerre, la guerre, a produit, en moi, un homme de paix. Cependant, je regrette qu'au début de l'Europe, on ait commencé par l'économie, par la CECA.

— *La Communauté économique du charbon et de l'acier.*

— Résultat : au bout de quelques décennies, il n'y avait plus beaucoup de charbon, ni d'acier. De droite ou de gauche, tout le monde croyait, tout le monde croit toujours, que l'économie forme l'infrastructure… Imaginez, au contraire, qu'on ait décidé au départ que nos étudiants seraient obligés d'étudier un an à Milan, un an à Stuttgart, un an à Cambridge…

— *Nous n'étions peut-être pas mûrs…*

— … en peu de générations, cet échange, ce mélange aurait abaissé la barrière des langues, aurait amoindri les différences culturelles. Alors, l'Europe serait déjà en place, alors qu'avec le charbon et l'acier, nous nous sommes mis en retard. Je me rappelle avoir eu un accident en montagne, nous avons été sauvés par un guide suisse parce qu'il parlait quatre langues, l'anglais, l'italien, l'allemand et le français. Mieux valait commencer par Erasmus plutôt que par le charbon et l'acier. Nous commençons seulement maintenant à comprendre que l'infrastructure, c'est la culture ; mais tout le monde la méprise et la détruit. Quelle erreur !

— *Vous avez raison. Mais souvenez-vous : quand de Gaulle a serré la main de Konrad Adenauer, la moitié de la France de l'époque considérait que c'était scandaleux. Elle estimait que ce n'était pas possible, que c'était trop rapide.*

—Non. Les jeunes, dont j'étais alors, n'avaient pas cette idée ; nous allions volontiers à Stuttgart, à Milan, à Cambridge...

— *Il faut aller au rythme des esprits.*

— Quels esprits ? Les jeunes auraient pu, dès cette époque, construire l'Europe. Mais je m'ennuie et vous ennuie à parler du passé. Je vous propose, maintenant, de distinguer trois modèles. Dans le premier, une collectivité veut la suprématie. Elle détient l'empire sur les autres.

— *C'étaient Charlemagne, les Romains, les Égyptiens...*

— Suivez ce petit calcul de temps : les Égyptiens règnent pendant des millénaires, l'Empire romain pendant des siècles, l'Empire anglais pendant quelques décennies. Combien de temps régnera l'hyperpuissance d'aujourd'hui ? De plus, chaque fois, ce modèle s'écroule : l'Égypte, ni Rome, ni l'Empire anglais ne subsistent. Ce modèle court vers l'échec. Le second modèle montre une mosaïque de nations...

— *... l'Europe des nations.*

— Dans la vieille Europe, chaque nation ou presque a pratiquement la même puissance ; chacune cherche la suprématie.

— *C'était l'Europe de votre jeunesse.*

— Donc, à force de se défier les unes les autres, les nations d'Europe – Angleterre, Allemagne, France... – se livrèrent des guerres perpétuelles, chacune voulant, tour à tour, dominer. La recherche de la dominance finit au suicide de l'Europe. Je crains, parfois, que la mosaïque des nations d'Asie finisse aussi par des guerres semblables entre la Corée, le Japon, la Chine, l'Inde, le Pakistan, etc.

— *Elles ont commencé à s'unir bien plus tard que nous...*

— Il reste un troisième modèle, nouveau : cette espèce d'addition, d'agrégation, de conglomérat, qui a beaucoup de défauts, beaucoup de lourdeur administrative, qui fait beaucoup de maladresses, pas très enthousiasmant, sans doute assez faible… Si l'on compare ce modèle aux deux autres, je trouve que ces défauts sont des qualités. Les deux modèles dont je viens de parler, construits pour et sur la puissance, la dominance, la domination, courent à la mort. La mort, même si vous êtes le plus fort, plus encore si vous êtes dominé. Deux modèles à guerre perpétuelle. Nous ne savons pas trouver la paix perpétuelle, certes ; mais nous connaissions, et admirablement, la guerre perpétuelle ! Le plus fort : voilà la vieille loi. Darwinienne, bestiale. J'aime donc notre faiblesse ; j'y vois une sortie, au moins locale, des lois animales de la jungle.

— *Nous sommes dans le bon modèle, finalement.*

— Voilà un modèle nouveau, qui durera, je crois, parce qu'il est faible et qu'il ne fait peur à personne. Lorsqu'on dit que l'Europe est faible, je me réjouis. Et je me réjouis parce que la force conduit toujours à la mort. Nous ne demanderons plus à nos enfants de mourir pour l'Europe, comme nos ancêtres et nos pères ont demandé à leurs enfants, moi compris, de mourir pour la patrie. Nous ne négocierons plus avec nos ennemis, comme nos ancêtres et nos pères ont négocié avec les leurs, le meurtre de leurs et de nos enfants. Que nous ayons réalisé une association faible me paraît une qualité nouvelle, exceptionnelle dans l'histoire, et, pour cette raison, durable.

— *Espérons que cette belle touche d'optimisme se vérifiera dans les années qui viennent et que l'Europe n'aura effectivement jamais à mobiliser contre les voisins de ce continent ! Michel Serres, merci.*

— La paix vient de la faiblesse et non pas de la force.

La langue française

Chronique du 20 mars 2005

— *Michel Serres, cette semaine, parlons de la langue française. Langue vivante qui se craint morte… mais ne serions-nous pas paranoïaques ? La langue française, langue des diplomates, langue des commerçants, langue de la culture comme elle peut être celle du terrain. Une langue parlée par deux cents millions d'habitants sur la planète : deux cents millions d'habitants de la francophonie – Asiatiques, Africains, Québécois ou Européens, Belges, Français, Suisses… Cette langue est-elle en perdition ?*

— La langue française se porte mieux qu'on ne le dit, au moins à l'étranger, où elle est toujours aussi respectée, au moins comme langue de culture. Une conférence dite loin d'ici, à Canberra, en Australie, par exemple, peut grouper six ou sept cents personnes francophones. Cela m'arriva. Elle se porte plus mal à l'intérieur de l'Hexagone. Pourquoi ? Parçe qu'elle se heurte avec la langue de communication usuelle, l'anglais. On peut raconter l'histoire des langues de communication : dès l'Antiquité, le grec a servi de langue de communication, pour le commerce et la marine, dans la Méditerranée ; puis le latin, ensuite l'arabe, puis le latin, à nouveau, puis le français, au moins pendant trois siècles. Les Russes, les Polonais, les Prussiens…

— *… parlaient français.*

— Enfin l'anglais a pris le relais aujourd'hui. L'avenir est incertain… L'anglais baisse assez vite, en nombre de locuteurs, par rapport à l'espagnol, qui progresse, au contraire, comme le pékinois, le cantonais, en Chine, ou l'urdu, en Inde. Qui peut deviner laquelle deviendra demain la langue de communication ? Mais je demande que l'on distingue la langue de communication de la langue dominante. On a toujours besoin de la première pour les sciences, le commerce, les circulations aériennes ou maritimes etc., mais pourquoi dominerait-elle ? Pourquoi remplacerait-elle ou tuerait-elle les autres ? Voici une règle simple : dès lors que nous importons un objet nouveau ou une conduite nouvelle, c'est positivement enrichir la langue qu'adopter le mot qu'on importe à ce moment-là. Le français s'est enrichi de mots arabes : « algèbre », « algorithme », « tarif » ; de mots italiens, à la Renaissance : « fourchette », « sonate » ; même de mots aztèques : « haricot ». Alors la langue s'enrichit. Mais c'est l'appauvrir que de substituer à un mot français déjà existant un mot anglais. Par exemple, *City Radio* me scandalise ; « Radio Cité » eût bien fait l'affaire.

— *Ça existait avant-guerre.*

— Pourquoi les sportifs disent-ils « top 16 », et non pas « première division » ? Pourquoi veulent-ils avoir des *coaches* plutôt que des entraîneurs…

— *Ça se vend bien.*

— L'argent n'a pas le sens ni la profondeur d'une langue. Je comprends, en effet, que dans le cas de ces *coaches* qui dirigent la psy des puissants, ce mot se vende mieux que « directeur de conscience » ! Et, pourtant, s'agit-il d'autre chose, en vérité ? *Coach* vient du français « cocher » ; mais pourquoi tuer l'entraîneur ? Pourquoi dire « le *best of* des *play-off* », ridicule, alors qu'on peut dire « le meilleur des éliminatoires » ?

— *C'est plus long.*

— Quatre mots pour six ! Et les femmes disent volontiers que la vitesse ne garantit pas forcément la réussite ou le plaisir ; le cri ni l'onomatopée ne garantissent pas non plus la compréhension. Bref, un pays qui perd sa langue perd sa culture ; un pays qui perd sa culture perd son identité ; un pays qui perd son identité n'existe plus. C'est la plus grande catastrophe qui puisse lui arriver. Pour mieux l'asservir, un occupant éradique toujours la langue du vaincu. Ainsi firent les Romains, en Gaule, ainsi firent les Russes en Pologne… Il y a, aujourd'hui, sur les murs de Paris, plus de mots anglais qu'il n'y avait de mots allemands pendant l'Occupation. Où sont donc les troupes d'occupation ? Qui sont donc les collabos ? J'ai compté, un jour, place de la Bastille, quatre-vingt-douze mots anglais pour vingt mots français, sur les murs. Un collègue américain prenait un pot avec moi ; il me dit : « Je ne voudrais pas qu'une telle catastrophe arrive à mon pays. » Il plaignait les Français de supporter cette occupation, de compter, parmi eux, ces collaborateurs. Les nazis ont plus respecté notre langue que nos propres annonceurs ne le font. Ils ne savent même pas le français ; sinon, ils ne nous imposeraient pas les pâtes *anti-age* ; *to age* veut dire « vieillir » ! Luttent-ils contre n'importe quel âge, contre la jeunesse, par exemple ? Quoique jouissant de l'adjectif « français » dans son titre, la SNCF nous impose un triste *S'miles* : ne compte-t-elle donc plus en kilomètres ?

— *Et tous les mots français utilisés par les Américains,les Allemands, les Japonais… ? Ils enrichissent leur langue.*

— Ils observent, mieux que nous, la règle dont je vous parle. Exemple : vers la fin des années 1950 arrive en France cette machine qu'on appelle « ordinateur ». À cette époque-là, il fallait traduire ou non le mot anglais *computer*. Or *comput*, vieux mot français, issu du latin, veut dire « compter ». Or, le mot « compteur », qui eût été la bonne traduction, était déjà pris pour l'eau, le gaz et l'électricité. Un jour, en 1955, des scientifiques discutaient de la manière d'appeler cette nouvelle machine ; ils dînaient à côté d'un de leurs collègues, J. Perret, qui n'était ni mathématicien, ni physicien, mais professeur de latin du Moyen Âge, et spécialiste de théologie. Il ne comprenait rien à ces machines, mais, entendant ses amis vanter leurs performances, il sort de ses nues, s'adresse à eux et leur dit : « Je connais tout à fait cela ; ainsi compte et crée le *Deus ordinator* de la théologie », le « Dieu ordonnateur du monde, des choses et des hommes ». Notre mot, « ordinateur », venait de naître : le mot latin, non le mot français ! Il arrive donc qu'une ancienne langue, ici celle du Moyen Âge, puisse servir à une adaptation contemporaine.

— Ce n'est pas donc l'économie qui va déterminer l'avenir de la langue française…

— À consulter les planches techniques ou industrielles du dictionnaire Larousse encyclopédique daté de 1954, on constate que peu de mots usités alors, dans les pratiques ou les métiers, subsistent encore ; une foule de termes nouveaux les remplacent aujourd'hui. Cette partie quotidienne et concrète du langage évolue à une vitesse inconnue dans toute l'histoire. Cette évolution rapide touche toutes les langues du monde : d'où la crise où se débat, partout, l'enseignement. Comment parler, comment écrire ? Nos enfants nous l'apprendront.

La violence selon René Girard

Chronique du 27 mars 2005

— *Michel Serres, cette semaine, à l'occasion de la Pâques, au lendemain de la Crucifixion, parlons des mécanismes de la violence. En France, les violences entre jeunes lors des récentes manifestations sont encore dans tous les esprits. Aux États-Unis, cette semaine, un adolescent a tué neuf personnes, dont cinq lycéens, avant de se suicider. Cette violence, vous souhaitez en parler au travers des thèses d'un nouvel élu à l'Académie française : philosophe et anthropologue, René Girard parle de concurrence, de jalousie, de persécution, des mécanismes qui régissent notre vie de tous les jours.*

— Aujourd'hui comme toujours, rien n'est plus important que de parler de la violence. Le philosophe et anthropologue René Girard, que l'Académie française vient d'élire, en parle excellemment. Comment ? Il part de l'imitation, de choses simples, observées depuis longtemps : que l'homme imite mieux encore que le singe, qui, lui-même, est à nos yeux, un animal extraordinairement mimétique. René Girard commence à percer vraiment le mystère lorsqu'il parle du désir : on peut le susciter dès lors qu'on récompense un enfant. Donnez une poupée à l'un d'eux…

— *… les autres sont jaloux…*

— … aussitôt les autres crient : « Moi aussi ! » Que l'un satisfasse un désir le suscite aussitôt chez l'autre. Nos amis anglais et américains appellent *French triangle* le triplet composé de l'amant, de la femme et du mari ; l'autre survient de ce que l'un désire une femme ; on désire quelqu'un ou quelque chose parce que son frère, son voisin, quelqu'un d'autre le désire. Il appelle ce processus *désir mimétique.* Ainsi va la mode, mode féminine d'habillement, de coiffure ou de maquillage, mode des idées, phrases ou mots, propagés comme la foudre, contagieux comme la peste. Nous désirons, vous le savez, être habillés de façon éminemment singulière, à la condition expresse de l'être comme tout le monde. Tous en salopettes, convenablement déchirées aux genoux ; tous à genoux devant la pensée unique, chimpanzés ou perroquets.

— *Ainsi, la différence, l'envie, la jalousie engendrent la violence.*

— Dans cet univers de l'imitation, tout le monde, alors, désire la même chose. En désirant la même chose, la rivalité arrive ; entre l'amant et le mari ; entre frères, entre sœurs... La rivalité croît jusqu'à la violence, non seulement individuelle, un contre un, mais la violence collective, tous contre tous ; l'exaspération des rivalités individuelles conduit parfois à une gigantesque crise sociale. On passe, ainsi, de processus psychologiques fort simples à des états sociopolitiques. Des philosophes politiques comme Thomas Hobbes parlent ainsi de « la guerre de tous contre tous ». À cette guerre de tous contre tous, à cette violence déchaînée, sans loi, quel est le remède ?

— *La civilisation.*

— Hélas, d'abord, d'abord, la barbarie. À force de se déchirer l'un l'autre, un étrange mécanisme collectif apparaît, irrésistible et parfaitement atroce : lassé de ses violences, le groupe entier se précipite sur une victime collective, sur un bouc émissaire. « Voilà le responsable de nos maux ! » crie la foule. « Haro sur le baudet ! » dit La Fontaine. Reconnu coupable par le collectif en totalité, le bouc émissaire le voit l'entourer pour le lacérer, pour le déchirer, pour le lyncher.

— *C'est la victime expiatoire.*

— Victime expiatoire, bien connue depuis le rite que la Bible décrit…

— *… le sacrifice d'Abraham…*

— … non, pas encore, mais le rite du bouc émissaire, chargé de tous les péchés que l'on expulse à l'extérieur de la société, que l'on sacrifie. Voilà, dit René Girard, l'origine de ce sacrifice rituel dont on retrouve la trace dans presque toutes les religions du monde, sinon toutes. Toutes connaissent plus ou moins ce rite : sacrifice humain, chez les Aztèques ; sacrifices animaux, partout. Instinctivement, la collectivité cherche toujours un coupable ; il y a toujours de la persécution, il y a toujours des persécutés… Méfions-nous donc de nos réactions : quand tout le monde est d'accord pour accuser quelqu'un, ne suivons pas, d'instinct, ce sentiment général, cette habitude invétérée.

— *L'observez-vous au quotidien dans notre société ?*

— Oui, il y a toujours un persécuté, il y a toujours un coupable, on cherche, on trouve, on désigne toujours un responsable… Souvenez-vous de la triste histoire d'Œdipe : on dit de lui qu'il a couché avec sa mère, qu'il a tué son père. René Girard nous fait relire mille textes de persécution où l'on accuse le coupable de ces deux méfaits. Le Moyen Âge persécute la communauté juive en disant des juifs qu'ils couchent avec leur mère et qu'ils tuent leur père ! Reprenons cette histoire : la peste fait rage à Thèbes, tout le monde en meurt. Questions angoissées : « Pourquoi la peste ? Pourquoi tous ces morts ? Nous payons tous pour un coupable. Qui a péché ? Œdipe. Pourquoi ? Il a couché, etc. » Tous l'accusent et veulent se précipiter sur lui pour le tuer. Voilà le mécanisme du bouc émissaire, bientôt sacrifié. Le persécuté est sacrifié. Parce que tout le monde est persuadé de sa culpabilité. D'où la question : est-il vraiment coupable ? A-t-il vraiment tué son père ? Ou n'est-il que la victime d'un mécanisme collectif, devant lequel tout le monde, lui compris, est aveugle ?

— *Il nous faut trouver une solution.*

— René Girard nous ouvre les yeux, magnifiquement, à ce mécanisme. Non seulement il nous fait passer du désir individuel à la violence collective, mais aussi de cette violence collective au sacré. Le sacrifice produit du sacré. Le sacré recouvre cette violence abominable. Du coup, il donne des religions une vision parfaitement simple et claire ; il les divise en deux. Premièrement, les religions sacrificielles, celles où les mythes expliquent et affirment que la victime est coupable, et vont ainsi parfois jusqu'au sacrifice humain. Et celles qui refusent ce sacrifice. Tout à coup arrive la révélation monothéiste, chez les prophètes-écrivains d'Israël. René Girard m'a convaincu de ce que la distinction entre polythéisme et monothéisme ne distinguait pas ceux qui vénéraient plusieurs dieux ou un seul, mais simplement : ou l'on accepte le sacrifice humain, ou on l'interdit. À partir du judaïsme, le sacrifice humain n'aura plus lieu. Voilà le sens fondamental du sacrifice d'Abraham, où, soudain, le père épargne le fils ; Abraham ne tue pas Isaac. Les religions juive et, plus tard, chrétienne reconnaissent que le sacrifié est innocent. René Girard distingue donc, d'un côté, le sacré, le polythéisme, les mythes, les sacrifices ; et, de l'autre côté, la révélation que la victime est innocente. Jésus-Christ, par exemple, est la victime innocente par excellence, et c'est cela, dit René Girard, la révélation du christianisme. Les victimes que la société choisit, au cours de ce mécanisme terrible, sont toujours innocentes.

— *Pourtant, combien de gens ont été tués en ton nom, mon Dieu ?*

— Les mécanismes sociaux reviennent toujours comme un cauchemar ; les mécanismes du sacré, toujours là, ressemblent à des revenants. Seule en préserve la sainteté.

La mort du pape Jean-Paul II

Chronique du 3 avril 2005

— *Michel Serres, la mort de Jean-Paul II, la nuit dernière, événement mondial, nous rappelle le rôle et la place du chef de l'Église. Une place unique : dans aucune autre religion il n'existe un chef universel doté d'une telle aura et d'une telle autorité. C'est donc de ce rôle, qui a évolué au cours des siècles, et pendant le pontificat de Jean-Paul II, que nous allons discuter.*

— Parlons de la place, parlons de la force. Lorsque vous passez devant la façade de l'Hôtel de Ville à Paris, regardez les statues dans les niches. Observez celles qui scandent le Louvre, ou qui se perchent au-dessus de Saint-Pierre de Rome, qu'importe. Distinguez alors trois sortes de gens : ceux qui cherchent des places, et qui veulent installer leur statue, leur image, leur gloire dans une niche déjà creusée – ce sont, disons, les ambitieux moyens –, ensuite, ceux qui, une fois installés dans une place, la transforment en un habitat neuf et lui donnent une dynamique nouvelle – voilà les inventeurs. Enfin, une troisième catégorie de personnes invente vraiment une nouvelle place, ailleurs que dans une niche préalable, ailleurs que sur un mur ou dans une façade. Voilà les génies. Jean-Paul II a réuni les trois intentions et réussi les trois gestes ou conduites. Il a pris la place de pape, préétablie depuis des siècles, place unique et universelle de chef de l'Église ; il l'a transformée en une fonction nouvelle ; enfin, il a inventé, aussi et surtout, une nouvelle place. Pourquoi ? Parce que pendant son pontificat, notre monde, en voie de globalisation, manquait d'un homme ou d'une femme symbolisant cette évolution, avait même besoin qu'apparaisse une place nouvelle, rayonnante et occupée ; en principe, cette place était remplie par les institutions mondiales, mais assez mal, mais sans rayonnement. Je ne sache pas que quiconque dans le monde aujourd'hui connaisse quelque président de quelqu'une de ces institutions mondiales ; tout le monde, à l'inverse, connaît Jean-Paul II. Pourquoi ? Parce que Jean-Paul II a inventé cette place, cette place universelle, à partir de la sienne, locale, cette place contemporaine à partir d'une ancienneté de deux millénaires.

— *C'est un être unique et il a joué un rôle unique dans l'histoire.*

— Comment se fait-il que cette place, fort ancienne, vieille de deux mille ans, et sans équivalent, certes, dans l'histoire, soit devenue tout à coup si contemporaine, ait eu cette fonction politique et sociale, si importante ? On reproche souvent à ce pape d'avoir été conservateur, traditionaliste même ; comment aurait-il pu en être autrement dès lors qu'il occupait une place millénaire ? Or, par une inspiration extraordinaire, il a inventé une place contemporaine, au centre même des problèmes du jour. Traditionnel et contemporain, à la fois. Qui a réussi cette gageure aujourd'hui ?

— *Il a quand même eu un rôle très politique…*

— Et puissant. Voilà pourquoi je voulais aussi parler de la force. Et en parler de la façon suivante. Le pape détient, quant à lui, un pouvoir spirituel. Un chef d'État, un président de République détiennent le pouvoir temporel. Cette distinction du pouvoir temporel et du pouvoir spirituel me passionne. Pourquoi ? Parce qu'il arrive parfois au pouvoir spirituel de vouloir prendre le pouvoir temporel. C'est arrivé au Vatican jadis. Eh bien, lorsque le pouvoir spirituel prend le pouvoir temporel, il achoppe et tombe. Il n'y a pas de doute qu'on ne peut pas mélanger les deux. La preuve ? C'est que lorsque, inversement, le pouvoir temporel prend le pouvoir spirituel, comme c'est arrivé avec le marxisme…

— *… ça a duré des siècles…*

— … avec les intégristes, etc., eh bien, ils tombent aussi. On ne mélange pas vraiment de façon facile les deux pouvoirs. Pascal et Rousseau croyaient que la force se renforçait si elle s'emparait du droit ; certes, l'idéologie en meurt. Depuis que le Vatican, depuis que la papauté ont perdu définitivement le pouvoir temporel, ne disposent plus d'armée, ni de divisions…

— *… comme disait Staline…*

— Inventons donc, si vous le voulez, pour le XXe siècle, un dialogue des morts, à la manière des Anciens. Staline et Jean-Paul II se rencontrent aux Enfers. Staline : « Le Vatican, combien de divisions ? » ; quelques années après, Jean-Paul II lui répondait par une action sans force, privée de puissance militaire, sans aucune division, justement, mais telle pourtant que l'ancien pouvoir stalinien, le pouvoir soviétique, seconde puissance de la planète, devant quoi le monde tremblait, s'effondra, d'un coup. Le faible l'a-t-il emporté sur le fort ?

— *Le pouvoir spirituel l'a emporté sur le pouvoir temporel.*

— J'aime à le penser. Il m'arrive de penser que les idées mènent le monde ! Cela me réjouit de voir les chars et les canons, la bombe thermonucléaire et son train cul par-dessus tête ! Qu'en disent les tenants de la realpolitik ? Quand le pouvoir spirituel se dépouille du pouvoir temporel, il s'affaiblit, certes, sous le coup de la critique, sous le coup de la persécution même, comme le christianisme aujourd'hui ; mais alors, ce pouvoir spirituel prend une force extraordinaire ! Le pouvoir spirituel croît et se développe en fonction de sa faiblesse. Plus il est faible, plus on le respecte. La place unique dont je viens de parler, cette place est exceptionnelle par son universalité parce qu'elle est exceptionnelle par sa faiblesse. Plus cet homme courbé, accablé, douloureux de maladie et des séquelles de son attentat, luttait contre la mort, plus il rayonnait. Le monde entier voyait cette faiblesse, cette place trouée, cette quasi-absence, place qui témoignait d'un Dieu souffrant, mourant, absent. Si Dieu existe, je le crois infiniment faible.

— *Le monde a-t-il besoin d'une autorité morale ? Et est-ce que c'est un phénomène récent ou ancien ?*

— Dans l'une des plus vieilles églises de Russie, au Kremlin, on voit deux trônes face à face : celui du tsar et celui du patriarche ; face à face, comme si les genoux se touchaient, l'empereur et le pontife, deux pouvoirs séparés. Nous disions jadis plaisamment : « le sabre et le goupillon ». La séparation du pouvoir temporel et du pouvoir spirituel se retrouve partout et pratiquement dans tous les temps. Le chef de la tribu et le sorcier. Si l'un prend la place de l'autre, il ne se renforce pas, il tombe. D'où, je le répète, l'immense force qu'incarna Jean-Paul II : la faiblesse infinie du pouvoir spirituel par rapport au temporel. Plus il est faible, plus il s'affaisse, plus il est critiqué, plus il est vilipendé, plus il est persécuté, plus jaillit de lui une force étrange, une force paradoxale, la puissance mystérieuse – et populaire – de la faiblesse. Les idées mènent le monde en raison de leur débilité. Voilà, je crois, la leçon que je tire de Jean-Paul II mourant, de Jean-Paul II souffrant, et de

Jean-Paul II, pape d'un Dieu souffrant et mourant.

— *Pourquoi n'y a-t-il pas de chef spirituel universel dans les autres religions – bouddhiste, musulmane, juive ?*

— Quoique cette discipline me passionne, je ne suis pas un bon spécialiste d'histoire des religions ; donc je ne sais pas répondre à votre question. Mais je crois aujourd'hui indispensable une place universelle. Jean-Paul II l'a inventée.

L'abandon et l'intégration

Chronique du 10 avril 2005

— *Michel Serres, à l'occasion de la semaine de l'Intégration – sujet, s'il en est, de débats et de controverses dans notre société –, vous souhaitez parler de l'abandon. Abandon, intégration : quelles relations ?*

— Une société n'intègre jamais que ceux qui ont été abandonnés : ou par leur famille ou par la société qu'ils ont quittée, qui les ont expulsés, ou par la société même qui cherche à les intégrer de nouveau. Parler d'intégration exige de parler d'abord de l'abandon. Je souhaite parler de l'abandon parce qu'il s'agit là d'une expérience humaine fondamentale. Peut-être la plus importante de toutes les expériences de la vie. Dès que le petit enfant naît, il quitte le paradis où, pendant neuf mois, il a joui d'une tranquillité béate, oui, de la béatitude. Et tout à coup, il quitte ce bonheur. Le voici abandonné par sa mère matricielle. Au moment où elle lui donne la vie, elle l'abandonne ; le voilà expulsé de l'utérus. Puis la mère lui donne le sein. Au bout de quelques mois, de quelques semaines parfois, cela dépend du rythme de la lactation, le voilà sevré. Le voilà, de nouveau, abandonné du sein maternel ; il quitte encore un autre paradis. Quelques années après, un frère, une sœur arrivent ; il quitte, alors, le paradis absolu de l'unicité. De nouveau abandonné par sa mère, dont il croyait qu'il était le seul enfant. La jalousie amoureuse n'a-t-elle pas pour origine l'exigence pathétique de rester le seul enfant de sa mère, de n'avoir ni frère ni sœur ? La vie commence donc par une série douloureuse d'abandons.

— *C'est le partage…*

— À la naissance du frère ou de la sœur, l'enfant est obligé de découvrir l'autre, l'altérité. Il n'est plus l'amour unique de sa mère, le voilà *exclu de l'exclusivité.* Ensuite, il est obligé d'aller à l'école…

— *… La rupture.*

— Il rompt avec sa famille. Externe, il est abandonné pour la journée, mais il revient le soir, quelle chance ! Mais s'il est pensionnaire, comme je le fus pendant des années, il peut être abandonné un mois, un trimestre ; s'il est pensionnaire dans une ville étrangère, il est abandonné un an. Le voilà abandonné sans cesse. Ensuite, l'adolescence quitte l'enfance, le paradis des amours enfantines ; l'âge adulte quitte l'adolescence. Quand vous prenez un métier, vous quittez vos chères études. À un moment, terrible et béni, l'amour intervient, la sexualité intervient, et le pic éminemment douloureux de cette même expérience, indéfiniment reprise et labourant le même sillon de souffrance, c'est d'être abandonné par son amant ou sa maîtresse, d'être abandonné par sa femme ou son mari, d'être abandonné par ses parents, par ses enfants, par ses amis, par ses collaborateurs… Voilà le sommet de l'abandon humain. À la retraite, vous êtes sèchement abandonné par ceux qui ne fréquentent que les relations utiles : tout le monde.

— *Votre vision de la relation n'est-elle pas un peu sombre ?*

— L'abandon sculpte nos âmes : « Dis-moi qui t'a abandonné, je te dirai qui tu es. »

— *Dans ce cas, où trouvons-nous notre bonheur ?*

— Si la sculpture même de l'individu, c'est l'abandon, alors tout va se jouer, pour la formation personnelle, dans le courage individuel de supporter d'avoir été abandonné ; de supporter aussi, hélas, parfois, d'avoir, soi-même, abandonné quelqu'un. « Dis-moi qui tu as abandonné, je te dirai qui tu es. » Vous me questionniez sur l'intégration, nous y sommes. Qu'est-ce que la banlieue ? Tout le monde parle de la banlieue, des enfants de banlieue, mais qu'est-ce donc que la banlieue ? La langue française le dit : le lieu de ban, le lieu de bannissement, le lieu de l'a-bandon. Voyez, autour des villes, la couronne des abandonnés, la banlieue. Plus ils habitent loin, plus ils sont pauvres, misérables, abandonnés. Ce qu'on a trouvé dans la psychologie se retrouve dans la société, en politique. J'admire qu'aucun responsable, en France, de gauche, du centre ou de droite, n'ait jamais pris l'initiative du prix unique pour les transports urbains. Plus vous êtes pauvre, plus vous payez cher le billet de RER ou de train de banlieue ; plus vous êtes riche, moins vous payez ! Certes, les chefs habitent au centre, délivrés du souci de voir jamais les pauvres, enfermés dans leurs ghettos, incapables de payer leurs déplacements. Mettez le prix fixe et la société se mélange ! Elle devient démocratique. Voilà, simplement calculé, en euros et centimes, le geste social de l'exclusion, de l'abandon. Souffrance personnelle, douleur collective. Avez-vous jamais vu western plus beau que *Le train sifflera trois fois* ?

— *Absolument.*

— Il commence par une chanson désespérée, qui tire des larmes…,

— *… « Si toi aussi tu m'abandonnes… »*

— Si toi aussi tu m'abandonnes, si toi qui m'as aimé, tu m'abandonnes aussi, alors que vais-je devenir ? Voyez comment commence la sculpture du héros solitaire. Il devient un individu, il devient un homme dès lors qu'il a conscience d'avoir été abandonné. Que dire de plus profond sur la condition humaine, sur l'existence humaine, que cette déréliction ? Notre existence se passe-t-elle en banlieue ? La vie humaine se passe-t-elle en un lieu de bannissement ? de déréliction ? Nous n'habitons pas dans notre vraie maison.

— *À l'inverse, comment intégrer ? Comment ne pas abandonner ? Comment « dés-abandonner » ?*

— Souvenez-vous des dernières paroles du Christ : « Mon Dieu, mon Dieu, pourquoi m'as-tu abandonné ? » Au moment de mourir, il ne comprend pas pourquoi il a été abandonné. L'incompréhension de ce pourquoi on abandonne, de ce pourquoi on est abandonné, voilà peut-être ce que l'on peut dire de plus terrible et profond sur les psychologies et sur les sociétés humaines. Qu'est-ce que l'homme ? La déréliction faite chair. Nous avons tous le sentiment d'avoir été abandonné.

— *C'est notre point commun.*

— Notre condition commune.

— *Et ce, même en dehors des banlieues.*

— Individuel, social, politique, humanitaire, aucun de nos efforts ne doit oublier la question fondamentale : « Qu'est-ce l'abandon, comment peut-on ne pas abandonner, comment peut-on recevoir, consoler, intégrer les abandonnés ? » « Mon Dieu, mon Dieu, pourquoi m'as-tu abandonné », voilà, je crois, la somme des cris humains, des supplications individuelles et collectives.

— *Gardez-vous quand même l'espoir que cette notion d'abandon ne soit pas toujours négative, qu'on puisse la surmonter ?*

— Programme : comment travailler sur l'abandon subi, comment en retourner la douleur en énergie et dynamique positives, comment devenir l'individu courageux qui affronte sa vie en se disant : « Certes, je suis abandonné, mais je survis tout de même, dans le courage du projet » ?

— *Michel Serres, merci, je vous abandonne, ce soir.*

Pollution du paysage

Chronique du 17 avril 2005

— *Michel Serres, ce dimanche, parlons de la pollution. Les chiffres de la pollution, mesurée cette semaine en certains endroits des boulevards périphériques à Paris, ont fait frissonner. « Pollution », le mot fait peur. Et il ne suffit pas de porter un cache-nez pour se protéger. La pollution est-elle pire qu'autrefois ou nos moyens pour la détecter sont-ils plus performants ? Ajoutez à cela une réelle prise de conscience de la nécessité de préserver notre planète…*

— Il y a du mesurable et du non-mesurable. La pollution chimique se mesure parfaitement ; on peut estimer la densité du CO_2 ou de tout autre gaz à effet de serre ; calculer la fréquence de l'asthme ou de telle autre allergie ; mesurer, sur une échelle, l'intensité des bruits… Je voyage beaucoup et cours donc les hôtels : ou je choisis la chambre de devant et ne dors pas en raison du bruit des voitures, ou la chambre de derrière et dors encore moins parce que vrombit dans la cour intérieure l'aérateur du restaurant ou des couloirs ; de plus, dans la chambre, le chauffage à air pulsé, le climatiseur et le réfrigérateur mettent plaisamment plusieurs motocyclettes à côté de l'oreiller. Nous ne dormons plus, le bruit et la musique polluent tout autant que les gaz et la chimie.

— *Ou l'odeur de l'épandage du fumier dans les campagnes, des lisiers.*

— Ô citadin, aimez-vous le parfum du fumier – entendez-vous le même mot ? –, les délices suaves de la bouse de vache ?

Bref, il y a donc des pollutions mesurables, donc connues et repérées. Mais je veux parler aujourd'hui de pollutions dont on parle moins. Pour cela, je vous propose deux voyages et une histoire. Le premier voyage nous fera tourner autour de Paris, sur le périphérique intérieur ou extérieur. Vous passez au nord, à l'est, au sud, à l'ouest. Ici, pollution dense ; pollution absente, là. La pollution hurlante des affiches, délirantes de couleurs criardes, marques, écritures, les lumières qui empêchent, là aussi, de dormir, etc., vous les trouverez d'une densité surnaturelle dans le Nord et l'Est et, curieusement, complètement absentes dans l'Ouest. Dense vers la porte de Clignancourt, la pollution optique, visuelle, gigantesque s'éteint dans l'Ouest, vers le bois de Boulogne…

— *De la porte Maillot jusqu'à la porte de Sèvres…*

— Là, plus du tout de publicité. Pourquoi ? Dans le Nord vivent les pauvres ; dans l'Ouest habitent les riches.

— *Dans l'Ouest, il y a le bois de Boulogne, c'est un beau décor…*

— Qui habite ces beaux endroits ? Je soupçonne que, plutôt fortunés, les publicitaires habitent l'Ouest ; leurs épaules et leurs perceptions ne supportent pas les horreurs qu'ils font subir aux autres et dont ils abreuvent les pauvres. La pollution est plus séparée, distribuée, qu'on ne le croit. Elle l'était aussi bien, au XIXe siècle, à l'époque de la révolution industrielle, où on ne parlait pas encore d'écologie, parce que ceux qui avaient la parole ne souffraient pas de ces pollutions. Revenons à notre petit voyage et à cette pollution visuelle, non mesurable mais abominable en lumières, couleurs, marques et écritures. Fréquente ici, absente là…

— *Ils font effacer les tags.*

— Premier voyage, partage de la pollution. Deuxième voyage, dans les régions de France : avez-vous douloureusement souffert, dans vos yeux et vos âmes, le désastre de laideur et de barbarie qui vous agresse à chaque entrée de ville, à la couronne extérieure des chefs-lieux et sous-préfectures ?

— *Bientôt on pourra aller de Grenoble à Bordeaux sans voir un arbre ! Il n'y a que la ville, puis l'« après-ville » dont vous êtes en train de nous parler, avec tous ces magasins…*

— L'avant- ou l'après-ville, c'est la ceinture des banlieues, le lieu de bannissement, le lieu des pauvres, de nouveau, inondés sous un déluge d'abominations.

— *C'est aussi le lieu de tous les magasins, de tous les commerces.*

— De nouveau, à la couronne des villes, dans les régions, se reproduit mon analyse du périphérique parisien : les mêmes, toujours, supportent le poids de cette pollution abominable de couleurs hurlantes et de mauvais goût. Comme les animaux dans la jungle, les marques hurlent les unes contre les autres, laideur contre hideur, à celle dont le mauvais goût l'emportera.

— *Elles peuvent de temps en temps créer l'envie…*

— Lutte violente des marques, jungle des marques ; on ne peut plus les lire tant il y en a. J'en parlerai tout à l'heure à propos de mon histoire. Comment se fait-il qu'il n'y ait pas eu des manifestations de millions de personnes contre ceux qui ont ainsi détruit les paysages de France, autrefois, jadis et naguère réputés pour leur douceur et leur beauté ? Douce France, qu'es-tu devenue ? Par quels barbares t'es-tu laissé violer ? Faut-il que nous ayons tout oublié du sens de la beauté qui caractérisait notre culture ? Faut-il vraiment que la classe dominante qui crée ces publicités soit devenue soudain la plus inculte de toute notre histoire ?

— *Mais, encore une fois, il n'y a pas que les publicités. Ces successions ininterrompues de zones industrielles qui relient les villes ne sont-elles pas aussi une manière de détruire notre campagne ? En outre, il y a quand même de belles pubs…*

— Voilà pourquoi je veux vous raconter ma dernière histoire.

— *Allez-y.*

— La publicité exprime la lutte des marques, comme dans la jungle. Dans la jungle, les espèces cherchent à se détruire les unes les autres, sans vraiment y réussir. Mais, au fait, qu'est-ce qu'une marque ? Le mot vient du verbe « marcher ». La trace de pas que laisse le pied. Marque de marche. Les putains d'Alexandrie, l'une des villes les plus importantes et les plus développées de l'Antiquité, avaient inventé de graver en creux leurs propres initiales sous les semelles de leurs sandales ; elles marchaient sur la plage en laissant sur le sable la trace de leurs pas, indiquant ainsi leur nom et la direction du lieu où pouvaient jouir leurs clients.

— *Je ne m'en souviens pas.*

— Le nom des marques commerciales vient de ces traces de pas que laissaient les putains d'Alexandrie.

— *Je pressens la relation que vous allez faire…*

— Notre espace est dominé, notre espace est saccagé, notre espace est pollué par les enfants de ces putains-là.

— *Je vous trouve très sévère avec ces putains-là, Michel Serres.*

— Autre histoire : les espèces animales habitent les niches que leur urine délimite. Voilà que je découvre la différence entre l'humain et l'animal : le publicitaire habite hors des lieux qu'il conchie.

Anticléricalisme !

Chronique du 24 avril 2005

— *Michel Serres, après l'élection de Benoît XVI, je vous provoque. Vous nous avez parlé au début du mois du pape, de son rôle de guide de l'Église et des catholiques, de son autorité qui dépasse largement les limites du monde chrétien. Mais il y a aussi les anti-papes, les anticléricaux, les anti-calotins, ceux qui pourfendent toute marque de religion ou certaines religions. Voilà qui nous mène aux mots « hérétique », « païen », « mécréant », « laïc », « blasphème », « monothéisme » et « athéisme », « libre-pensée ». Vous avez lu Prévert, Aragon, Antonin Artaud, Michel Onfray, ancien religieux. Vous avez entendu Léo Ferré, Georges Brassens. Considérez-vous que l'anticléricalisme, tant à la mode au début du siècle dernier, soit réservé aux incroyants ?*

— Clairement non, car il faut distinguer *anticléricalisme* et *athéisme*. Un anticlérical, par définition, s'oppose, parfois de façon vive, au pouvoir des clercs, au pouvoir *temporel* exercé au nom du *spirituel*. Il s'oppose à la hiérarchie ecclésiale, à la politique des prêtres, des évêques, il s'oppose au pape. Je prends des exemples dans la religion où ce terme est né ; on pourrait généraliser à d'autres, sans doute. De façon distincte, l'athée ne croit pas en Dieu, nie son existence. D'un côté, le pouvoir ; de l'autre côté, la croyance ; d'une part, la *politique* ; de l'autre, la *foi* et la théologie. À confondre les deux, on ne comprend plus rien. Que cette distinction soit forte, preuve en est que l'on peut rencontrer des *croyants anticléricaux*. Il n'y eut sûrement pas de meilleurs chrétiens que certains protestants qui, à l'époque de la Réforme, aux XVe et XVIe siècles, s'opposèrent au pouvoir de Rome, à la politique de ses clercs. Plus récemment, tout à fait convaincus du point de vue de la foi, les chrétiens dits de gauche s'opposaient fortement à certaines opinions du pouvoir ecclésial. Inversement, on rencontre aujourd'hui beaucoup d'*incroyants* parfaitement *cléricaux*. Ceux, par exemple, qui veulent qu'on enseigne le « fait religieux » à l'école ne croient pas en Dieu, mais pensent que la religion se réduit à un fait social utile à l'ordre : cléricaux, assurément, et même conservateurs. Auguste Comte, de même, voulait arrêter l'influence révolutionnaire et assurer la paix politique au moyen de la religion. John Stuart Mill disait de sa philosophie : « *catholicism without christianism* », soit : « une église sans foi ». Napoléon pensait aussi que la religion permettait de calmer la colère des foules : l'opium du peuple, en somme. Définir les mots clarifie les choses. Ainsi, une *hérésie* touche au dogme et à la foi : l'hérétique fait un autre choix, le sien propre – en grec, « hérésie » veut dire « choix » – sur l'existence de Dieu, la divinité de Jésus-Christ...

— *On ne conteste pas le dieu, mais on conteste les variétés du dogme.*

— Tandis que le *schismatique* peut, en effet, se définir comme une variété d'anticlérical ; à l'époque du Grand Schisme d'Occident, nos amis orthodoxes se sont séparés du pouvoir pontifical de Rome.

— *Les anglicans...*

— Exactement : Henri VIII se sépare de Rome, mais garde tout le reste ou presque. Je crois l'avoir déjà souligné, dans l'anticléricalisme, il s'agit de politique, de société, de pouvoir et d'organisation institutionnelle ; dans l'athéisme, il s'agit des articles de foi, du dogme… Dans cet ordre de la croyance, on distingue plusieurs manières de croire ou de ne pas croire en Dieu. Premièrement par l'ordre du *monde* : Dieu a-t-il créé le monde ? Oui, disent les croyants ; non, disent les incroyants. La beauté du monde montre-t-elle la présence divine ? Oui, disent les croyants ; non, disent les incroyants. Deuxième raison, l'intime, l'intériorité : je découvre la présence divine, moins dans le monde qu'en moi-même, dans ma propre *vie intérieure*…

— *L'intuition, la foi…*

— Voilà le fidéisme du *Vicaire savoyard* chez Rousseau ; derrière un pilier de Notre-Dame, Claudel déclare : Dieu existe, je l'ai rencontré moi-même. Le monde, donc, puis l'intimité personnelle, enfin la *société*. Troisième raison, en effet : le collectif doit-il se doter d'un pouvoir spirituel ? Nous revenons, là, au cléricalisme et à son opposé, l'anticléricalisme. Pour résoudre cette dernière question, considérons, plus que l'histoire, l'ethnologie même. Nous connaissons sur la planète des milliers de cultures. Nous ne les connaissons pas toutes, mais pensons, en gros, que la plupart ou que presque toutes ont une religion ou des pratiques rituelles.

— *Une origine, en tout cas.*

— En fait, notre civilisation du XXe et du XXIe siècle m'apparaît comme l'une des rarissimes cultures laïques : voilà un autre mot à bien définir. « Laïc », cela fait référence à une séparation exacte entre le pouvoir spirituel et le pouvoir temporel, entre l'Église et l'État.

— *C'est très clair.*

— « Rendre à César ce qui est à César, et à Dieu ce qui est à Dieu. » Déjà saint Thomas d'Aquin distinguait le droit *civil* du droit *canon*. Peut-on dire athée notre civilisation laïque ? Je me pose souvent la question. Un exemple entre mille : nous venons d'assister aux fastes de l'enterrement d'un pape. Or, en théologie stricte, le christianisme se définit comme la religion du tombeau vide. Le Christ est ressuscité. Il a dit : « Laissez les morts enterrer les morts. » Les rites du cadavre, de la momie, la fascination même de la mort lui paraissent idolâtres et renvoient aux polythéismes. Or notre civilisation, dont nous sommes fiers qu'elle soit devenue athée, laïque, voire anticléricale, me paraît aujourd'hui submergée sous une vague immense de polythéisme et d'idolâtrie. Nous avons découvert des machines à fabriquer des dieux.

— *C'est l'effet des médias.*

— Ainsi, tous deux largement médiatisés, l'enterrement de Jean-Paul II me paraît aussi idolâtre que celui de Diana, qui ressemblait tant à l'apothéose d'un empereur romain, – la fabrication sociale d'une déesse. Là, il ne s'agit plus du tout de christianisme, du moins au sens strict. Du coup, cette culture à laquelle j'appartiens et que j'aime, cette culture se croit laïque, se croit athée, se croit rationaliste et anticléricale, alors qu'elle se plonge et se vautre dans le plus archaïque des polythéismes, dans la plus vieille des idolâtries, celle de la mort, celle des cadavres, celle que nous croyions avoir oublié, celle de la plus haute antiquité. Quoique modernes, nous sommes plongés jusqu'au cou dans la plus antique des idolâtries.

— *Justement, avez-vous l'impression que ce monde moderne,* a priori *officiellement beaucoup plus laïc, est plus anticlérical, plus anti-calotin que, par exemple, celui de la fin du* XIXe *et du début du* XXe *siècle ?*

— Moins, pour deux raisons. Parce que la religion dominante

a perdu de sa puissance ; les opposants n'ont plus en face d'eux une force aussi imposante, mais aussi, parce que ceux qui réduisent la religion à un fait social renforcent les communautés à respecter. Nous ne pouvons dire, ni penser, ni agir autrement : il faut respecter les communautés, par idéal de laïcité.

La pauvreté

Chronique du 1er mai 2005

— Michel Serres, aujourd'hui, parlons de la pauvreté. Depuis l'Antiquité, on lutte contre la pauvreté. On ne sait pas la prévenir, on la soigne comme on peut, comme une maladie récurrente. Nouvelle ambition inspirée dernièrement par Emmaüs et son actuel président, Martin Hirsch : mettre un terme à la pauvreté d'un milliard d'humains sur les six que compte la planète, en particulier celle qui touche les enfants. « Pauvreté », Michel Serres, est-ce synonyme de « misère », d'« indigence » ?

— La langue française dispose de trois mots pour exprimer trois états différents. La « pauvreté » signifie l'étroitesse des revenus ; l'« indigent », quant à lui, manque de vivres, d'alimentation, il a faim ; enfin, le « misérable » n'a pas de maison, n'a pas de domicile. Cette gradation, peu d'argent, manque d'alimentation, manque d'habitat, est une gradation économique. Le terme « économie », *oikos* en grec, veut dire « maison ». Donc le misérable vit hors économie, et si l'économie est la loi du monde, alors le misérable se trouve hors du monde. Et c'est du misérable plutôt que nous devons parler. Pourquoi ? Parce qu'en plus de cette dégradation économique, il souffre de trois maux supplémentaires. Premièrement, sans médecine ni soins, il souffre physiquement, la douleur quotidienne est son lot, son espérance de vie est beaucoup plus basse que celle des riches. Deuxièmement, il vit dans la violence, avec moins de protection de la part des lois que les riches n'en ont. Enfin, il manque aussi d'éducation, de culture et de science. Santé du corps ; protection vis-à-vis de la violence collective ; accès à la formation. Sur ce dernier point, ATD Quart Monde insiste beaucoup, en tentant précisément de réinjecter de la culture chez les plus pauvres. Du coup, souffrant à la fois du corps, de la violence et du manque de culture, le misérable souffre, immensément, de la honte. Voilà l'exclusion extrême.

— Il ne suffit pas de donner à manger, de fournir un toit… On doit aussi donner une perspective, un travail.

— Souffrance du corps, défaut de protection des lois, manque d'habitat, exclusion de la culture… Du coup, parlons un moment de politique. Nous sommes fiers d'habiter et de vivre en démocratie ; or, devant les chiffres que vous venez de citer, nous devons dire, au contraire, que nous vivons dans l'une des aristocraties mondiales les plus féroces de l'histoire humaine. Pourquoi ? Par la quasi-universalité de la misère – elle touche, dans le monde, des milliards d'individus – et l'extrême rareté de la richesse – on compte les milliardaires sur les doigts ! Que dire d'un monde, celui où nous vivons, où la majorité des hommes vit hors économie, c'est-à-dire hors du monde ? Que dire d'un monde où la majorité vit hors du monde ? Il suffit de compter les misérables en Amérique centrale, en Amérique du Sud, en Afrique, dans le Sud-Est asiatique, dans ce que l'on appelait autrefois le « tiers monde », mais aussi dans le quart monde, au voisinage de nos portes. Combien de millions de gens en France vivent en dessous du seuil de pauvreté ?

— On a échoué à mondialiser la richesse…

— Nous allons dire pourquoi. Premièrement, du point de vue du nombre, l'immense majorité des hommes est misérable. Deuxièmement, je voudrais parler de notre histoire et de notre manière de traiter l'actualité. Aussi bien l'histoire que les médias montrent les héros, les génies, les vedettes, les champions et célébrités en gardant un grand silence sur les misérables. Si d'aventure, par accident ou attentat, il y a des morts en Europe ou aux États-Unis, on en parle avec grande émotion pendant des semaines. Au contraire, si le même jour il y a autant de morts en Afrique, on n'en parle jamais : ce ne sont pas les mêmes morts ! Ce ne sont donc pas les mêmes hommes ? L'inégalité se retrouve même devant la mort. Nous continuons la loi de la jungle animale par d'autres moyens. La loi de la jungle consacre la survie des victorieux, alors que Darwin lui-même avouait que l'homme est devenu un homme lorsqu'il a abandonné cette lutte en faveur des victorieux, pour acquérir la bonté. Le terme « humanité » a deux sens : le fait d'être un homme et celui d'être bon. L'homme n'en est pas un s'il ne considère pas les battus, les faibles, les vaincus, les blessés, bref, les misérables.

— *Tout n'est donc pas mauvais dans Darwin ?*

— Qui le dit ? Non, il a bien spécifié ce retournement hominien par rapport aux lois de la jungle. Il aurait condamné ce que nous appelons le « darwinisme social », si honteux. Je veux en arriver maintenant à mon idée majeure, construite sur la gradation dont je suis parti. Je dis volontiers que si la misère détruit l'homme, la pauvreté peut le sauver. Voilà ma vraie réponse à votre question. La misère est un malheur extrême, le plus extrême des malheurs, mais la pauvreté est une vertu.

— *D'où le vœu de pauvreté…*

— Quels que soient les bilans et les statistiques sur le monde d'aujourd'hui, tous concluent que le monde actuel serait invivable sur le modèle des riches. Si l'on essayait de généraliser le modèle des pays opulents, le monde s'écroulerait.

Il ne pourrait pas continuer. Et, par conséquent, si nous nous prétendons démocrates, il faut partager ; si nous voulons en finir avec cette aristocratie féroce dont je parlais au début, il faudra bien un jour accepter des conduites de pauvreté. Non seulement, je tiens la pauvreté pour une vertu, alors que la misère est le plus grand malheur des hommes, mais nous y sommes promis.

— *N'avez-vous pas le sentiment qu'avec le temps, on a détourné le sens des mots de Victor Hugo quand il nous parlait de ses* Misérables ? *Le mot « indigent » a disparu.*

— À l'époque de Victor Hugo le mot « misérable » voulait en effet dire « qui est dans l'extrême dénuement économique », mais avait aussi et surtout un sens moral. À son procès, Jean Valjean dit bien que les misérables n'ont pas de maison, mais tout le roman respire la honte et la désapprobation. Tout le monde disait alors : « ce misérable voleur, ce misérable criminel ». Oui, la misère détruit, à tous les points de vue – moral, physique, politique, social… Mais si nous voulons vraiment vivre en démocratie, la propager, la partager, notre destin, même matériel, est la pauvreté ; la pauvreté seule sauvera le monde ; l'esprit de pauvreté est peut-être aujourd'hui le fondement de la morale. Qui peut entendre cela ?

Airbus A380

Chronique du 8 mai 2005

— *Michel Polacco, aujourd'hui, exceptionnellement, je prends la parole le premier. Cette semaine, nous avons admiré le décollage du nouvel Airbus A380. En ce qui me concerne, je ne suis qu'un marin, l'un de ces marins pour qui un avion restera toujours un aéronef. Et je sais par expérience que vous êtes aviateur, expert de ces aéronefs. Je vous propose donc aujourd'hui de pratiquer ce que dans certains établissements on appelle, ou on appelait jadis, l'« inversion », lorsque les dialogues pivotent, et que celui qui pose les questions y répond. C'est donc à moi aujourd'hui, Michel Serres, de vous dire : Michel Polacco, que pensez-vous de ce nouvel avion ?*

— Je pense que c'est un très bel avion, et j'ai partagé l'émotion que vous avez sans doute eue et qu'ont eue des dizaines de milliers de gens lorsqu'il a fait son premier vol. Cela dit, je n'étais pas surpris de le voir décoller, monter et réussir ce premier vol.

— *Qu'est-ce que cet A380 a de nouveau ?*

— On pourrait d'abord parler de l'esthétique. J'ai été frappé par certaines images de cet avion, notamment lorsqu'on le voit de l'avant. Sous certains angles, la forme de ses ailes, le dièdre de ses ailes, ressemble à cette sorte d'accent circonflexe qu'on trouvait sur les ailes du premier avion de Clément Ader. Pour résumer grossièrement, les humains rêvent depuis toujours de voler, et à chaque fois qu'ils ont essayé de le faire – Icare, Léonard de Vinci, Clément Ader et d'autres –, ils l'ont fait en copiant les oiseaux, en essayant de les imiter. Or, les formes des ailes d'oiseaux ne permettaient pas de voler. Il a fallu faire des ailes plates. C'est ce qu'on fait les frères Wright. Eux ont réussi. Et un siècle après les débuts de l'aviation – l'aviation ayant un siècle et deux ans si l'on se réfère aux frères Wright ou cent dix ans si l'on se réfère à Clément Ader –, on s'aperçoit que cette aile parfaite, fantastique, la dernière qui ait été dessinée sur cette terre par de brillants ingénieurs à l'aide de puissants ordinateurs, nous ramène à l'aile de l'oiseau, avec des arrondis et une flexibilité en bout d'aile – vous en avez entendu parler – proprement fantastique : le bout d'une aile d'Airbus A380 pourra battre de presque huit mètres ! Vous vous rendez compte ?

— *Mais qu'y a-t-il de nouveau du point de vue des dimensions ? Quel est l'intérêt de ce volume ?*

— On sait déjà que cet avion ne va pas plus haut, on sait qu'il ne va pas plus vite. Quel est alors son intérêt ? Son intérêt concerne l'économie, l'environnement et la sécurité. Ce sont les trois nouveautés réelles. La sécurité d'abord : c'est le dernier avion fabriqué par cette science des hommes que l'on cultive depuis des décennies, il bénéficie par conséquent de toutes les connaissances dont nous disposions pour être un très bon outil, un outil fiable et fidèle au service des hommes qui vont le piloter. Cet avion sera donc normalement encore plus sûr que les précédents. Deuxièmement, du point de vue de l'environnement, cet avion consommera, par passager aux cent kilomètres, moins de pétrole que tous les avions du monde du même genre. Et il fera moins de bruit et générera moins de pollution.

— *Premièrement, sécurité ; deuxièmement, environnement.*

— L'économie, pour terminer : cet avion va coûter moins cher par passager en exploitation, parce qu'il peut accueillir davantage de passagers....

— *Combien y aura-t-il de passagers ?*

— La version de base, c'est 580 passagers. Mais prenez le Boeing 747 : il a été conçu pour 350 passagers, et il a, dans certaines situations extrêmes – lors d'évacuations de réfugiés, par exemple – accueilli plus de mille passagers... À n'en pas douter, dans les dix ou quinze ans qui viennent, l'Airbus A380 transportera plus de mille passagers. Beaucoup de passagers avec pas beaucoup plus de personnel, avec des moteurs modernes, qui consomment moins de pétrole, et des systèmes techniques qui permettent par ailleurs d'optimiser le vol sur de très longues distances : voilà qui devrait être synonyme de bonnes économies pour les compagnies et peut-être pour les passagers.

— *Sécurité, économie, environnement. Que peut-on maintenant imaginer pour l'avenir, si et quand il n'y aura plus ni pétrole ni kérosène ?*

— On peut se poser la question. On sait que le cycle de vie d'un avion militaire ou civil est aujourd'hui quasiment de l'ordre de soixante-dix ans. Entre le moment où l'on pose le premier trait de crayon et le moment où le dernier avion part pour la casse, il s'écoule à peu près soixante-dix ans, ce qui est absolument gigantesque.

— *Ces soixante-dix ans dépasseront-ils le mur de la disparition du pétrole ?*

— Là-dessus, je ne suis pas très pessimiste, je pense que sa disparition se produira sans doute avant celle du pétrole. Pour autant, on peut se poser la question : dans trente, quarante ans, alors que cet avion volera encore, que ses descendants voleront encore, y aura-t-il encore assez de pétrole pour assurer le transport aérien ? D'abord, je crois que les êtres humains continueront à avoir envie de se déplacer, probablement en avion, parce qu'ils ont besoin de se rencontrer – à mon sens, la paix du monde est liée à cela. Ensuite, je crois que si le pétrole ne suffisait plus, on arriverait à concevoir des moteurs qui permettraient de voler avec d'autres carburants, qui consommeraient autre chose. On sait fabriquer des carburants de synthèse ou des carburants d'origine agricole. Au Brésil, par exemple, de nombreux avions des douanes ou de la police des forêts utilisent des carburants de synthèse, et volent très bien. Et chez nous, certains véhicules civils utilisent le GPL.

— Est-ce qu'avec de nouveaux carburants, ce sera le même avion ? Faudra-t-il le redessiner, le restructurer ?

— Si l'on décidait de le faire voler avec de l'hydrogène, ce serait évidemment un nouvel avion. Parce que ce serait d'abord un réservoir de carburant. Le problème est de trouver un carburant léger et peu encombrant. On s'achemine aussi vers le carburant anaérobie – on consommerait l'oxygène de l'air avec un comburant embarqué. Mais, une fois encore, il n'est pas dit qu'on ne mettra pas dans ses réservoirs des mélanges de pétrole, puis du liquide produit à partir de produits agricoles.

— Cet Airbus A380 est construit par diverses nations européennes. Vous réjouissez-vous de cette collaboration ?

— Non seulement je m'en réjouis, mais je pense qu'il n'aurait pas existé autrement… Je crois que cette Europe, qui s'est construite difficilement, et notamment autour des deux pôles que sont l'espace et l'aéronautique, a réussi à prendre une vraie place dans l'espace. Elle est le deuxième pôle mondial dans l'exploitation commerciale de l'espace, parfois même le premier en termes d'exploitation du ciel pour le déplacement. Je crois donc que c'est formidable, que c'est une belle réussite européenne. On sait qu'on la doit à un premier accord franco-britannique, puis à un accord franco-allemand et qu'enfin on a rassemblé un peu plus de monde.

— Donc, lorsque l'A380 a décollé, c'est aussi l'Europe qui a décollé.

— C'est l'Europe qui a décollé, il n'y a pas de doute !

— Merci beaucoup, Michel Polacco, c'était beau, l'inversion. J'ai adoré ce moment-là.

— Merci, Michel, chacun reprendra sa place la semaine prochaine.

L'esclavage

Chronique du 15 mai 2005

— Michel Serres, cette semaine, retour au bon ordre des choses. Il était temps. Parlons d'un sujet bien moins léger, l'esclavage. Le Bureau international du travail, le BIT, déclare cette semaine que plus de douze millions de personnes sont victimes de travail forcé dans le monde. Une forme d'esclavage. Parallèlement, le 10 mai pourrait, dès l'an prochain, devenir la journée pour la mémoire de l'esclavage. Une date de commémoration d'une très ancienne pratique. Victor Schœlcher, qui a donné son nom à une belle frégate de la marine nationale, a gagné le combat français de l'abolition de l'esclavage en 1848. C'était il y a cent cinquante ans, on l'a fêté en 1998. L'esclavage, Michel Serres, une abomination….

— Deux images vives de cette abomination : celle des Romains essayant des poisons sur leurs esclaves et observant le déchaînement chaotique de leurs muscles pendant leur agonie ; celle des mêmes Romains donnant à manger aux murènes le corps vivant de leurs esclaves, parce que, disaient-ils, ces bêtes avaient meilleur goût lorsqu'elles avaient dévoré des hommes. Nous ne nous rendons plus compte de l'abomination de cet esclavage antique, grec, romain, partout répandu en Afrique et en Asie…

— *… les Égyptiens…*

— … et aux États-Unis jusqu'à récemment. Aujourd'hui, un peu partout, même ici, à Paris, de manière clandestine, il refleurit encore, aussi bien dans le travail que dans la prostitution. Peut-on supporter l'idée qu'un homme ait le droit de posséder son prochain, son égal ?

— *Ou une femme…*

— Que cet esclavage ait été abominable, certes, mais la condition d'un ouvrier anglais au XIXe siècle, d'un Indien ou d'un Africain sous les administrations coloniales, devait être à peu près aussi abominable, quoique plus récente. Et les prostituées, ici même et aujourd'hui ?

— *Oui, les esclaves, même s'ils n'avaient pas la liberté, n'ont pas toujours été les plus torturés et les plus malheureux. Quand on lit Charles Dickens, par exemple…*

— Sur les bagnes australiens lisez le récent *Fatal Shore* ; il donne l'idée du plus atroce des goulags. Comment une femme ou un homme peuvent-ils être traités de cette façon, comment une femme ou un homme peuvent-ils en traiter un autre de cette façon ? Je crois qu'on peut résoudre la question. Deux phrases célèbres peuvent nous guider. L'une : « L'homme est un dieu pour l'homme », l'autre : « L'homme est un loup pour l'homme. » L'on croit généralement que cette dernière signifie notre cruauté, que nous nous entre-détruisons, que nous sommes des loups dévorants les uns pour les autres, que nous nous faisons la guerre perpétuelle. Vraie, cette interprétation manque pourtant de profondeur. En fait, l'énoncé que l'homme est un dieu ou un loup pour l'homme, signifie que *l'homme voit l'autre homme comme s'il était d'une autre espèce.* Je suis un homme, tu es un dieu ou un loup : tu n'es pas de la même espèce que moi. Vous entendez constamment des phrases comme : « Zinedine Zidane est un extraterrestre, il joue tellement bien au football qu'il ne peut pas être un homme, comme vous et moi ; il est sûrement un dieu », ou alors : « Hitler est une bête immonde, ce n'est pas un homme », mais on doit alors l'assimiler à une bête d'une autre espèce, d'un autre genre que nous.

— Il n'est plus de l'espèce.

— L'autre homme ne peut pas être de la même espèce que nous. Souvenez-vous qu'il n'y a pas très longtemps, l'on exposait des natifs du Pacifique dans des cages, à l'Exposition universelle de Paris, comme s'il s'agissait de bêtes sauvages. L'un d'eux était même le parent d'un ancien joueur de football de l'équipe de France.

— On montrait des Pygmées en cage…

— … comme s'il s'agissait de chimpanzés ou de bonobos. Nous sommes devenus aujourd'hui plus respectueux des gorilles que nous ne l'étions des hommes, alors. Du coup, cette « autre espèce » est exploitable à merci. On exploite les bœufs, les moutons et les veaux, etc., et, par conséquent, vivre du travail d'un homme équivaut à vivre du travail d'une bête d'une autre espèce. Or j'ai l'idée que celui qui vit sur le travail d'un autre homme, celui qui vit en l'exploitant, c'est lui, tout justement, la bête. Pourquoi ? Parce qu'il est parasite. Il y a une vingtaine d'années, j'ai écrit un livre sur le parasitisme, cette relation entre deux vivants par laquelle l'un habite dans le corps de l'autre et vit du corps de l'autre.

— Phénomène naturel…

— Dans le parasitisme, l'hôte donne tout et ne prend rien, ne reçoit rien, alors qu'au contraire, le parasite prend tout et ne donne rien. Jusqu'à la mort de l'hôte. Voilà l'esclavage. Non pas seulement l'injustice de droit mais, plus encore, un partage léonin dans l'expérience charnelle, tout pour l'un et rien pour l'autre. Or nous pensons, assez naturellement, que l'autre est d'une autre espèce ; nous avons tendance, assez naturellement aussi, à retomber dans la relation parasitaire. Du coup, elle devient *presque* un équilibre. Elle reparaît souvent. Observez-la, vous serez étonné de sa fréquence, comme je le fus en écrivant ce livre. Au fond, c'est la relation de l'enfant à la mère avant la naissance ; c'est aussi la relation de l'enfant à la mère lorsqu'il tète à son sein ; la mère devient l'hôtesse. L'éducation du petit homme consiste à lui apprendre que tout ne lui étant pas dû, il doit entrer dans des relations plus équilibrées, qu'il doit donner, lui aussi, s'il veut, de son côté, recevoir. Ainsi, l'élevage, le dressage, l'éducation, personnelle et collective, politique, oui, même le devenir global de l'homme consistent, constamment, à quitter l'état parasitaire pour entrer sous le régime des contrats. Je te donne, tu me donnes. Tu existes, j'existe. Pour considérer l'autre comme un égal, pour considérer qu'il est de la même espèce, il faut apprendre à passer de la relation parasitaire à une relation symbiotique. Vis avec moi, vivons ensemble. Cette relation symbiotique qui, dans la nature, dépasse le parasitisme animal ou végétal, se traduit chez nous en relations contractuelles. Le contrat, y compris celui que Rousseau nommait le « contrat social », remplace, dans la culture, la symbiose que l'on peut observer dans la nature. Voilà comment je construis les conduites du contrat et l'idée d'égalité. Il ne suffit pas d'abolir, d'un trait de plume, l'esclavage ; il faut, de plus, souffrir ce long apprentissage. L'éducation à l'égalité doit partir des conduites vitales.

—Pour conclure, Michel, l'esclavage sous ses formes traditionnelles n'existe plus, mais il y a encore du chemin à faire.

— L'essentiel, c'est le contrat. Es-tu d'accord ? Je suis d'accord. Sans cette relation contractuelle, discutée clairement et signée librement, nous risquons tous les jours de retomber dans ces relations parasitaires, atroces et muettes, de rechuter dans l'esclavage.

Rugby

Chronique du 22 mai 2005

— *Michel Serres, profitons de votre amour et de votre talent autrefois pour le rugby – pour lequel j'ai moi aussi une tendresse particulière puisque j'ai joué au Stade français quand j'étais jeune homme –, profitons donc de tout cela pour parler de ce sport. Le rugby est devenu une institution française – et l'apanage du Sud-Ouest –, alors que ce sport collectif et viril nous vient d'outre-Manche. D'où viennent ses particularités : sport de voyous joué par des gentlemen, sport d'une rare violence ou brutalité parfois, mais avec des règles du jeu plutôt fair-play ? Le rugby, sport « anti-culturel » pour nous, Méditerranéens ?*

— Je ne suis ni méditerranéen ni anti-culturel ! Oui, le rugby a été codifié outre-Manche, sans doute à Rugby, petite ville et grande université d'Angleterre, dans le comté de Warwock. Il y eut, antérieurement, des jeux de ce genre, opposant deux villages, joués sans doute depuis le plus haut Moyen Âge ; la soule était, en Bretagne, un ballon de cuir assez analogue au nôtre. Au XIXe siècle, les Anglais codifièrent beaucoup de sports, y compris le tennis – ce mot fait entendre la prononciation à l'anglaise d'un mot de jeu de paume : « tenez ! » –, le football ou soccer, et le rugby. Commençons, s'il vous plaît, par l'éloge du rugby. Éloge corporel, d'abord. Les quinze joueurs y sont de morphologies différentes.

— *Ah ! oui, les deuxièmes et troisièmes lignes…*

— Des hercules en première ligne, des géants pour la seconde ligne, des coureurs en troisième ligne – c'était ma place –, de plus petits, souples, agiles, astucieux en demis de mêlée ; derrière, les demis d'ouverture doivent être doués d'un beau coup de pied ; enfin des espèces de gazelles, rapides, incisives jouent trois-quarts. Ce n'est pas un jeu homogène du point de vue corporel, il permet la diversité biologique, comme on dit aujourd'hui. Passons maintenant à la culture. Né à Agen, Lot-et-Garonne, l'une des patries, l'un des temples du rugby, je suis né en 1930, date immensément importante dans l'histoire, puisque Agen y fut sacré champion de France pour la première fois. Je n'aurais pas pu mieux choisir le temps de mon arrivée sur terre ! Agen disputa cette finale contre Quillan, ville d'assez petite taille. D'où mon second éloge du rugby, portant non seulement sur la diversité corporelle, mais sur la diversité culturelle.

— *Quillan, c'est en Écosse ?*

— Quillan ? Non, voyons, c'est dans l'Aude, non loin des Pyrénées-Orientales. À l'époque, je m'en souviens, le rugby, jeu de clochers, de petits villages, de petites villes, témoin Quillan, le rugby, dis-je, entretenait les diversités formidables qui existaient entre des régions au demeurant assez voisines. On peut le dire en plusieurs langues. En langue fétichiste : les Agenais jouaient – jouent toujours – plutôt comme des gazelles, alors qu'à Béziers, par exemple, on jouait plutôt comme des taureaux ; ou en langue historique : les Agenais jouaient – jouent toujours – comme des Gaulois, alors qu'à Béziers, on jouait comme des Romains. Les Romains gagnent, vous le savez bien. J'ai vu des finales Agen-Béziers qui n'avaient pas besoin d'Astérix pour que tout le monde comprenne que se rejouait la vieille guerre de l'ordre dispersé, un peu fou, contre l'ordre raisonné de la légion romaine. Les avants de Béziers faisaient la tortue, comme les boucliers sous les ordres du centurion. Voilà de l'histoire, de la bonne, de la vraie histoire, sans poussière de bibliothèque, avec juste un peu de boue sous les pieds.

— Et pourquoi rencontre-t-on le rugby dans le Sud-Ouest, en Écosse, en Irlande, en Angleterre, au pays de Galles, maintenant en Italie ?

— Est-ce un jeu celte ? Visiblement, les pays bretons utilisaient la fameuse soule. Malgré mille hypothèses, on ne sait pas vraiment répondre à la question : « Pourquoi certains pays jouent au rugby, et pas d'autres ? » Après les corps et la culture, je veux ajouter une troisième chose : par rapport aux autres sports, les règles du rugby sont d'une extraordinaire complexité. Quoique ancien joueur, quoique n'ayant jamais raté un match du tournoi des Cinq Nations, quoique encore ami avec beaucoup de joueurs…

— … et même des VI…

— … eh bien, il m'arrive parfois de ne pas comprendre une décision de l'arbitre, en raison même de cette complexité.

— C'est un jeu subtil – plus subtil que le football ?

— Oui, le football est un jeu simple. Il y a deux règles…

— Je vous laisse vous enferrer, c'est volontaire !

— Ne pas toucher avec les mains, ne pas se mettre hors jeu. Tandis qu'au rugby, les règles sont si complexes que l'arbitre y joue un rôle beaucoup plus important que dans les autres sports. Pourquoi ? Avec cette question, j'avance vers le quatrième éloge du rugby : la gestion de la violence. Avez-vous remarqué la conduite du public ? Extrêmement violent au football, assez doux dans les gradins, au rugby. Alors que le football est moins violent que le rugby. La gestion de la violence devient, ici, primordiale et rend soudain cette chronique moins folklorique, plus que sérieuse, grave. À cet égard, le rugby pratique une pédagogie éminente. Lancez sur le terrain des athlètes puissants, formidables, entraînés, de véritables lions qui s'entrechoquent avec ardeur…

— *… qui sortent rarement indemnes…*

— … oui, souvent blessés… mais qui, au sifflet de l'arbitre, s'arrêtent immédiatement, quelque chaude que soit la bataille. Le gestion de la violence par l'arbitrage est peut-être la plus belle des pédagogies humaines. Que ton geste excède la règle : coup franc. Tu fais perdre trois points à l'équipe. Jette-toi à corps perdu dans la bataille, mais si tu perds la tête, tu peux perdre le match : coup franc ! Arbitrage incroyablement efficace de la violence maximale. Peut-on imaginer meilleure éducation ? Ici, le droit prime la violence, au maximum même de sa réalisation. Oui, conduisez-vous comme des voyous, mais observez les plus compliquées des règles, comme un gentleman. D'où le rôle de l'arbitre. De l'arbitre, professeur de droit. Sur ce point, je veux dire avec force, devant le public et devant les journalistes que *ce n'est pas le joueur qui marque le but au football*, que *ce n'est pas le joueur qui marque l'essai au rugby*, que *c'est l'arbitre qui le marque.* Ne dites donc jamais : « Il y était, et l'arbitre l'a refusé », ou : « Il n'y était pas, et l'arbitre l'a accordé. » Parce que l'essai ou le but ne sont pas de fait mais *de droit*. Jamais l'arbitre ne reviendra sur sa décision. Ne la contestez pas. Dans sa complexité, le rugby enseigne le droit, au niveau élémentaire du corps et du groupe, oui, le droit citoyen, contre la violence aveugle des colères vives et des collectifs. J'admire ce jeu pour sa puissance et sa valeur pédagogique. Je peux toujours enseigner la philosophie du droit dans un amphithéâtre, mais tant que les étudiants ne l'auront pas expérimentée dans leur corps, dans leurs gestes, dans la chaleur même de l'engagement, ils ne l'apprendront pas vraiment. Le sport en général et le rugby éminemment, gèrent la violence de manière pédagogique et juridique. Y a-t-il plus belle éducation pour le petit d'homme ?

— Et donc, dans les tribunes ?

— Aux mains des spéculateurs, le spectacle ne vaut pas l'éducation sur le terrain. Je crains d'ailleurs que l'un ne finisse par tuer l'autre. Dans les tribunes, au rugby, règne une certaine paix, parce que tout le monde voit que la violence est, là, juridiquement maîtrisée.

— Une petite confidence, Michel Serres, les académiciens regardent-ils le rugby ?

— Le rugby est à la fois populaire et culturel. Je viens d'en parler dans les termes aimables de mon folklore culturel personnel, mais aussi dans les termes les plus graves d'un apprentissage du droit, d'une réelle pédagogie politique. Il peut donc plaire, me semble-t-il, à l'ensemble de la société, parce que les lois à l'œuvre dans la violence collective sont à la fois éblouissantes d'évidence mais restent souvent, dans nos inconscients, fort obscures.

Bac et peaux d'ânes

Chronique du 5 juin 2005

— *Michel Serres, cette semaine, à la veille du baccalauréat, parlons diplômes, études, et interrogeons-nous sur leur utilité. Le diplôme, peau d'âne, passage inutile, ou juste sanction qui offre la preuve d'une expertise ? Et d'abord, c'est quoi le bac ?*

— Le mot « baccalauréat » veut dire « baie du laurier ». *Bacca,* « baie », *laurea,* « laurier », le fameux *Laurus nobilis,* dont la fleur jaune, je crois, et la baie noire servaient à la couronne de victoire dont on entourait la tête de celui qui avait triomphé dans la guerre ou remporté la victoire aux élections. Le baccalauréat vous couronne de lauriers. Lorsque Claude Lévi-Strauss, célèbre anthropologue, spécialiste des cultures amérindiennes, est entré à l'Académie, il a revêtu, comme tous, le fameux habit vert, dessiné de lauriers…

— *… de feuilles de laurier entrelacées.*

— Un journaliste lui demande : « Monsieur Lévi-Strauss, ne trouvez-vous pas cet habit ridicule ? » Et, magnifique, Lévi-Strauss répond : « J'ai une telle l'habitude d'étudier les tribus indiennes que je me demande si je n'entre pas, tout simplement, dans un autre genre de tribu, avec ses usages, ses habitudes, ses épreuves d'initiation, où l'on fait des discours, où l'on porte tel habit ; entrer dans une nouvelle tribu m'intéresse et continue agréablement ma vie et mes recherches. »

— *Avec ces lauriers verts…*

— Cette histoire m'inspire une manière de parler des diplômes. Dans toutes les cultures, même les plus traditionnelles, chez les Amérindiens, les Aztèques, les natifs les moins connus des Nouvelles-Hébrides, vous trouverez toujours des rites d'initiation. Lorsqu'on passe de tel âge à tel âge, la tribu vous soumet à des épreuves, quelquefois sévères, comportant des blessures, des scarifications, des brûlures, rites relativement cruels, souvent corporels. Chez nous, ces rites d'initiation se sont adoucis…

— *Chez nous, c'est quand même davantage lié à la compétence ou à la connaissance.*

— Chez eux aussi…

— *Pas obligatoirement : cela peut, par exemple, être lié au courage.*

— Même chose, à l'évidence : une épreuve de courage détermine le meilleur chasseur, le meilleur guerrier, le meilleur à l'oral… Tous les rites d'initiation testent, concernent et consacrent une compétence, tentent de reconnaître l'expertise. Mais je trouve, désormais, le baccalauréat décalé. D'où ma critique : autrefois, voici à peine cent ans, le baccalauréat marquait le passage de l'adolescence à l'âge adulte, un peu comme l'entrée en sixième marquait celui de l'enfance à l'adolescence. Or, maintenant, étant donné l'évolution de l'alimentation, de la médecine, de la gymnastique, des vacances, de la santé… l'âge adulte survient plus tôt que le baccalauréat. Aujourd'hui, une jeune fille de quinze ans est presque déjà une femme… – pas un garçon, car un garçon ne devient un homme que beaucoup plus tard. Les femmes croissent en avance. Le baccalauréat se décale donc par rapport à la croissance ; nos études ne suivent plus le rythme du développement. Mais, pour en revenir à la compétence, à cette épreuve qui consacre le passage de l'adolescence à l'âge adulte, la croyez-vous vraiment différente de toutes les épreuves que nous passons, à peu près tous, dans notre vie, à toute occasion. Quand, chômeurs, nous cherchons un travail, quand nous voulons nous former à une spécialité, nous passons un examen plus souvent que l'on ne le dit… même devant notre amante…

— Un contrôle de compétences, certes, mais dans certains métiers, il faut impérativement ce que l'on appelle la « peau d'âne ».

— Je ne dis pas que le diplôme donne une compétence, mais une garantie de compétences. Mais je voudrais revenir encore sur ces épreuves et insister sur ce point : toute la vie, nous passons des épreuves. Exemple : tous les dimanches, un certain Michel Serres passe une épreuve ; Michel Polacco, son examinateur, lui pose des questions. Sera-t-il reçu ou collé ? Reçu, il aura le contrat pour l'année suivante ; collé, il ne l'aura pas. Je passe l'oral du baccalauréat cinquante-deux fois par an.

— Et moi qui n'ai pas mon bac !

— Que vous le vouliez ou non, vous faites fonction d'examinateur. Je veux dire par là, avec tout l'humour du monde, que l'on passe des épreuves toute sa vie, même en amour : quand deux amants se déshabillent l'un devant l'autre pour la première fois, ne croyez-vous pas qu'ils passent un drôle d'examen, terriblement exigeant… ? Vais-je lui plaire, serai-je suffisant ? Nous critiquons beaucoup les épreuves faciles et passons sous silence les plus exigeantes, celles qui ne cessent de se présenter dans l'existence.

— Il n'y a pas de diplôme d'amant, alors qu'il y a des diplômes de médecin, de marin, d'ingénieur… Passeriez-vous sur le viaduc de Millau si vous n'étiez pas sûr que l'ingénieur…

— Nous y voilà. Critiquez les diplômes autant que vous le voulez, mais lorsque vous passez un pont, vous préférez sans doute qu'il ne risque pas de s'effondrer, qu'il ait donc été construit par un ingénieur doué de l'expertise correspondante…

— *… « diplômé d'État ».*

— Lorsque, dans tel service d'obstétrique, ma femme accouche, je préfère aussi que la sage-femme ait vraiment les compétences. Prenez l'avion, voyagez en train, vous ne détestez pas, je crois, que le pilote ait la bonne compétence. Vous confiez votre vie, vous accordez votre confiance à cette expertise-là. Autre chose, et décisive : le diplôme donne une garantie d'anonymat. Rien de plus important que ce dernier point. Dans une compétition sur dossier, quand le nom est public, la corruption survient aussitôt. Là règnent les groupes de pression ; ils exigent des profils… – mille et mille techniques subtiles de triche. Dans les diplômes et les concours, ce que j'aime, c'est l'anonymat. L'anonymat préserve de la corruption. Ce critère est capital. Je l'ai vu, j'en ai souffert, cela m'a dégoûté toute ma vie : sans anonymat font rage l'injustice et la corruption ; vous ne serez jamais assuré que l'élu sera compétent ; il ne sera jamais qu'un médiocre protégé.

— *Absolument.*

— Ainsi, vous comme moi, diplômés ou non, nous devenons tous, peu à peu, des autodidactes de la culture. Vous préférez Cervantès, j'aime Georges Brassens, vous achetez tel peintre, j'écoute tel musicien… nous voilà tous indépendants ou autodidactes culturels. La culture sculpte notre autonomie. Enfin, le diplôme donne une dernière garantie. Si je reste autodidacte sur telle question, je risque d'y découvrir l'Amérique ; alors, l'expert me signale que l'Amérique est déjà découverte…

Découvreurs, explorateurs

Chronique du 19 juin 2005

— *Michel Serres, nous venons de fêter les* **dix ans** *de France Info et les quinze ans de la chronique de Régis Picard, « Les aventuriers ». Aventuriers, explorateurs, découvertes… nous avons rêvé en lisant les exploits de Christophe Colomb, Vasco de Gama, Jacques Cartier, Cortés, Champlain… En ce moment une équipe de chercheurs marche sur les traces de La Pérouse, cet Albigeois envoyé par Louis XVI pour découvrir les mers du Sud et les océans lointains, disparu sur l'île de Vanikoro, près des Nouvelles-Hébrides, avec ses navires, la boussole et l'astrolabe. Ces aventuriers, Michel Serres, toujours partis d'Occident, nous ont fait découvrir le monde, la science et les civilisations.*

— Merci de m'interroger sur le meilleur sujet du monde ! Pour moi, l'aventurier, l'explorateur reste un beau modèle d'homme ; il donne un modèle de vie. Je parle avec émotion des inventeurs, de ceux qui vivent du nouveau, de ceux qui « sur-vivent » !

— *La curiosité…*

— Partir pour découvrir, en effet, du nouveau. Distinguons trois voyages. Le premier s'appelait jadis le « devisement du monde », la découverte des mers et des terres encore inexplorées, de nouveaux paysages jamais vus. Avant les grands explorateurs comme Marco Polo, vers l'est, ou Jacques Cartier, vers l'ouest, l'Antiquité connut Pythéas de Marseille, le premier sorti de la Méditerranée, semble-t-il. Non point un Ulysse imaginaire, mais un navigateur vrai, le premier à l'île d'Ouessant, en Irlande, au Skagerrak, au Kattegat, dans les mers du Nord et par les icebergs. Hannon, navigateur carthaginois, sort, lui aussi, de la Méditerranée, mais vers le sud, et découvre l'Afrique jusqu'au Gabon. Sans oublier notre La Pérouse qui note, dans son journal de bord, que, se trouvant dans une crique du Pacifique Nord, il ne peut pas y entrer, en raison du nombre énorme de baleines ; sa proue ne peut pénétrer la densité des cétacés. Quel monde ! Récent pourtant et déjà oublié !

— *Monde merveilleux où les animaux sauvages vivaient en paix.*

— Monde extraordinaire. Je vous invite à relire l'*Histoire générale des voyages* de l'abbé Prévost, dont *Manon Lescaut* n'est qu'une partie ; Manon part aussi en Amérique, où les hommes manquaient de femmes. Bien des romans de Jules Verne, bien des bandes dessinées sortent de cette encyclopédie de l'abbé Prévost. Bref, voilà le premier voyage, qui nous fait découvrir la nouveauté des rivages, des océans, des déserts…

— *… des continents…*

— … de la banquise… Très bien. Le second, dont on parle moins, mais qui dépasse, je crois, le premier, amène à la découverte scientifique du monde. D'abord dans l'Antiquité, à la Renaissance et, surtout, aux XVIIIe et XIXe siècles, partent d'Europe, encore, d'Espagne, du Portugal, de la France…

— *… c'est vrai – et c'est frappant d'ailleurs – que tous ces découvreurs partent du monde occidental…*

— … de l'Europe, j'en parlerai tout à l'heure, partent, dis-je, des savants, astronomes, naturalistes, zoologues, botanistes, dessinateurs même : Maupertuis vers la Laponie, La Condamine vers l'Équateur, pour mesurer le méridien, d'autres pour observer des étoiles sous un autre angle qu'à

Paris, à Londres ou à Berlin ; les naturalistes alimentent les jardins des plantes en espèces florales et les zoos en espèces d'animaux ; d'autres enfin mesurent l'Everest en Himalaya, arpentent la Sibérie ou l'Amazonie à la recherche de nouvelles espèces. Second voyage, celui des chercheurs. Le troisième voyage commence à la fin du XIXe siècle avec les Anglais et quelques Français, à la découverte des cultures, des hommes et des sociétés, de leurs usages, de leurs religions ; voyages des sciences humaines, ethnologie, ethnographie, anthropologie. Certains de ces savants ne bougent d'ailleurs pas et bénéficient de l'information collectée par d'autres voyageurs : Célestin Bouglé, par exemple, écrit de Paris un beau livre sur les castes de l'Inde ; Frazer, en Angleterre, écrit le fameux *Rameau d'or.* Au bilan, trois voyages de découvreurs : ceux qui visitent le monde et sa beauté ; ceux qui, par les sciences dures, cherchent à l'expliquer ou à le comprendre ; ceux qui, plus tard, comme Durkheim ou Lévi-Strauss, nous apprendront à respecter toutes les cultures humaines.

— Et les civilisations. Nous n'étions pas très modestes, quand même… Quand nous sommes arrivés aux Nouvelles-Hébrides, les « sauvages » que nous avons, selon nous, « découverts »… s'étaient découverts depuis un certain temps !

— Oui, ces découvreurs partaient généralement d'Europe, d'Espagne, d'Italie, d'Angleterre, etc. Et c'est réellement l'orgueil de l'Occident de montrer cette ouverture vers l'universel, ce talent d'aller chercher ailleurs des nouveautés ; on n'a pas beaucoup entendu parler de bateaux issus d'une autre culture venant découvrir la Bretagne ou le Pays basque ; les pilotes basques de Christophe Colomb sont, au contraire, en effet, l'orgueil de l'Occident. Mais, à l'inverse, aujourd'hui, de nouvelles sciences viennent de nous donner une immense leçon d'humilité. Nous avions cru, alors, découvrir des sauvages, aborder à de nouveaux rivages, mais enfin, ces nouveaux rivages, lesdits naturels, que je sache, les avaient déjà découverts ! Les Aborigènes d'Australie abordèrent à ce continent voici soixante mille ans ! Les Amérindiens pénétrèrent en Alaska voilà plus de quinze mille ans ! Les vrais découvreurs, les voilà !

— *Depuis des milliers d'années... mais ils s'étaient enfermés...*

— Sous l'impact formidable des découvertes de la biochimie et de la paléoanthropologie, l'orgueil de l'Occident se ramène à un immense devoir d'humilité ! Eurocentrisme insupportable ! J'insiste, là, sur cette idée encore trop peu répandue : si, en effet, il y avait des Aborigènes en Australie, des Indiens en Amérique, des Mélanésiens dans le Pacifique, etc., il fallut bien qu'ils y fussent arrivés ! Or, depuis à peine une poignée d'années, nous savons désormais, grâce aux travaux de ladite paléoanthropologie, que l'homme, né en Afrique, sortit de ce continent-berceau et que ces premiers aventuriers – sans doute les seuls à mériter vraiment ce nom, puisqu'ils exploraient un monde absolument vierge depuis quatre milliards d'années – se séparèrent peu à peu, les uns tirant vers l'Europe, les autres tirant vers l'Asie, et, de là, les uns courant le sud, vers l'Australie, d'autres continuant et passant le détroit de Béring pour envahir l'Amérique... Les estimations portant sur l'ADN des populations confirment, alors, ce schéma.

— *Quinze mille ans...*

— Qui sont donc les explorateurs occidentaux dont nous nous vantons, ces découvreurs dont nous nous enorgueillissons ? Au sens strict, appelons-les des « revenants » ; ils n'opérèrent que des retrouvailles ! Notre famille se sépara voici quelque cent mille ans ; vous vers l'Australie, vous autres vers l'Amérique... Voilà, nous nous retrouvons ! *Non, nous ne* vous *découvrons pas, nous allons* nous *reconnaître*. Bienvenue, reconnaissons-nous, car nous sommes frères, issus de la même famille, séparée depuis la sortie d'Afrique ; ces sciences toutes récentes viennent de nous montrer, sans idéologie ni morale, la fraternité humaine.

— *Cela me rappelle à nouveau la rose et le renard du* Petit Prince – « *nous nous apprivoisons* ».

— Non, non ! Bienvenue pour nos retrouvailles !

L'eau, la sécheresse

Chronique du 26 juin 2005

— *Michel Serres, cette semaine fut marquée par un soleil parfois assommant et quelques orages, un temps qui fait suite à un printemps trop sec. Des restrictions touchent déjà plusieurs pays d'Europe... Parlons de l'eau. L'eau source de la vie, l'eau tant gâchée chez les riches que nous sommes et qui, d'ailleurs, vient parfois à nous manquer à nous aussi. Première question : qu'est-ce, scientifiquement parlant, que la sécheresse ?*

— Phénomène de longue durée, difficile à prévoir, dit-on, la sécheresse pourtant se prévoit, parfois plus facilement qu'on ne croit. Je tiens à signaler, d'abord, que je ne suis pas climatologue de profession ; j'ai seulement essayé, loyalement, de me mettre au clair sur la question. Aujourd'hui, les nappes phréatiques, les réserves d'eau sont relativement basses. Pourquoi ? Parce que l'agriculture d'aujourd'hui exige une irrigation à croissance forte ; par exemple, on arrose beaucoup le maïs. D'où une probabilité, facile à calculer : que les réserves d'eau soient basses dès le début juillet, comme c'est le cas aujourd'hui, et elles ne se rechargent généralement pas en fin d'été ; il faut attendre, pour qu'elles se rechargent, l'automne, puis l'hiver et le printemps suivants.

— *C'est pourtant le moment où l'on consomme le plus.*

— Après la floraison, au moment de la maturation, les plantes en consomment énormément. Mais je voudrais prendre, au moins pour commencer, du recul. Et dire : sans eau, pas de planète bleue ; sans eau, pas de vie ; sans eau, pas d'organismes ; le nôtre est composé à 80 % d'eau. C'est l'un des besoins majeurs. Exemple : savez-vous que la plupart des conflits, aujourd'hui et sans qu'on le dise, opposent les belligérants sur des questions d'eau, sur les réserves et les sources ? Je reviens maintenant sur les probabilités : il peut y avoir des exceptions dans les temps de sécheresse. Exemple : contrairement à celles de 1976 ou de 2003, que se passa-t-il en 1992 ? On était à peu près dans le même schéma qu'aujourd'hui, mais des pluies torrentielles intervinrent en juillet et en août, de sorte que les nappes se rechargèrent, contrairement aux prévisions. Donc il peut y avoir des phénomènes exceptionnels, mais évidemment il faudrait beaucoup d'orages inattendus pour que les nappes se rechargent aujourd'hui.

— *Donc le pire n'est pas sûr.*

— Ajoutons que nous sommes dans un état de sécheresse cumulée. Depuis trois ans, les recharges ne se sont pas bien faites. Et trois ans de cumul de sécheresses passe pour un phénomène relativement rare.

— *Tout cela est-il la conséquence de ce que l'on appelle le « réchauffement de la planète » – soi-disant réchauffement ou véritable réchauffement, les avis divergent ?*

— Veuillez m'excuser, mais « soi-disant » ne se dit que lorsqu'on se dit soi-même : le réchauffement ne peut se dire lui-même ! Il existe aujourd'hui, sur l'évolution du climat, un accord international entre les savants. Ils sont à peu près sûrs que le climat se réchauffe. Seule la cause du réchauffement fait encore question. Néanmoins, la probabilité pour que les activités humaines soient en grande partie cause du réchauffement reste assez haute.

— Si réchauffement de la planète il y a, les glaces doivent fondre, le niveau moyen des eaux monter… On sait qu'aujourd'hui, il n'y a pas moins de molécules d'eau sur la Terre qu'il y a un milliard d'années : ne devrait-on donc pas avoir plus d'eau ?

— Non. Il faut savoir que le réchauffement n'implique pas la sécheresse. Elle n'est pas la suite du réchauffement. Le réchauffement est sûr, c'est un processus dont on est certain ; on est *à peu près* certain que les causes en sont humaines ; mais « *chaud* » *ne veut pas dire* « *sec* ». Des pluies torrentielles sont assez fréquentes en régime chaud ; nous connaissons, en effet, des climats tropicaux et autant de régions équatoriales où l'eau surabonde. Voyez les forêts, que nos amis anglophones appellent, tout justement, « pluviales ». Non, la sécheresse ne s'ensuit pas nécessairement du réchauffement climatique : voilà une réponse des experts.

— L'eau, comme quelques autres matières – trois ou quatre, pas plus – , est essentielle à la vie sur cette planète. Ne pourrions-nous pas mieux nous organiser, mieux répartir ces matières ? Après tout, puisqu'on sait qu'il y a assez d'eau sur la Terre, il faudrait trouver un moyen pour que l'Afrique…, pour que les pays occidentaux qui consomment trop…, pour qu'il y ait de l'eau ? Comment faire ?

— Merci de poser la question. Je voudrais, en effet, profiter de cette émission pour faire un appel solennel, pressant, le plus large possible. Je l'ai déjà fait dans mon livre *Rameaux* ; je l'ai aussi fait à l'occasion de grands rassemblements européens, à la Comédie-Française, au début de juin…. Voici : les institutions internationales actuelles concernent les hommes ; elles concernent, aussi et surtout, les relations entre les nations : l'ONU, au niveau des gouvernements ; l'Unesco, pour la culture ; la FAO, pour l'alimentation ; l'OMS, pour la santé…

Bref, ces organisations internationales fonctionnent, parfois fonctionnent bien, mais elles ne fonctionnent que pour les relations internes aux humains. Or aujourd'hui, nous avons des problèmes objectifs et mondiaux. Je veux dire par là que nous habitons le monde, que nous ne sommes pas seuls au monde, que nous n'y vivons pas seuls. Il n'y a donc pas que de la politique, au sens strict des relations humaines. Que l'humanité s'occupe d'elle-même et de ses propres relations, à la bonne heure ! Mais il est urgent qu'elle s'occupe aussi des objets qu'elle a devant elle, de ces objets globaux, de ces objets-monde : l'eau, l'air, la terre, le feu et les vivants. Or, il n'existe pas d'organisation internationale destinée à s'occuper du monde tel quel. Or notre monde, nous l'avons mis en danger.

— *Le feu, c'est l'énergie. C'est ce que vous voulez dire ?*

— Oui, ce que j'appelle « feu » équivaut à l'énergie, au pétrole, etc. Quels sont les grands problèmes d'aujourd'hui ? Ceux de l'énergie, certes, mais les réserves et les sources d'eau sont fréquemment, je viens de le dire, sources de conflits. Le problème du réchauffement climatique concerne l'air ; la diversité biologique, la sauvegarde des espèces concernent la vie… Si vous faites la somme des questions les plus urgentes, vous pouvez les résumer dans les quatre éléments traditionnels : eau, air, terre, feu, les grands composants du grand objet-monde que nous habitons et qui concerne l'humanité dans son ensemble et la vie en général.

— *Il faudrait donc une sorte d'ONU spéciale. Et pas un Kyoto, par exemple.*

— Du coup, j'appellerais « WAFEL », par exemple – Water, Air, Fire, Earth, Life –, cette organisation et j'aimerais que l'opinion publique se mobilise pour que les gouvernements instituent cet organisme international, destiné à s'occuper enfin de ces questions urgentes, dont nous ne nous occupons jamais que sous profil politique, c'est-à-dire à partir d'intérêts locaux et particuliers, jamais globaux. La question de l'eau n'en est qu'un cas particulier, comme celles de l'énergie, du réchauffement climatique, etc. Cette organisation, que j'appelle de mes vœux, grouperait des savants, des experts, des représentants de l'opinion publique et des ONG, des gens de médias et de gouvernement pour tenter de résoudre en commun les problèmes afférents au monde. Ainsi, *à s'occuper de ce grand objet : le monde, nous formerions ensemble un grand sujet : l'humanité.*

— Bien. Et ça ne nous empêcherait pas, Michel Serres, d'avoir une « économie-attitude », d'être très vigilant sur notre consommation d'eau, d'électricité…

— Allons, lavez-vous bien et buvez mieux… Certes, le gaspillage est toujours stupide. Je le répète : sans eau, pas de planète bleue ; sans eau, pas de vie ; sans eau, pas d'organismes ; le nôtre est composé à 80 % d'eau. Voilà l'un de nos besoins majeurs. Sans les quatre éléments, pas de vie. Réunissons les humains pour en parler, en paix.

ITER et Galileo, les objets-monde

Chronique du 3 juillet 2005

— *Michel Serres, cette semaine, parlons de l'échelle des choses, des objets. Le réacteur ITER sera construit à Cadarache, là où il y a cinquante ans furent conçus les premiers réacteurs nucléaires français. Cette même semaine, l'Europe lance le programme Galileo, destiné à concurrencer et à dépasser le système de positionnement américain en accès libre. Ce qui vous intéresse, ce qui nous intéresse, Michel Serres, ce soir, ce n'est pas la finalité de ces objets, c'est leur dimension qui, par certains aspects, touche à celle de l'univers.*

— Avant de partir vers la modernité, permettez-moi de me laisser aller à la mélancolie. Oui, j'aime Galileo, il m'arrive aujourd'hui d'utiliser le GPS, de me repérer dans l'espace, même en automobile, comme les navigateurs, par ces moyens électroniques. Ainsi ne nous sentons-nous jamais perdus dans les villes ou dans les pays nouveaux. Certes. Mais je voudrais évoquer rapidement mon vieux temps, si proche pourtant, où nous faisions le point à midi et le soir, au sextant. Nous prenions hauteur au Soleil, aux étoiles, ce qui nous obligeait à connaître les constellations...

— *À condition que le ciel soit dégagé.*

— Même s'il n'était pas dégagé, même si les nuages occupaient le ciel, même si, dans un trou déchiré de nuages, l'on ne voyait qu'une étoile, nous la repérions : voilà Fomalhaut, Antarès ou Sirius ! Familiers du ciel, nous reconnaissions leur couleur et leur scintillement individuels, quasi domestiques ;

oui, nous habitions le monde.

— *Tous ces beaux instruments, comme l'astrolabe, ont disparu.*

— Voici quelques années, j'ai préfacé *L'Art de naviguer*, de Pierre de Médine, écrit en 1545. L'arrivée du GPS ou de Galileo me place tout à coup, moi, à cette époque même, oui, en 1545, où, à la voile, on faisait le point à l'astrolabe, en effet, avec les vieux systèmes de navigation et les premières tables de logarithmes. Je ne me laisse pas aller souvent à la mélancolie, mais laissez-moi juste un petit moment dire comment l'habitant du firmament tisonnait les étoiles avant de débarquer en modernité.

— *Allons ! nous y avons gagné en sécurité !*

— Je date de 1945 les temps contemporains où se construisirent des objets vraiment nouveaux. Quels que soient leur rayon d'action ou leur taille, les anciens objets techniques, même un avion à réaction, restent des objets locaux. On peut en délimiter la forme et les performances dans le temps et l'espace, de sorte qu'on peut les maîtriser.

— *Ils sont à échelle humaine, en quelque sorte…*

— … à l'échelle de la perception, du travail, de l'activité. Tandis que les objets nouveaux, qui apparaissent à peu près en même temps que la bombe atomique d'Hiroshima et de Nagasaki ou que les bombes thermonucléaires, commencent à avoir *au moins l'une de leurs dimensions équivalente à l'une des dimensions du monde.* Par exemple, un satellite artificiel tourne autour de la Terre avec une vitesse compatible avec la rotation de la Terre elle-même.

— *Absolument, jusqu'à 36 000 km/h.*

— L'une de ses dimensions est compatible avec l'une des dimensions de la Terre. La Toile, l'Internet, les éléments ultranombreux des nanotechnologies et, justement, les systèmes de repérage dont nous parlons… ont une dimension mondiale de ce genre. Où que vous soyez, vous pouvez faire le point grâce à ces systèmes de localisation. Ainsi l'énergie dégagée par les bombes thermonucléaires est-elle compatible avec celle qui émane des volcans. Prédécesseurs d'ITER, les tokamaks classiques atteignent des températures extraordinaires, compatibles avec celles qui règnent au cœur du Soleil…

— *… même plus.*

— Voilà des chiffres et des dimensions proches de celles de l'univers. Cela me paraît définir vraiment une part de la modernité. La globalisation n'est pas seulement un phénomène économique, ne touche pas seulement l'extension de nos communications, mais devient, là, aussi un fait technique. Sur beaucoup d'échelles – de grandeur, de vitesse ou d'extension –, nous atteignons aujourd'hui des nombres géants ou nains. Cette nouveauté, passionnante, nous ramène, étonnamment, aux questions économiques et financières. On définit la valeur d'un objet soit par ses usages, quelquefois, mais plus souvent par les échanges qu'il permet. Valeur d'usage, valeur d'échange. On dit souvent combien coûte tel objet-monde – j'appelle « objets-monde » ces nouveaux objets, munis de ces nouvelles dimensions. C'est un prix d'investissement. Mais ces objets-là, il arrive souvent que nous ne puissions ni les acheter, ni les négocier, ni vraiment les vendre. À combien estimez-vous une bombe thermonucléaire, un satellite en fonction, Galileo soi-même, un tokamak, les pas de tir des *Ariane*… ? Nouveaux du point de vue technique, nouveaux également du point de vue de leur valeur, nouveaux quant aux possibilités de l'échange !

Or, quand l'échange change, la société change !

— *Cette modernité vous inquiète-t-elle ? Vous angoisse-t-elle ? Finalement, nous n'avons peut-être pas la totale maîtrise de ces objets…*

— Dès le XVIIe siècle, Descartes disait qu'il fallait devenir « maître et possesseur de la Nature » ; il ne lançait cette devise que parmi les objets dont je parlais tantôt, limités dans l'espace, le temps, la puissance et le rayon d'action. La maîtrise de nos parents manipulait seulement les objets de nos parents, maîtrisables ; les idées de nos parents accompagnaient les objets qu'ils fabriquaient, les outils qu'ils utilisaient. Peut-on aujourd'hui maîtriser globalement la totalité des objets d'aujourd'hui ? Ils ont, par exemple, des effets, inattendus et longs, sur l'atmosphère, sur la chaleur, la composition de l'air, les réserves d'eau, le climat, la pollution… Maîtrisons-nous ces effets-là ? Maîtrisons-nous les résultats de nos maîtrises, je veux dire par là les effets des technologies globales ? Quelles sont les pertes associées aux bénéfices de nos maîtrises ? Voilà les questions de la modernité. Les bouleversements contemporains tiennent aussi bien à la technique qu'aux relations humaines, donc aux problèmes de maîtrise sociale, politique aussi bien que scientifique. À la devise cartésienne de la maîtrise de la nature, nous devons substituer cette nouvelle devise : maîtrisons notre maîtrise.

— *Une dimension qui avoisine celle dont vous parlez, c'est sans doute celle de la pensée humaine, laquelle va certainement régler tout cela…*

— Serons-nous toujours si sûrs de savoir, de pouvoir maîtriser nos maîtrises ?

Mea culpa, retour sur erreurs !

Chronique du 10 juillet 2005

— *Michel Serres, cette semaine, arrêt sur images, ou plutôt, sur sons. Depuis un an, nombre de fidèles nous écoutent, vous écoutent avec intérêt et enthousiasme. Leurs commentaires sont souvent flatteurs, parfois critiques, ou pointent quelques erreurs. Nous allons donc consacrer cette chronique à nos chers auditeurs pour leur montrer que nous aussi, nous les écoutons. Sur des centaines de courriers, nous n'avons reçu que dix critiques, nous allons donc passer en revue les erreurs de l'année.*

— De mes erreurs !

— *Êtes-vous vexé de parler de vos erreurs ? Car je vous les attribue !*

— Navré, parfois ; vexé, jamais ! Certes, j'ai fait des erreurs. Mais je n'ai jamais fait de vrais progrès que sous l'effet de la critique. J'ai un petit-fils, Raphaël, huit ans, qui, planté devant moi, me dit, un jour : « Pépé, récite-moi les Pokémons. » Je réponds : « Raphaël, je sais certaines choses, par exemple, la table de multiplication par deux ou par trois, mais je ne connais pas les Pokémons. » Et redressé, plein d'arrogance et d'étonnement, il jette : « Pépé, tu vois, tu sais pas tout. » Eh bien, chers auditeurs, Pépé ne sait pas tout, se trompe parfois, et trouve du bonheur à ce que vous signaliez ses erreurs, pour qu'il fasse des progrès.

— *Nous allons justement en parler. Première observation : Yannick de Paris, V*e *arrondissement, vous accroche à propos de* *ce dont vous parliez en citant Lévi-Strauss. Vous en souvenez-vous ?*

— Sur ce point, je plaide à la fois coupable et non coupable : coupable parce qu'en effet j'ai parlé des Indiens des Nouvelles-Hébrides, lapsus abominable, puisque, tout le monde le sait, ce ne sont évidemment pas des Indiens. Mais je plaide aussi non coupable. Cher Yannick, de Paris V^e^, oui, je connais bien Claude Lévi-Strauss, non seulement comme lecteur et admirateur, mais aussi comme ami, car nous nous voyons souvent à l'Académie ; non seulement je l'ai bien lu, mais je sais aussi que ses travaux se situent souvent chez les Indiens d'Amazonie ; j'ai moi-même enseigné dans le poste qu'il a occupé à São Paulo, Brésil.

— *Jean-Michel, de France, vous interroge sur les putains d'Alexandrie que vous citiez l'autre jour.*

— Je parlais, en effet, des putains d'Alexandrie à propos des marques. Étymologiquement, le mot « marque » vient, en effet, du verbe « marcher » ; je racontais l'histoire des putains d'Alexandrie qui avaient inventé d'imprimer leurs initiales, en négatif, sous la semelle de leurs sandales. Jean-Michel s'irrite que je dise « putain » ; il préférerait « prostituée ». Il a sans doute raison. Mais souvenez-vous, s'il vous plaît, de la fin de mon intervention, où je déclare, tout à trac, que les publicitaires qui étalent dans l'espace leur marque sont les enfants de ces putains-là. Or la langue française ne dit pas « enfant de prostituée » ; l'usage courant préfère dire, comme expression toute faite, « enfant de putain ». Voilà pourquoi j'ai employé le terme ignoble plutôt que le noble.

— *Voilà, quand on parle l'argot ! Christiane, du CNRS, Paris XIe, pense que vous vous êtes trompé au sujet de Marco Polo.*

— Christiane a raison. Travaillant au CNRS, je la devine infiniment plus savante que moi. Oui, je me suis trompé ; j'ai en effet commis un lapsus sur *Le Devisement de monde*, le titre de l'ouvrage de Marco Polo, que j'ai, par erreur, attribué à Jacques Cartier. J'en suis absolument responsable. Christiane, merci de l'avoir signalé.

— *Rappelez-nous ce que c'est que le « devisement du monde » ?*

— Le « devisement du monde », c'est la visite du monde, l'exploration du monde, sa visite enchantée. « Visite » dit déjà « voir en mouvement » ; « devisement » le dit mieux encore.

— *Ingrid signale une erreur sur « massacre » et « sacré ».*

— Là, une fois encore, je plaide coupable : « massacre » ne vient pas de « sacré », mais d'une autre étymologie. « Sacré » fait partie de la famille de « sacrifice », alors que « massacre » vient de « masse », l'outil qui enfonce les pieux ; d'où aussi la « massue », arme du massacre.

— *Jean-Christophe, de Paris, n'accepte pas votre prononciation de « iceberg ». Ce qui nous a beaucoup fait discuter…*

— En effet, le mot « iceberg » se prononce souvent à l'anglaise ; tout le monde sait, en effet, que dans cette langue, *ice* veut dire « glace ». Mais le mot « iceberg » est d'origine scandinave, plutôt norvégienne, et, en Norvège, il semble qu'on prononce « iceberg » et non pas « *ice*berg », de sorte qu'en français, nous sommes libres, je crois, de choisir. Nous pouvons prononcer à l'anglaise « *ice*berg », ou plutôt, à la scandinave, « iceberg ». J'ai prononcé « *ice*berg », il fallait bien que je choisisse l'un des deux !

— *Enfin, Jean-Pierre, de Californie, estime que vous avez mésestimé l'apport des explorateurs chinois.*

— Jean-Pierre, de Californie, est effectivement un meilleur

sinologue que moi, ou, au moins, un meilleur spécialiste de l'histoire de la Chine; en effet, un certain amiral chinois, Zheng He, dans les années 1405-1433, à la tête d'une flotte très importante de trois cents navires et de plusieurs dizaines de milliers de marins, a exploré l'Afrique et, semble-t-il, a même doublé le cap de Bonne-Espérance, avant Vasco de Gama. Je répondrais volontiers à Jean-Pierre, de Californie, que j'avais tenté, peut-être naïvement, de distinguer explorations et conquêtes. Accompagné d'une armada de trois cents navires et de plusieurs dizaines de milliers de marins, l'amiral en question penchait du côté de la colonisation ou du côté de la conquête, plutôt que de celui de l'exploration à la Marco Polo ou à la Christophe Colomb. Mais cet auditeur intelligent me pose, par là même, une question fondamentale sur les relations entre l'Occident et l'Orient : pour quelles raisons les Chinois n'ont-ils pas colonisé le monde, alors que l'Occident l'a fait ?

— *Nous allons nous arrêter là pour aujourd'hui. Je n'ai d'ailleurs pas d'autre…*

— Je prie instamment les auditeurs de m'écrire pour me taper sur le bec si je me trompe !

— *Comme aux canards ! Nous referons peut-être le même exercice l'année prochaine. Je précise toutefois que ces chroniques sont enregistrées en quasi direct. Il n'y a quasiment aucun montage* a posteriori. *Voilà qui préserve le naturel… et les erreurs.*

— Je tente, en effet, d'improviser ; voilà l'occasion de dire ma reconnaissance à France Info, surtout à Barbara Merle, qui me propose les questions comme ça, rapidement, pour que j'improvise ma réponse. Voilà un jeu magnifique, plein de risques, donc intéressant.

La Louisiane

Chronique du 4 septembre 2005

— *Michel Serres, une nouvelle fois la nature a frappé, dimanche dernier, la Louisiane, le Mississippi. Cela nous rappelle évidemment la puissance de la nature face à la faiblesse souvent prétentieuse de l'homme. Bien sûr, nous sommes touchés par la misère ainsi engendrée, une ville de cinq cent mille habitants évacuée, du jamais-vu en temps de paix… Mais derrière les destructions, les digues qui s'effondrent, et la patrie du jazz submergée et pillée, il y a aussi, pour nous, Français, cette Louisiane, terre de France à partir de 1682. Un État des États-Unis dans lequel vivent aujourd'hui plus de sept cent mille Cajuns et créoles, qui parlent notre langue ou qui sont d'origine française.*

— Il était une fois un chevalier français, normand, né à Rouen, nommé Cavelier de La Salle, doué pour l'exploration et les voyages, mais aussi un peu commerçant ; il part, explore les Grands Lacs – Ontario, Érié –, parle assez bien les langues amérindiennes, s'accoutume aux mœurs des diverses tribus et, en compagnie de quelques naturels, court explorer l'Ouest.

— *Il va aller très haut, jusqu'à Vancouver, jusqu'au Canada.*

— Revenu à Paris, il se fait investir par le roi, pour une mission spéciale. Il se lie d'amitié avec un Italien, Tonti. Autorisé par le gouverneur Frontenac, dont on peut voir encore la statue à Québec, il entreprend, avec cet Italien, la descente du Mississippi, sur la totalité de son parcours. Pendant la descente de cet immense fleuve – oh ! que j'aimerais entreprendre le même voyage ! –, il déclare que la totalité des terrains et des pays à l'ouest comme à l'est du Mississippi appartiennent à la France. Il appelle cet ensemble Louisiane, du nom de son roi. Aucun rapport entre la Lousiane actuelle et cette Lousiane-là ! Du nord-ouest au sud-est des États-Unis, elle traçait une sorte d'écharpe gigantesque, sur un territoire dix fois plus grand qu'aujourd'hui ladite Louisiane.

— *D'ailleurs, quand Bonaparte a vendu la Louisiane aux États-Unis…*

— … en 1803…

— *… cela représentait la moitié des terres des États-Unis de l'époque.*

— Encore avant, cette Louisiane géante avait été rétrocédée en partie aux Espagnols, de sorte que La Nouvelle-Orléans d'aujourd'hui, dont nous parlons avec émotion, garde à la fois des traits français, mais aussi beaucoup d'éléments espagnols. Ses vieux quartiers m'émeuvent un peu comme ceux de Québec, plus au nord ; ces deux villes gardent encore des traces de la vieille Europe. Dans ces ports se cachent des lieux bouleversants, qu'on dirait préservés du XVIIe siècle.

— *Ces Français d'Amérique, les Cajuns de Louisiane, les créoles, on les a quand même un peu abandonnés.*

— Nous en parlerons tout à l'heure, mais il faut finir mon histoire. Ce Cavelier de La Salle revient chez Louis XIV, qui se montre enchanté de lui. Le roi le nomme vice-roi d'Amérique du Nord, titre extraordinaire. Enthousiasmé, il réarme quatre bateaux, réappareille de Normandie, croit arriver en vue de l'embouchure du Mississippi, la manque, hésite, la rate, aboutit au Texas, ne sait plus où il est. Soudain, mutinerie à bord : ses matelots, gentiment, l'assassinent. Jeune et triste fin, après quarante-quatre ans d'une vie extraordinaire. Rétrocédée, comme j'ai dit, aux Espagnols, cette Louisiane revient à la France vers les années 1800, et Bonaparte la vend, de manière imbécile mais définitive, aux États-Unis. Voilà pour l'histoire ; voici maintenant pour la géographie. L'embouchure du Mississippi, l'un des plus grands fleuves du monde…

— *Très belle…*

— Du point de vue, extraordinaire et dangereux, de l'économie des eaux, elle ressemble un peu au Bangladesh, aux bouches du Gange. L'un des plus beaux voyages de ma vie m'emmena dans ces paysages de marécages. Aussi inhabitables que soient la mer, la montagne ou la banquise, le marin, le montagnard, le Lapon, finissent par s'y adapter. Mais ces marécages semblent absolument inhabitables. Vous embarquez à bord de bateaux à fond plat, qui glissent à la surface, propulsés avec des hélices qui ne peuvent tourner sous l'eau, puisque mille sortes d'algues les engageraient..

— *Et les images de la Floride que nous montrent les médias…*

— Je voudrais dire la beauté de ces paysages de marécages, plus grands qu'un département de France. Vous croyez naviguer sur la mer ou un lac, mais non, vous passez à travers des prairies, des bois, des bosquets, devant un horizon plat, au ciel immense, où se multiplie une faune aviaire extraordinaire : vous voyez partir des échassiers, de petits oiseaux bleus, blancs, de toutes les couleurs ; mais la faune, sous l'eau, surprend plus encore. Le jeune homme qui nous guidait, sans se perdre dans des labyrinthes pareils, plongeait soudain son bras sous l'eau et en retirait un alligator frétillant, long comme la moitié de son bras.

— *C'est l'inondation avant l'inondation.*

— Paysages terrifiants et ensorcelants.

— *Et ce peuple ? Ces Cajuns et ces créoles ?*

— Le mot « Cajun » est une prononciation franco-américaine

d'« Acadien »...

— *Ceux qui sont au Québec.*

— Abominablement traitée par les Anglais, cette population a beaucoup souffert, a été persécutée, affamée, décimée, déportée, mais surtout se trouve là en raison précisément des conditions abominables d'environnement, un peu comme les forçats d'Australie. La France les abandonna, il faut bien le dire. Voilà l'une des hontes de notre histoire, jamais dite dans nos livres. On entend parfois au Québec, on entend parfois en Louisiane l'expression : « Maudits Français ! » Nous la méritons amplement et le plus justement du monde. Avez-vous jamais lu dans notre littérature, appris dans notre histoire, vu mentionnée dans nos dictionnaires français, la moindre mention des Cajuns, des Acadiens, de leur atroce destin ? Dans ces pays, je ne me sens jamais très fier de ma « qualité » de Français. Honte semblable à celle qui me prend, parmi les femmes, d'avoir appris en classe que nous jouissions du suffrage universel, alors que nos compagnes ne votaient pas ; universel, moins 50 % ! Ici, francophones, oubliés des Français !

— *Tout cela explique que nous soyons sensibles à ce qui se passe en ce moment dans cette région du monde.*

— J'ai beaucoup d'amis là-bas, en particulier l'une de mes traductrices ; je voudrais dire à mes collègues professeurs à l'université de Tulane, à La Nouvelle-Orléans, que je pense à eux, que je leur envoie des courriels, hélas sans réponse... Si vous m'entendez sur les ondes, donnez-moi de vos nouvelles ! Comme j'ai passé partie de ma jeunesse parmi les inondations de la Garonne, je crois pouvoir partager, même de loin, vos difficultés, vos épreuves et vos émotions. Comment puis-je vous aider ?

Intégrisme, schisme, hérésie

Chronique du 11 septembre 2005

—Michel Serres, cette semaine, parlons religion. Nous avons appris que, fin août, le nouveau pape Benoît XVI avait reçu discrètement Mgr Feyllet, le supérieur de la Fraternité Saint-Pie X, à Castel Gandolfo. Est-ce l'annonce de la fin d'un schisme, celui opéré par Mgr Lefebvre il y a près de trente ans et qui fit tant parler ? On évoque en tout cas un rapprochement. Schisme, hérésie, intégrisme… voilà un vocabulaire qui, en son temps, annonçait souvent des massacres ; aujourd'hui il ressortit davantage au domaine politique.

— Entre schisme et hérésie, vous venez de faire la bonne distinction. Issu d'un mot grec qui veut dire « division » ou « déchirure », le mot « schisme » signifie la rébellion, purement politique, contre l'autorité religieuse. Il n'est d'ailleurs pas réservé aux Églises chrétiennes, puisque, dans l'histoire du peuple juif, on parle aussi bien du schisme des Dix Tribus, désignant par ce mot le moment où le peuple hébreu se sépara en deux royaumes distincts, vers l'an mil avant Jésus-Christ. L'Église chrétienne, quant à elle, a connu deux schismes principaux. Le premier, le fameux schisme d'Orient, a séparé l'Europe de l'Ouest de l'Europe de l'Est. Oui, la distinction entre Est et Ouest, en Europe, date de l'Empire romain, coupé en Empire d'Orient et Empire d'Occident. Ces querelles commencèrent exactement en 343 et durèrent jusqu'en l'an mil, où s'opéra cette séparation, strictement politique. Question : à qui l'autorité ? Sur l'Europe de l'Ouest, le pape, installé à Rome ;

et à Constantinople, un patriarche. Ils se sont gaillardement excommuniés l'un l'autre. Leur rupture a donné naissance à l'Église orthodoxe pour l'Europe de l'Est, et à l'Église catholique pour l'Europe de l'Ouest.

— *Bien d'autres viendront par la suite.*

— Autre grand schisme d'Occident, aux années 1379-1429, qui connurent deux et quelquefois trois papes : l'un à Rome, l'autre à Avignon…

— *Absolument.*

— On appelle donc « schisme » une séparation due à un problème strictement politique, touchant à l'autorité : obéirons-nous à un pape, latin, ou à un patriarche, grec ou slave ? On nomme « hérésie » une rupture toute différente. Loin ou près, selon, des problèmes politiques, elle touche à des questions proprement doctrinales. *Hairesis*, en grec, veut dire « choix ». Au début de son usage, le mot « hérésie » n'avait pas de connotation négative ; il s'agissait simplement d'une bifurcation, d'un autre choix sur une doctrine donnée. Mais le sens négatif s'imposa de plus en plus, dès lors que l'on jugea le choix du point de vue de ceux qui le condamnaient. Il faut savoir que les hérésies jamais ne cessèrent, qu'il y en eut tous les dix ans, tous les vingt ans, et dans l'histoire de toutes les Églises, et dans celle de toutes les idéologies. Combien en avons-nous connu dans les diverses lectures du marxisme, de la psychanalyse, ainsi que cent excommunications… Pour ce qui concerne le christianisme, en particulier, la plus importante a séparé, non plus l'Europe de l'Ouest de l'Europe de l'Est, mais l'Europe du Nord et l'Europe du Sud. Je fais référence au grand mouvement de la réformation, de la Réforme…

— *… des protestants….*

— … du luthéranisme, du calvinisme, en effet. Luther, grand écrivain, que l'on peut même presque dire à l'origine de la langue allemande, par sa rupture avec la langue latine, langue de l'Église, et sa traduction de la Bible en allemand ; Calvin, né à Genève, et, de même, grand écrivain de langue française. Au château de Wittenberg, en 1517, Luther affiche quatre-vingt-quinze thèses, sur divers points de doctrine, thèses évidemment toutes différentes de l'orthodoxie. Condamné, en effet…

— *Il ne reconnaît plus le pape.*

— La différence doctrinale importe plus, ici, que le problème politique. Exemple : sur l'eucharistie, certains calvinistes considèrent que l'hostie, pain ou vin consacrés durant la messe, ne sont que des symboles de la chair et du sang du Christ, alors que l'Église catholique décide qu'il s'agit de la présence réelle du corps et du sang du Seigneur – voilà un exemple de distance doctrinale. L'origine part du dogme, même si la fin prendra, plus tard, des formes politiques. D'où viennent toutes ces questions ?

— *Parce que politique, intégrisme…*

— Cela vient du fait que les trois grands monothéismes sont des religions de l'écriture, de la parole, des religions du texte. Et le texte, fondamentalement, se soumet, quasi de soi, à des interprétations continuées. Le Talmud : Mishna et Guemarah ; les Midrashim : Halakhah et Haggadah, pour la religion juive ; les Pères de l'Église, les théologiens, pour l'Église chrétienne, interprètent continûment le texte de ce qu'elles appellent, tout justement, l'« Écriture sainte ». Certains linguistes disent même que le mot « religion » a un lien avec le verbe « relire ». Elles ne cessent de relire et d'adapter le texte au temps qui passe ; le temps lui-même, l'évolution se confondent alors avec ces nouvelles lectures, cette continuité des interprétations... Du coup, plus il y en a, plus il y a de choix, donc de risques d'hérésie. La tentation, alors, serait d'arrêter l'interprétation, de répéter sans cesse la même, ou même d'en rester au pied de la lettre. On appellerait alors « intégrismes » ces refus divers de l'évolution ou l'arrêt à la lettre.

— *Des hyperconservateurs, en quelque sorte.*

— Refuser les interprétations pour ne pas risquer l'hérésie, les séparations, les divisions. Ainsi, l'intégrisme, ou l'attachement à la lettre, virerait au conservatisme par refus de l'évolution. Or, dès le moment où vous arrêtez l'interprétation, vous risquez aussi l'arrêt de toute vie intellectuelle, de toute bifurcation, de toute invention nouvelle. Ne croyez pas que ces discussions ne concernent que les Églises. Car, en quelque sorte, l'histoire des sciences les reprennent, les répètent, les déclinent au sujet de la recherche. Comme les religions, les sciences connaissent des schismes, strictement politiques. Qui prend le pouvoir en mathématiques, en physique, en chimie ? Exemple : à la fin du XIXe siècle, en France, le pouvoir appartenait à des mandarins et à des groupes de pression qui ne croyaient pas en l'hypothèse atomique. Du coup, notre pays prit un retard considérable sur l'Allemagne, où les savants au pouvoir y croyaient. Voilà pour le schisme ; voici pour les hérésies. L'hypothèse de Copernic rompt avec celle de Ptolémée, généralement admise par les astronomes ; la théorie d'Einstein rompt avec la conception de l'espace et du temps chez Newton... Appelez donc « hérésiarques » ces divers novateurs. Comme la religion, la science avance avec des hérésies, avec des choix différents. D'une certaine manière, l'histoire des sciences montre des parallèles, tout à fait intéressants, avec l'histoire des Églises.

— *Même les textes religieux doivent être remis en cause, réadaptés en quelque sorte, à l'évolution de l'humanité.*

— Voilà ce que l'on appelle l'« exégèse ». De manière intense et vivace, elle entretient le feu de la vie intellectuelle. Certes, sont utiles les formats, leur maintien et leur conservation ; mais nous avons encore plus besoin de femmes et d'hommes qui, se jetant au feu, bifurquent, choisissent, innovent, avancent.

Pensée unique, médias funèbres

Chronique du 18 septembre 2005

— *Michel Serres, cette semaine, un sujet difficile, la pensée unique. On en entend parler tous les jours, c'est une réalité de la vie sociale où la tolérance, de plus en plus prônée, est, je crois qu'on peut le dire, de moins en moins de mise. Hors de la pensée commune, est-on l'incarnation du mal ? Essayons déjà de tracer le contour de cette pensée unique.*

— Lorsque l'on dit « pensée unique », on utilise un adjectif qui contredit le nom qu'il qualifie puisque penser signifie être libre individuellement de penser. S'il y avait là une pensée, ce serait déjà magnifique ! S'il y avait une pensée dans la pensée unique, nous nous en réjouirions. Hélas, je crains qu'il n'y ait pas de pensée du tout. En effet, la question n'est pas, là, de savoir le contenu de cette pensée, mais de répéter en chœur ce qui se répète : tous culottés d'un jean ; toutes montrant gentiment le nombril. Répétons, soyons conformes. La forme plus que le contenu ; non le contenu d'un quelconque message, mais la répétition de sa répétition.

— *C'est aussi parce que c'est la mode du moment…*

— Cherchons ensemble ce qui est indéfiniment répété. Placez-vous devant le poste de télévision et regardez les informations du milieu de la journée, celles du matin et du soir ; prenez votre crayon et comptez simplement quel est le mot le plus répété. On appelle ça, en analyse stylistique, une « analyse de contenu ». Quel est le mot le plus répété dans les informations ? Eh bien, c'est le mot « mort » ; ou le mot « cadavre » ou l'image du cadavre, ou le mot « victime ». Répétez après moi : cent vingt morts, deux mille morts, quarante morts, trois morts. Le mot « mort » quitte le contenu pour entrer dans la répétition. Or les psychologues disent que la répétition équivaut à l'instinct de mort. Là, l'histoire des religions dont nous parlions la semaine dernière nous instruit sur ce calcul. Vous souvenez-vous de ce que nous disions de l'intégrisme : surtout pas de nouveauté, restons-en au pied de la lettre, ne cessons de répéter. Et l'intégrisme, c'est justement la pensée unique, la répétition : la mort, la mort, la mort…

— Mais, dans la vie, c'est cela qui nous préoccupe.

— J'en arrive à penser les médias comme une immense Église, une Église qui retourne au sacrifice humain, à la barbarie polythéiste, aux cultes funéraires de la mort, donnée, reçue, partout et toujours présente. Les médias jouent le rôle d'une Église intégriste qui parle tout le temps de la mort, qui ne parle que de la mort, où l'on cultive cette répétition hallucinée, toujours là et lancinante… La répétition, c'est-à-dire l'instinct de mort. Pensée unique, unicité de la mort.

— Mais cette mort, elle existe !

— Qu'elle existe et fasse des ravages, qui le nie ? Mais veuillez éclairer l'insondable nécessité de répéter sans cesse cette même mort. La vie n'existe-t-elle pas ? C'est même sa définition, que je sache !

— Tout le monde doit-il être stalinien au moment de Staline ? parler l'anglais quand la mode est à l'anglais ? Certes… Mais comment échapper à la réalité de la vie quotidienne et de la mort ?

— Aux informations ou en ce que l'on appelle, de manière contradictoire, les « nouvelles », il n'est question que de répéter la mort ou la variation morne de ses déclinaisons funèbres : catastrophes, assassinats, scandales – toujours la mort… Rien de nouveau dans les nouvelles, puisque la mort reste la plus vieille des constantes humaines. Vous me demandez aussi de parler de la langue. La classe dominante – banquiers, commerçants et publicitaires – impose l'anglais au peuple et répète, à loisir, une langue anglaise que ne comprennent pas toujours ceux qui parlent vraiment l'anglais. Le ministère des Affaires étrangères a un journal, *Label France*, et non *La Belle France* ; la météo vous dit que le vent souffle à vingt kilomètres par heure, et non plus vingt kilomètres à l'heure ; qu'il est dix heures passées de dix minutes, et non dix heures dix… toujours de l'anglais. Et la SNCF, cette semaine, vient de mettre au point une carte de fidélité *S'miles*…

— *« Sourire », avec des* miles…

— La SNCF ne compte plus en kilomètres, mais en *miles*… J'insiste, à temps et à contretemps.

— *Mais cela s'apparente au sourire…*

— La langue est l'âme d'une culture. Ici, on assassine les corps ; là, on assassine les âmes. Molière ou Pasteur assassinés. Encore et toujours règne l'instinct de mort : répétition d'un même mot, la mort ; répétition d'une même langue. Voilà les responsabilités funèbres de nos dominants, de ceux qui donnent le ton. J'aime parler le français, désormais, parce qu'il devient la langue des pauvres.

— *Comment sortir de ce problème, qui est un problème à la fois de fond et de forme ?*

— La vie jaillit d'arrêter les répétitions, de bifurquer des formats, comme un rameau se sépare du tronc, comme une branche nouvelle se lance en porte-à-faux, en écart à l'équilibre par rapport au tronc unique, à ladite pensée unique, à la répétition funéraire et mortelle. Parlez le français quand bégaie une sorte d'anglais, qui fait même honte aux anglophones… Chantez la vie au lieu de répéter la mort. De la non-pensée unique, c'est la répétition qui fait l'unicité. Soyons les hérésiarques des médias, des affiches, sortons des formats funèbres, bifurquons, devenons des rameaux agités par le vent et portant des nids d'oiseaux. J'ai choisi ce mot comme titre de mon dernier livre.

— Imaginez que vous puissiez écouter la radio, regarder la télévision, lire les journaux, sans savoir ce qui se passe en Louisiane ou dans d'autres régions du monde… Cela vous semble réaliste ?

— Vous dites encore la répétition de la mort. Pourquoi ne parle-t-on de la Louisiane que lorsque l'on y compte des centaines de morts ? Souvenez-vous, voici quelques jours, j'ai parlé de ce pays, en chantant ses Cajuns, les amis qui enseignent dans ses universités, en décrivant les bayous, les paysages fascinants de ses marécages ; j'ai tenté d'éviter le convoi funèbre des médias ordinaires où l'on ne sélectionne les nouvelles qu'au-dessus de cent morts, où l'on baptise « nouvelles » ces répétitions de morts. Pour une fois, je le répète, moi aussi : non, ce ne sont pas des nouvelles, mais la répétition de la mort, reprise sans cesse, uniforme, monotone comme un cauchemar. La mort, tout le temps, perpétuellement, accident, crime, catastrophe. Nous mangeons des dizaines de morts à chacun de nos repas. Comment voulez-vous que l'Occident n'en devienne pas mélancolique ? Des hors-d'œuvre au dessert, il ne consomme que de la mort. Vous m'avez demandé de dire la pensée unique, la voilà. Le sage n'y pense pas. Vive la vie ! Elle ne cesse, au contraire, de renaître !

— Michel Serres, je suis persuadé que cette chronique va faire beaucoup parler.

Les ponts

Chronique du 25 septembre 2005

— *Michel Serres, cette semaine, revenons sur les journées du Patrimoine, au cours desquelles des dizaines de milliers de Français, ou plus, ont visité des lieux marqués par notre histoire, et rarement accessibles. Dans notre patrimoine, tant de palais, tant de chapelles, de sites, de musées… Aujourd'hui, tournons notre regard vers les ponts. Nous avons lu avec plaisir* Le Midi libre *consacré au vingtième anniversaire du classement du pont du Gard au patrimoine mondial de l'humanité, numéro spécial en partenariat avec France Info. Les ponts, les ponts-canaux, les aqueducs ne sont pas que des lieux de passage ou des voies d'eau, Michel Serres…*

— Voies d'eau, parfois, en effet. Le pont du Gard est un aqueduc ; les aqueducs sont aussi rares que les ponts-canaux. Il n'y en a que deux à ma connaissance, en France : l'un franchit la Loire à Briare, l'autre la Garonne à Agen, où je suis né. Non, je ne suis pas né sous les ponts, mais presque, oui, au voisinage du pont-canal d'Agen. De cette banale circonstance, je contractai un amour immodéré pour les ponts. Je raconte, je cite, je me souviens. Lorsqu'on part d'Ukla, par exemple, au Népal, pour le massif de l'Everest, on passe souvent sur des ponts de lianes. Les sherpas eux-mêmes, qui portent d'énormes fardeaux sur la nuque, prient avant de s'engager sur ces ponts-là. On s'y engage, ça bouge, ça tremble, ça se dérobe, mais ça ne rompt pas, enfin, on suppose que ça ne rompra pas à cause des prières des sherpas. Mais en dessous, vertigineusement, le torrent, grondant, vous attend. Ces ponts de lianes offrent plus de confort que ceux que les alpinistes appellent « ponts tyroliens », établis sur un seul câble, et qu'il faut passer, accroché des pieds et des mains ; derrière ou en bas, le sac à dos pend et pèse lourd. Après la débâcle du printemps, où la glace grince et fait entendre des gémissements de femme, les riverains des grands lacs canadiens organisent parfois des ponts de bateaux, souples et quasi liquides, que l'on peut même passer en camion : ils roulent et tanguent délicieusement.

— *Vous connaissez sacrément bien les ponts !.*

— Qui n'a pas rêvé sur le pont des Soupirs, à Venise, ou sur le Ponte Vecchio, à Florence…

— *… et le pont d'Avignon….*

— Qui n'a pas chanté *Le Pont d'Avignon*, qui n'a pas traversé le pont du Diable, à Cahors, qui n'a pas rêvé, amoureux, sur le plus beau pont de Paris, le pont Marie, entre l'île Saint-Louis et la rive, si beau, avec ses arches inégales et son harmonie subtile ? Mais si vous me demandez de choisir le chef-d'œuvre du XXe siècle, j'oublierai Proust, Céline et Poulenc pour répondre : le pont de Normandie : gigantesque harpe levée, souple et spirituelle sur l'horizon plat, cette table de transformation des bruits de la mer et du vent en musique vaut le voyage.

— *Je l'ai survolé il y a quelques jours, c'est très impressionnant. Vous n'avez pas choisi le viaduc de Millau…*

— Parfaitement abstrait, le viaduc de Millau demande que l'on compte : sept triangles, sept piliers, et de chaque côté, de part et d'autre de chaque pile, onze câbles. Trois, sept, onze… rien que des formes élémentaires parfaites : triangles et nombres premiers.

— On se souvient que les nombres premiers sont des nombres qui ne sont divisibles que par eux-mêmes.

— Que par eux-mêmes et par l'unité. Ce pont jette et lance une pure abstraction sur un paysage totalement rural. Il rappelle que les troncs et les feuilles des arbres, que les roches et les sables, comme lui, se présentent, si on les regarde d'assez près, sous des formes géométriques aussi rigoureuses. Mais ce ne sont là que des descriptions. Mieux vaut raconter une histoire. Vous parlez de ponts romains, il y en a beaucoup en France. Des gigantesques, comme le pont du Gard – je soupçonne les Romains de l'avoir construit pour leur publicité : un peuple assez puissant pour faire un pont pareil, comment ne pas lui obéir ? –, mais il y en a de plus modestes. Cet été, je franchissai la Creuse sur un pont romain si étroit qu'on ne pouvait ni s'y doubler ni s'y croiser. Deux voitures s'y trouvent face à face : l'une pilotée par un homme, l'autre par une femme…

— Qui recula ?

— L'altercation flambe, inévitable. J'étais présent, témoin, je n'aurais pas laissé se développer la rixe, pardon, et voilà que… Que pensez-vous qu'il arriva ? Ce fut la femme qui gagna. Non pas du fait de la courtoisie du mâle, mais après une véritable démonstration de force. La gueule et le muscle avaient soudain changé de camp. Voyez, les bonnes nouvelles passent par les ponts : le machisme a changé de sexe. Et maintenant, souvenez-vous : Œdipe a tué son père exactement dans les mêmes circonstances, il l'avait rencontré devant lui sur un pont, aucun des deux ne voulut reculer ni céder la préséance. J'avais donc devant mes yeux une histoire quasi œdipienne ! Mais, de nouveau, je ne fais que raconter des histoires, que m'adonner à des descriptions… Au fond : qu'est-ce qu'un pont ?

— *Vous ne m'avez pas parlé des ponts d'Eiffel : le pont d'Hanoi, le viaduc de Garabit…*

— Certes, je puis encore décrire le viaduc de Garabit. Mais tentons quand même de dire vraiment ce qu'est un pont. Quelles sont la nature et la fonction d'un pont ?

— *Philosophiquement ?*

— Si vous le voulez, mais aussi très concrètement. Réponse : une liaison, un trait d'union, une relation difficile entre deux éléments qui, auparavant, n'avaient pas de rapport ; connexion entre deux rives, donc entre deux rivaux, paix entre deux pays, amour entre deux personnes… un pont facilite une ancienne difficulté. Le pont aux ânes fait passer de l'ignorance à la science. Savez-vous que « pontife », en français, veut dire « celui qui fait un pont » ? Le souverain pontife assure donc la liaison entre la terre et le ciel, entre la nature et le surnaturel, entre ici-bas et le paradis. Prodigieuse liaison…

— *Voilà pourquoi nous eûmes des papes en Avignon…*

— … et des échelles de Jacob.

L'Académie française

Chronique du 2 octobre 2005

— Michel Serres, à l'occasion du bicentenaire de l'installation de l'Académie française dans les locaux de l'Institut, si vous nous parliez de cet Institut de France et de cette belle Académie à laquelle vous appartenez ? J'imagine qu'elle aussi a ses petites histoires... Êtes-vous libre d'en parler sans crainte ou sans réserve ?

— Je prends même la liberté d'en rire ; rions donc puisqu'il est de bon ton de se moquer de l'Académie. Les mots « académisme » et « académique » sonnent généralement assez mal. Oui, tout le monde, en France, rit de l'Académie, sauf un Français, de temps en temps, le pauvre : celui qui s'y porte candidat. Tout d'un coup, il ne s'en moque plus du tout. En attendant le résultat des élections, il oublie le mot de Victor Hugo : « J'admire ces urnes d'où ne sortent que des cruches. »

— Il était déjà élu quand il disait cela....

— Bien sûr. Molière n'en fut pas ; et l'Académie écrivit, par la suite : « Rien ne manque à ta gloire et tu manques à la nôtre. » L'Académie française a été fondée contre l'Université. Parce que celle-ci parlait latin, dans les sciences, le commerce et le snobisme, exactement comme aujourd'hui, les mêmes gens parlent anglais. L'Académie fut fondée pour défendre la langue française. Elle continue. Toujours contre les mêmes... Peu de gens savent d'où vient la distinction entre langues maternelle et paternelle. Pendant longtemps, la haute classe – médecins, avocats, juristes, savants... – parlait latin. Mais si l'on parlait latin à la ville, on parlait français à la maison. La mère parlait le français, le père parlait latin ; la langue paternelle concernait le métier, la langue maternelle restait à la maison.

— *Et le patois ?*

— Les patois, plutôt régionaux, étaient aussi des langues maternelles. L'Académie a donc été fondée pour défendre la langue maternelle, la langue usuelle, la langue populaire, la langue des pauvres. Vous souvenez-vous que j'avais défini le français, voici peu, comme la langue des pauvres, face à l'anglais, langue de la classe dominante ? Le même partage avait lieu, à l'époque.

— *Alors elle le rend mal puisque, sur quarante académiciens, vous n'avez que trois femmes. Même si votre présidente est une femme…*

— Mme Hélène Carrère d'Encausse. Connaissez-vous beaucoup d'institutions françaises dirigées par une femme ? Citez donc le nom des femmes qui dirigent les stations de radio ou les chaînes de télé ! Le jour où le gouvernement, le jour où l'Assemblée nationale auront pour présidentes respectives une femme, à ce moment-là, vous pourrez rire ou critiquer ; pour le moment et sur ce point, l'Académie se trouve plutôt en avance. Mais revenons à la langue, qui est tout de même la vraie question, au moins la nôtre, et revenons-y sur deux points. D'abord sur l'envahissement de l'anglais avec lequel les médias et la publicité, sous la conduite de mâles, collaborent constamment. Mais nous en avons déjà parlé. Ensuite, sur le gradient extraordinaire de changement et de variation de toutes les langues aujourd'hui. Consultez par exemple un bon dictionnaire des métiers d'après la Seconde Guerre mondiale, et vous constaterez que les termes professionnels se sont transformés profondément au cours d'un demi-siècle seulement. Or lorsque change les mots de métier, usités tout au long de la journée de travail, la langue elle-même se transforme. Or, cela se vérifie pour toutes les langues du monde. Quand le travail change, le monde change et les langues se transforment, je crois l'avoir déjà dit. Les discussions vont donc bon train le jeudi après-midi, souvent passionnantes ; nous nous battons sur les mots d'usage, sur ceux qu'il faut accepter ou rejeter... En particulier eut lieu récemment une vraie bataille sur la féminisation des titres, combat où je fus battu par trente-neuf voix contre une.

— *Quel mot était-ce ?*

— Sur la féminisation des titres. Les termes « Présidente », « ambassadrice » désignent-ils une personne en fonction ou l'épouse du président ? Faut-il dire « factrice » ? Tout le monde dans la rue dit « factrice », bien sûr. Batailles vraiment passionnantes sur l'évolution générale de la langue, et, parfois, les néologismes. Je défends l'Académie : d'abord, par la femme, ensuite par la langue. Troisième argument, maintenant : votre médecin vous prescrit parfois de faire de l'exercice. Vous lui obéissez, vous courez, glissez à ski, jouez au golf, pour entretenir votre corps...

— *... beaux rêves...*

— ... mais le médecin ne dit jamais qu'il faut de la même façon entretenir l'esprit. Une chaîne de télévision anglaise ou américaine a photographié de dix en dix ans plusieurs couples dont les uns passèrent dix ans, vingt ans, trente ans à regarder la télévision, les autres à lire des livres, pendant le même temps, je veux dire à lire tous les jours des textes de plus en plus difficiles. Cette émission a bouleversé le pays. Car au bout de quarante ans, les premiers sont complètement gâteux, et les autres juvéniles. L'exercice physique conserve, l'exercice intellectuel rajeunit. Et les médecins ne le disent jamais ! Il faudrait universaliser cette immense, cette vraie nouvelle ! Debout ! Venez donc à l'Académie pour y voir des vieillards, oui, des Immortels qui ont dépassé de très loin l'âge canonique et qui rient, s'amusent, font des astuces, etc., pour avoir gardé l'esprit vif, oui, l'esprit de jeunesse. Entre les gâtouillants et les gazouillants, les gâtouillants ne sont pas toujours où l'on croit. Souvenons-nous longtemps que la culture rajeunit autant et plus que l'exercice physique.

— *Vous plaidez pour vos camarades, là. Vous voulez être applaudi à la prochaine séance !*

— Enfin, l'Institut de France se compose de cinq académies : l'Académie des sciences morales et politiques, celle des beaux-arts, celle des sciences, de loin la plus nombreuse, compte tenu du développement des disciplines et de leur croissance historique, l'Académie des inscriptions et belles-lettres, enfin l'Académie française, qui n'est peut-être pas la plus ancienne des institutions françaises, puisque je crois savoir qu'une chorale d'enfants a fêté, il y a quelques décennies, son millième anniversaire, à Notre-Dame. En comparaison de ces enfants, nous sommes vraiment de très jeunes gens !

— *Est-ce un groupe cohérent ou disparate, cette Académie ? Qu'est-ce que vous estimez tous ?*

— L'âge aidant, les opinions politiques, différentes, les croyances religieuses, diverses, perdent un peu de leur agressivité. De cet adoucissement émerge une vraie cohérence amicale, conservant pourtant ces divergences d'opinions. Parlons, pour finir, des fauteuils : le mien a connu Tocqueville et le maréchal Foch... Ces petits résumés d'histoire condensent, parfois de façon émouvante, une tradition longue que le bruit tonitruant de l'économie dominante efface pour nous faire croire que tout est contemporain, même la découverte de l'Amérique…

— *Vous nous donnez envie de vous y rejoindre…*

— Soyez donc candidat…

La Marseillaise

Chronique du 9 octobre 2005

— Michel Serres, cette semaine, au lendemain du match de football Suisse-France, parlons d'une autre institution, moins matérielle celle-là, La Marseillaise. *Hymne national, hymne guerrier, propos sanglants, marche qui a attisé la foi de tant d'hommes et les a conduits à une mort courageuse au nom de belles valeurs de civilisation. Chant qu'on entend lors des fêtes et commémorations mais qui ne conduit plus au combat. Un chant qui rassemble, au point qu'une mauvaise blague a permis que l'équipe de France de foot la chante la main sur le cœur, croyant qu'il s'agissait d'une volonté présidentielle. Une* Marseillaise *qui fut également sifflée par de jeunes beurs, le 6 septembre 2001, lors du match France-Algérie, puis par de jeunes Corses en 2002 sous les yeux des autorités de la République. Aujourd'hui, les anciens se battent pour que les jeunes se lèvent en l'écoutant, pour qu'ils en connaissent les paroles, le nouveau gouvernement en a d'ailleurs promis l'enseignement dans les écoles primaires dès cette année. La chanson de Rouget de Lisle retrace plus de deux siècles de l'histoire de notre nation, Michel Serres.*

— Vous le savez sans doute, le mot « hymne » est féminin ou masculin, selon qu'il est religieux ou politique. *La Marseillaise* est bien notre hymne national ; je respecte donc, un peu, mais modérément, l'histoire qu'elle symbolise. Car je doute vraiment qu'il faille enseigner aux jeunes gens de telles sanglantes paroles, de tels appels au meurtre, une telle haine. J'ai vu, dans ma jeunesse, assez de morts et de cadavres dans les fossés pour ne pas avoir envie de vomir à ressasser les mots, réellement racistes, du « sang impur ». Je ne connais pas d'homme dans les veines duquel circule un sang impur : ils sont tous mes frères, et s'ils portaient en eux cette impureté, je la porterais, moi aussi. Ainsi me dégoûte l'idée d'enseigner à mes petits-enfants de chanter « ces féroces soldats / [qui] viennent jusque dans [nos] bras / Égorger [nos] fils, [nos] compagnes ». Que je sache, ces féroces soldats, nés de l'autre côté des anciennes frontières, sont au moins des Européens comme moi, et au plus des humains, comme nous. Tant que je vivrai, je dirai à mes successeurs, à mes étudiants, à mes enfants, que ces anciens ennemis-là, ce sont nos frères réels, je leur apprendrai à chanter la filiation humaine. De plus, j'aime demander à ces frères-là de venir jusque dans mes bras déjeuner avec ma compagne, et, pourquoi pas ? de faire la cour à mes petites-filles, à mes petites-nièces. Qui peut, sauf crime contre l'humanité, s'enflammer aujourd'hui pour de tels hurlements de hargne et de larmes ? Nous vivons désormais la fraternité humaine, la filiation humaine ; si la France doit encore annoncer un message universel, le voilà.

— *Vous avez peur que ce ne soit pas compris, que l'on soit hors contexte ?*

— Je suis certain que cela sera compris par les générations à venir. Comme enseignant, je connais les jeunes gens de moins de vingt-cinq ans ; ces jeunes-là ne comprennent heureusement plus ce que signifie : « Qu'un sang impur / Abreuve nos sillons ! » Dans un pays qui ne compte plus que 2,3 % d'agriculteurs, connaissent-ils encore les sillons ? J'admire, certes, la musique de *La Marseillaise*, d'un style mi-XVIIe-mi-XIXe siècle, mais je reste désormais muet à ses paroles. Enfant de la guerre, je le répète, je ne peux plus les chanter. Trop de sang, trop de férocité.

— Mais que dites-vous aux autres, à ceux qui pensent qu'il ne faut pas oublier, qu'il faut garder ce chant car il est la mémoire de tous les sacrifices ?

— L'équipe de France de football a donc mis la main sur le cœur, croyant que notre président désirait qu'elle le fasse, pendant *La Marseillaise*. Qui sont ces joueurs, quel est ce jeu ? Ils vont jouer une rencontre où l'on maîtrise la violence. Ils vont jouer sous la règle, représentée par un arbitre, un arbitre, notez-le, étranger auxdits sillons, choisi parmi les anciens « féroces » ! Dans ces rencontres de football, de rugby, de basket-ball, etc., cet arbitre exclut les violents, brandissant un carton jaune ou rouge. Dans cette bataille, parfois chaude, règnent des règles de paix. Une telle rencontre oppose les villes entre elles, oppose les nations entre elles, mais sans que jamais le sang coule. À la première violence, coup franc ! Blessez, vous perdrez ! Au rugby même, pourtant fort agressif, à la première goutte de sang, l'arbitre expulse, s'il l'a vu, celui qui a occasionné la blessure, mais, de plus, invite celui qui verse son sang à sortir ; il ne peut revenir que lorsqu'il ne saigne plus. Ces jeunes gens s'adonnent donc à la construction, quasi utopique, d'un immense modèle de société idéale, où les oppositions, même très violentes, ne versent jamais le sang. Et vous voulez leur faire chanter un hymne où coule abondamment le sang ? Et vous désirez apprendre à des jeunes gens, dès l'école maternelle, dès l'école primaire ou secondaire, à verser un sang impur qui abreuve nos sillons, des jeunes gens que de féroces soldats viendraient égorger... De quelle époque dinosaure parlez-vous ? À quel avenir sinistre désirez-vous les préparer ?

— C'est une chanson symbole, ce n'est plus une chanson qu'il faut prendre à la lettre.

— Les paroles ont un sens ou elles n'ont pas de sens. Elles inciteraient donc ou à la violence ou à l'insensé ; belle éducation, en vérité ! Si ces paroles ont un sens, il a quitté la modernité depuis belle lurette ; les contemporains ne s'y retrouvent plus. Et tant mieux ! Comment penser que des gouvernants responsables puissent demander aujourd'hui aux enseignants d'apprendre à nos enfants à sucer le sang ? Écoutez-moi commencer mon prochain cours, dans un amphithéâtre, par les mots suivants : « Mesdemoiselles, messieurs, je vous engage à devenir des bêtes, de l'espèce vampire » ; tous éclateront de rire. Moi aussi.

— Mais s'il s'agit d'élèves plus âgés, d'étudiants capables de resituer le contexte…

— Même pas. Ils vivent, comme moi, à l'heure de l'Europe ; bientôt nous deviendrons ensemble citoyens du monde. Les vieux ennemis de mes ancêtres sont mes frères de sang. Cette histoire est close. Nous désirons tous qu'elle s'achève. Nous ne voulons pas qu'elle revienne. En deux mots, je vous raconte celle qui la remplace, désormais : il y a des milliers d'années, nous sommes tous sortis d'Afrique ; nous n'avons plus que des cousins.

— Je pense que cette chronique va également faire parler d'elle.

La Chine

Chronique du 16 octobre 2005

— *Michel Serres, France Info sera toute la semaine en Chine pour mieux faire connaître ce monde gigantesque, dont on parle un peu plus chaque jour en Occident. La Chine, pays qui fait craindre à tous, par sa croissance, de manquer de pétrole sous peu, pays qui nous envahit de ses productions, mais que nous flattons car il achète. Chine qui s'est éveillée, comme l'annonçait Alain Peyrefitte… Mais est-ce bien de cette Chine-là dont parlait Alain Peyrefitte ?*

— Je connais deux Chines ; j'ai eu la chance de visiter la première, des dizaines d'années avant que plus de la moitié des grues du monde n'y travaille, comme aujourd'hui, pour y consommer plus de la moitié du ciment du monde. J'ai vu la Chine d'avant ce démarrage, d'avant ces reconstructions, la Chine immortelle des paysans, l'immense, l'étonnante, la bouleversante agriculture chinoise ; il y a toujours plus d'un milliard de paysans chinois. Resteront-ils longtemps un milliard ? Je vous invite à longer les rives du Chang jiang (Yang-tseu Kiang), ou celles du Huang He, à traverser les plaines de riz, de blé ou de soja… tout y est cultivé, sans lacunes, sans trous ni passages. Le moindre champ est labourée, la moindre parcelle est travaillée, le moindre lieu est exploité.

— *Partout où c'est possible.*

— Pas de reste, pas de place inutile, pas même de chemin. Portant de lourdes palanches, des hommes et des femmes passent, plaçant leurs pieds de part et d'autre de lignes cultivées. Pas de routes pour pénétrer en ces lieux. Même l'eau est cultivée : sur les canaux d'irrigation, croissent des châtaignes d'eau, nagent des canards soigneusement élevés ; çà et là, parfois, un passant pêche du poisson. Toute liquide, toute solide, toute lise est exploitée, voilà le triomphe de la totalité. Notre agriculture occidentale s'adapte au relief ; ici, le paysan chinois adapte le relief à son agriculture, car le riz demande l'horizontalité de l'eau. Par contraste, ce qui nous étonne, nous, agriculteurs d'Occident...

— *Agriculteurs, nous ne le sommes plus.*

—... parmi nos terres, nous laissons des mouillères, nous laissons des bosquets, parfois des bois et des forêts ; notre agriculture a des restes. Eux n'ont pas de restes, pas de place, pas de jachères, tout l'horizon se remplit. Chine pleine ; Chine saturée. L'agriculteur occidental tisse des espèces de haillons, troués de lieux non cultivés... peut-être pour demain ou pour l'année prochaine, peut-être pour ses enfants... comme s'il prévoyait une histoire... Ici, au contraire, la totalité de l'exploitation raisonnée a pris l'horizontalité de la terre. Le plein prend le plain. Paysage original, enthousiasmant, étouffant... De tenir cette totalité, la Chine agricole vous prend à la gorge.

— *Ne nous dépeignez-vous pas un pays agricole comme le furent nos pays il y a quelques siècles ? Un pays bientôt révolu, parce que cette agriculture, comme la nôtre, un jour, va disparaître...*

— Peut-être va-t-elle s'achever, comment le deviner ? Mais comment supprimer ce milliard de paysans ? Nous avons tué les nôtres à la guerre de Quatorze... Nous ne comptons plus que 2,3% de paysans, j'en parlerai tout à l'heure. Mais revenons en Chine : dans cette totalité totalement exploitée, où donc l'homme peut-il vivre, puisqu'il n'y a plus de place, puisque son œuvre rurale envahit toute la place ? Tout le lieu pour la culture, plus de sol pour les cultivateurs. Il ne reste plus qu'une place. Placez vos pieds dans la plaine. Que voyez-vous, par cette morne horizontalité du plat ? Le ciel. Expulsé de l'horizon totalement exploité, le paysan n'a plus que le ciel pour survivre. Toute la culture chinoise s'ensuit de là, de l'agriculture totale, de la terre complètement prise par le risque de famine et l'obligation de se nourrir. Regardez le bord des toits. Nos toits ont des bords raides, aigus, penchés, visant le sol. Leurs bords de toits s'arrondissent, comme des rampes d'envol vers le ciel ; ils s'envolent vers le haut ; les pagodes vous convoquent pour le vol. Contemplez maintenant les rouleaux de leurs peintures. Ils se déroulent verticalement. Vers cette verticalité, au milieu de rochers qui ressemblent à des nuages, un sage lévite au-dessus des nues et invite à une sagesse volante. Regardez leurs cerfs-volants… Les cerfs-volants volent, volent les rouleaux, le dragon vole, l'écriture, verticale, vole…

— *Je ne vous dirais pas « Pigeon… »*

— Tout leur culture sort de cette terre agraire horizontale totalement exploitée pour s'envoler vers le ciel. Visitez les lieux où gisent les tombeaux des rois : on y accède, pour l'éternité, par des avenues scandées de statues, comme par des cheminées verticales…

— *C'est l'Empire céleste que vous nous racontez là !*

— L'empereur se désigne comme fils du Ciel. Pour comprendre la culture chinoise la plus abstraite, l'écriture ; la plus raffinée, la peinture ; la plus socio-politique, la Cité interdite et l'empereur fils du Ciel, etc., il suffit de regarder l'agriculture, où il n'y a ni lieu ni route ni reste, où donc un milliard d'hommes et de femmes de la terre sont expulsés de la terre qu'ils travaillent vers le ciel. Nous, occidentaux, vivons encore sur terre, parce qu'il y a des restes, des bosquets, des haies, des mouillères, de la jachère. Quelle différence entre l'Occident et l'Orient ! Parvenus à une occupation totale de la terre rationnelle, les Orientaux n'ont plus d'échappatoire, plus de lieu à habiter que le ciel. Penchés, horizontaux, sur le riz ; la tête, verticale, vers leur habitat volant. Toujours un peu penchés, toujours inclinés, orientés vers l'avenir, nous autres, paysans d'Ouest, vivons dans cet angle formé entre la terre du travail et son reste ; habitant un espace ensemencé de reliefs, nous avons inventé le temps incliné de l'histoire. Enlisés dans la totalité horzontale, volant dans la verticalité, ils ont quitté l'espace, ils ont quitté le temps, ils ont quitté l'histoire.

— *Vont-ils perdre leur culture en évoluant vers les technologies ?*

— Nous y voilà. Nous avons des chemins. Ces routes, hélas, aboutissent aux fermes. Alors les militaires, alors les politiques et les administrateurs, les marchands et les financiers, les savants même... tous gens de la ville... passant par ces chemins, vont vers les paysans, les recrutent, les étudient, les embauchent, les exploitent... les détruisent. Voyez : il n'en reste plus, chez nous, que 2,3%. Enlisés dans leurs terres, retranchés dans leur forteresse de totalité quasi rationnelle, hantant un espace sans chemin, les paysans chinois resteront encore longtemps un milliard, parce qu'aucun chemin n'aboutit jusqu'à eux. Ils habitent la terre et hantent le ciel. Essayez, maintenant, de les attraper, en haut...

Les jeux de hasard et la fortune

Chronique du 23 octobre 2005

— Michel Serres, cette semaine, parlons fortune. Pas fortune de mer – je le précise aux marins –, mais propriété considérable, argent, jeux d'argent ou de hasard. Chaque semaine, par exemple, l'Euromillion fait jouer des dizaines de millions d'Européens et gagner jusqu'à cent millions d'euros, parfois plus – soixante-quinze millions d'euros gagnés en région parisienne il n'y a pas longtemps. Est-ce que tout cela est juste, Michel Serres ?

— Je vais raconter deux fois et chanter une seule. Première histoire : la belle Hélène, si belle, quitta un mari grec pour un amant troyen. Furieux de la trahison, la Grèce déclara la guerre à la ville de Troie. La flotte veut appareiller, mais, en l'absence de vent, les voiliers restent scotchés au port. Agamemnon, amiral et roi des rois, fit un sacrifice aux dieux et promit de leur sacrifier, s'ils envoyaient du vent, la première personne qu'il rencontrerait. Le premier venu, au hasard. Par chance tragique, la première personne qu'Agamemnon rencontra, ce fut sa propre fille, Iphigénie.

— C'est plutôt une perte qu'un gain… Nous sommes dans les jeux de hasard tristes.

— Gagner ou perdre ; perdre ou gagner d'abord la vie. Deuxième histoire, issue du *Livre des Juges*, dans la Bible. Jephté, roi, promet, de même, de sacrifier en holocauste à Yahvé le premier venu s'il obtient la victoire devant l'armée ennemie. Il l'écrase et, pour le féliciter, sa fille sort de la ville, en tête d'un cortège de danses et de chants, à sa gloire ; voilà l'histoire tragique de la fille de Jephté. Les premières interventions du hasard que nous connaissions se disent, ainsi, dans un contexte religieux : le sacrifice, en tout point barbare, du premier venu. Calculez maintenant la probabilité pour que vous soyez le premier que je rencontrerai, ce soir, au milieu d'une foule comme celle qui s'agite sur une place, à Paris, Strasbourg ou Lyon, à la sortie des bureaux ? Voilà un tirage au sort. Alors je chante la chanson *Il était un petit navire*. Vous vous rappelez ?

— *Vous y revenez !*

— « Les vivres vin-vinrent à manquer, ohé ! ohé ! / On tira z'à la courte paille / Pour savoir qui-qui-qui serait mangé / Ohé ! Ohé ! / Celui qui devait être mangé, et / Le sort tomba sur le plus jeune. » Dans ces trois exemples : première venue ou courte paille, il s'agit du sacrifice humain et, en particulier du meurtre du fils ; on ne tue jamais le père, comme certains veulent nous le faire croire, mais toujours le fils ou la fille, le plus jeune en tous les cas. Peut-être même dissimule-t-on le meurtre du fils sous l'apparence d'un jeu de hasard !

— *Mais ce ne sont pas des jeux, n'est-ce pas ?*

— Si, on tire au sort pour savoir qui va gagner ou perdre sa vie. Dans les armées romaines, on « décimait », on tuait un jeune soldat sur dix, au hasard également.

— *Tout de même, vous êtes toujours dans des hasards assez malheureux.*

— Pas d'impatience, je vous prie. Je vais démontrer bientôt que, dans le jeu, au sens moderne, il n'y a pas de hasard heureux. Mais l'histoire du hasard commence vraiment dans l'histoire des religions. Suite, donc : quand l'on quitte le sacrifice humain pour le sacrifice animal, comment se passe le rituel sacrificiel d'un bœuf, par exemple ? Le grand prêtre faisait tourner un petit troupeau tout autour de l'autel, cela formait comme une roue ; à un moment il arrêtait la roue ; l'on tuait le bœuf qui se trouvait alors devant l'autel. Voici la roue de la fortune…

— *Absolument.*

— Voici advenue la roue du millionnaire ! Voici l'origine religieuse des jeux de hasard. Sacrifice humain, sacrifice animal ; l'on oublie le sacrifice et l'on passe aux jeux de hasard. Qui va gagner, qui va perdre sa vie, l'homme, puis l'animal ; qui va gagner, qui va perdre, au moins symboliquement, de l'argent. L'argent se substitue à la vie. La bourse ou la vie !

— *Voilà qui nous ramène à la messe de l'Euromillion, le vendredi soir.*

— Apparition, dans l'histoire, du jeu symbolique. Apparition de la Fortune, déesse romaine qui a le pied sur une roue et les yeux bandés. L'histoire peut enfin raconter comment cette origine religieuse verse, soudain, à propos de l'argent et des nombres, vers les sciences, en particulier, les mathématiques, puisqu'il s'agit de nombres. Vous parlez de millions, vous parlez de milliards, vous parlez d'euros, vous parlez de gagner ou de perdre, il s'agit toujours de nombres. En plein XVIIe siècle, voici plus de trois cents ans, Blaise Pascal invente la théorie des jeux. À la même époque, des mathématiciens géniaux, français, suisses et hollandais fondent la statistique, la théorie des grands nombres… sur lesquelles tout un commerce, toute une économie se constituent : les assurances, les banques, les rentes à vie, etc. Les assureurs gagnent toujours à ce jeu, selon la loi des grands nombres. Et maintenant, permettez que j'annonce aux auditeurs, le plus solennellement du monde, la plus pure des vérités : que les jeux les trompent. En effet, les organisateurs jouent *contre eux* et à coup sûr. Il est démontré, mathématiquement démontré, que tous les joueurs perdent toujours à n'importe quel jeu. Émile Borel, qui fut, autour des deux guerres mondiales, l'un des meilleurs spécialistes du calcul des probabilités, a même écrit un théorème, toujours valable, qui s'appelle « théorème de la ruine du joueur ». Il est absolument certain que vous allez perdre…

— *C'est sans espoir.*

— … je le répète : il est certain que vous allez perdre. Le calcul des probabilités montre que le joueur perd toujours et que l'organisateur gagne toujours. La banque et le casino gagnent toujours, et celui qui joue au casino – ou ailleurs - est absolument certain de perdre. Ce théorème mathématique démontre la ruine du joueur.

— *Sauf un, de temps en temps.*

— Ne répétez pas, je vous en supplie, cette publicité mensongère ; rétablissons au contraire la pure vérité, mathématiquement démontrée : *l'absolue certitude de perdre.* J'ai parlé, j'ai même chanté de religion ; j'ai parlé de sciences et de certitude ; maintenant je vais parler de politique. Dans l'organisation des jeux, l'État prélève un impôt important.

— *Une grosse dîme, oui.*

— L'État est donc absolument certain de gagner. Or, il est démontré, par les mêmes statistiques, que les riches ne jouent pas ainsi, car ils ne jouent qu'à des jeux plus sûrs, la banque, l'économie, la rente, la finance. Qui joue donc ? Les pauvres…

— *Bien plus nombreux.*

— En conséquence, on peut définir les jeux comme des impôts supplémentaires, quoique volontaires, prélevés sur les pauvres. Comme, aux jeux, on perd toujours, ils paient, en jouant parce qu'ils rêvent de gagner, de nouvelles taxes à de riches organisateurs et à l'État qui, tous deux, les trompent en gagnant toujours à ces mêmes jeux. Je pleure donc des larmes de sang qu'en France les gouvernements de gauche aient libéralisé les jeux et multiplié donc ces impôts qui écrasent les pauvres. Installés au pouvoir, ignorant le peuple et le méprisant de surcroît, les grands bourgeois de la gauche caviar décidèrent de multiplier les jeux et firent ainsi peser des impôts nouveaux sur les pauvres. Comprenez maintenant pourquoi l'histoire des jeux commence par le sacrifice humain ; immanquablement, elle y revient, par les canaux de la science et de la politique. Par les jeux la gauche a sacrifié les pauvres.

— *C'était pour donner plus aux pauvres.*

— Non, non, pour mieux les tuer.

Les cimetières

Chronique du 30 octobre 2005

— *Michel Serres, cette semaine, parlons des cimetières. Rien de bien gai, mais en cette veille de Toussaint puis de fête des Morts, nombreux sont ceux qui vont y porter des fleurs, s'y recueillir un moment. Cimetières qui existent depuis que l'homme a quitté l'animalité, qui sont, en quelque sorte, la marque de son entrée en civilisation. S'occuper de ses morts est le propre de l'homme.*

— Nous sommes devenus les hommes que nous sommes lorsque nous avons découvert, je ne sais ni quand ni comment, que nous allions mourir ; que nos proches, que nos bien-aimés allaient mourir. Pour la fête des Morts, entrons aujourd'hui dans nos cimetières. Avez-vous remarqué à quel point ils ressemblent à des villes, avec leurs rues, leurs places, leurs avenues, leurs immeubles de familles...

— *... avec leurs chapelles parfois....*

— ... avec leurs quartiers riches et leurs quartiers pauvres. Métropole, nécropole. Pour comprendre le cimetière, sortons, au contraire, de la ville et même de ce groupement, quasi villageois, de tombes. Pour mieux en sortir, je vais dire un mot. Les mots sont des boîtes de Pandore ; lorsqu'on les ouvre, il se trouve que leur sens prolifère parfois. Je prends la liberté de dire un mot latin : *pagus*. Que signifie-t-il ? Le champ labouré, le carré ou le rectangle de luzerne, le champ de blé, la pièce de maïs, le morceau de vigne, le jardin divisé en plans de tomates et de salades. Ce *pagus*, passionnant, a donné deux mots, trois, quatre, dix mots français. Voici les premiers : « pays » et « paysage ». Admirez le paysage, constitué, en effet, comme un manteau d'Arlequin, des rectangles et de carrés juxtaposés, de luzerne, de maïs, séparés par des haies, troué de forêts, etc., comme un tissu cousu. Voilà le paysage. Et qu'est-ce qu'un paysan, encore formé sur le même mot : « pays », « paysage » ? Le paysan a dessiné, dessine et dessinera le paysage ; il sculpte le pays. *Pagus*, paysan, paysage. Les plus beaux paysages du monde, ceux de mon Sud-Ouest natal, ceux de la Toscane, ceux des rives du Yang-tseu, ont été fabriqués, sculptés, dessinés et peints par ces artistes sublimes que le monde a toujours oubliés, qui s'appellent paysans.

— *Nous nous sommes éloignés du cimetière.*

— J'y reviens. Le paysan fait le paysage. Or le *pagus* a donné d'autres mot que ces mots mondiaux : « paysan », « paysage » ; il a donné les mots « païen » et « paganisme ». Voilà maintenant du religieux. Pourquoi ? Parce que chaque *pagus*, chaque carré de culture a un dieu. Quel est ce dieu qui gouverne et désigne le *pagus* ? C'est l'ancêtre enterré au bout du champ labouré. Voilà, dès l'origine, l'élément du cimetière. Ce carré labouré, qui fait la pièce du paysage, est aussi l'élément du paganisme, parce que, dans les plus antiques croyances, chaque carré de terre est fécondé, fertilisé, par la chair, la sueur et le sang des ancêtres paysans.

— *C'est très symbolique.*

— Ainsi, La Fontaine raconte « Le Laboureur et ses enfants ». À l'article de sa mort, le laboureur dit à ses enfants : « Travaillez, prenez de la peine : / C'est le fonds qui manque le moins. [...] Un trésor est caché dedans. » Le fabuliste dit que le travail est un trésor, il coupe la parole au laboureur au moment où il va dire le secret. Voici le secret : dans le *pagus*, dans le carré labouré, il y a vraiment un trésor, ce n'est pas le travail, c'est l'ancêtre enterré là, qui fait que le carré est la propriété de la famille, le lieu de rites où la famille prie et se recueille, le lieu religieux, l'élément de paysage en même temps que l'élément de paganisme. L'expression « ci-gît », *hic jacet*, veut dire qu'« il n'y a de lieu ici, dans la terre et dans le monde, il n'y a de terre dans le monde, que si et seulement si un ancêtre est enterré dedans. » Celui qui gît, le vieux laboureur en train de mourir, désigne le « ci », le lieu ici : ici, je vais gésir avec les ancêtres. Et ceci est votre lieu, parce que j'y reposerai avec eux. Le dieu du paganisme repose ici ; vous devez lui rendre un culte.

— *Mais le cimetière les rassemble, ces gisants.*

— Nous y voilà. Nous, gens de la ville, appelons aujourd'hui cimetière, cet ancien paysage, ce groupement, cette association, ce haillon recousu des *pagi* paysans et païens. Distribués jadis dans le paysage rural, ces lieux de paganisme… tiens, pressé par vous, j'ai oublié de vous dire le dernier mot issu de *pagus* : la paix. La paix silencieuse du paysage, le silence paisible des cimetières. Étant donné les limites assignées aux champs labourés, aux carrés de luzerne, aux mouillères, étant donné les bornes assignées aux lieux où sont enterrés les ancêtres de chacun, alors nul ne fera la guerre contre ses voisins, parce qu'il essaiera de ne pas en outrepasser les bornes. En somme finale, qu'est-ce qu'un cimetière ? La réunion serrée, au milieu d'une ville, de tous les anciens *pagus* de la rusticité. La cité restitue, par le cimetière, l'antique, l'archaïque, le traditionnel paysage des paysans et du paganisme, complètement oublié, la paix de l'extérieur de la ville, le pays lui-même, anciennement fait de ces pièces rapportées, du cousu de ces champs et de ces tombes dispersées qui marquaient la propriété de chaque famille. Tous les pagus sont là, bâtis, tous les lieux d'enterrement, tous les « ici ». Alors, le cimetière, dont nous croyions, tout à l'heure, qu'il ressemblait à une ville, imite, au contraire, l'ancien paysage de campagne, en réunissant la totalité des tombes paysannes, serrées. D'où la paix silencieuse qui émane de lui. Mais, inversement aussi, la ville elle-même, la métropole imite la nécropole : votre appartement s'y construit sur le carré de terre qui vous appartient.

— Dans ce cas, comment pouvons-nous aller vers… la « fin des cimetières » ? Les gens se font de plus en plus incinérer, on délaisse progressivement le culte des morts…

— Manquons-nous de place ? Les cendres, dit-on, tiennent moins de place que les corps. Non. Laissez-moi finir par deux rites opposés : l'enterrement des corps aimés rendait donc la terre sacrée ; le corps, de même, devenait sacré parce que l'homme – *homo, humus* – était, disait-on, fait de terre. L'ancien sacré tient donc à ce que j'ai dit du *pagus*, de l'antique paganisme, de son attachement mortel à la mort. Inversement, une religion moderne, comme le christianisme par exemple, célèbre le tombeau vide. Il dit : « Laissez les morts enterrer les morts ». Oublions la mort, vivons la vie. Je veux bien, si l'on veut, car cela m'est égal, que l'on disperse mes cendres : oui, dans le couloir Coolidge, par exemple, en cette cheminée vertigineuse de glace où, alpiniste débutant par cette ascension, l'aube me saisit soudain et m'enveloppa de sa couleur violette et mauve ; là, les larmes aux yeux, j'ai dit : « Lumière de lumière. »

— Restons sur cette très belle lumière. Michel Serres, merci.

Les lieux de mémoire

Chronique du 6 novembre 2005

— *Michel Serres, cette semaine, attardons-nous encore autour des lieux de mémoire. Le 11 novembre approche, c'est l'occasion, non seulement de retourner dans les cimetières, mais aussi de se rassembler autour des monuments aux morts, des stèles sur les champs de bataille, ou de se rendre sur des sites – ainsi le moulin de Valmy, qui vient d'être restauré. Lieux de mémoire... notre civilisation vit-elle dans le passé ?*

— Un groupe se survit, dit-on, par les récits d'une histoire qui ne peut se passer de lieux de commémoration, de plaques sur les murs qui font se souvenir que tel ou tel a vécu là, de noms propres sur les boulevards, pour dire les...

— *... batailles...*

— ... les douze maréchaux de l'Empire... Les monuments aux morts dans nos villages et les villes commémorent l'atroce Première puis l'horrible Seconde guerres mondiales. Rarement beaux, ils montrent un soldat au geste théâtral ou une Liberté dépoitraillée, couvrant une longue liste de pitoyables et jeunes victimes oubliées, mortes souvent inutilement : voilà les monuments au meurtre des enfants, perpétré par leurs pères. Ces lieux de mémoire dépendent, certes, de l'endroit où l'on vit...

— *Des avenues Lénine, c'est sûr qu'il y en a plus à Moscou qu'à Washington...*

— Ou dans la banlieue Est de Paris qu'en son centre.

— *Absolument.*

— Voilà donc des lieux liés à l'idéologie, mais aussi à un passé récent… Commémore-t-on encore les morts de la bataille de Bouvines ou d'Azincourt ? Il est vrai qu'on y tuait, déjà, les enfants. Souvenez-vous donc de ne plus décider de tuer vos enfants, voilà le principe de vie, fortement universel, que devraient nous inspirer nos monuments aux morts.

— *Nous avons une avenue d'Iéna, une gare d'Austerlitz… mais pas de rue ou d'avenue de Trafalgar, vous avez remarqué ?*

— Autre chose. Borgès a écrit une jolie nouvelle où un enfant se souvient de la totalité de ce qui se passa lors de son premier jour : impossible de se souvenir de tout. D'une certaine manière, l'oubli est la fonction première de la mémoire. Nous ne survivrions pas si nous nous souvenions de tout. La vie exige un devoir d'oubli plus encore qu'un devoir de mémoire ; la vie, certes, mais la morale aussi bien ; car la mémoire engendre vengeance, vendetta et ressentiment. Voilà pourquoi, en droit, intervient la prescription.

— *Le pardon, en fait.*

— Le pardon et l'oubli nous permettent de vivre. Héroïne de l'excès de souvenir, Andromaque, par exemple, empêche son entourage et ses enfants de vivre. Je l'appelle veuve noire, araignée qui pique tout le monde autour d'elle du venin de la mémoire. Voilà ce que j'ai à dire, en biologiste, oui, en médecin aussi, des lieux de mémoire humains. Mais intéressons-nous maintenant à ce dont on parle moins : des lieux de mémoire naturels. Arrogants, nous croyons, nous, les hommes, que nous sommes les seuls à écrire, les seuls à nous souvenir. Eh bien, non : la nature, elle aussi, se souvient. Regardez une falaise striée de strates : chacune d'entre elles raconte exactement la date de sa formation.

— *Et les carottes ?*

— Des carottages effectués sur les glaciers, remontent au jour des…

— *… des temps anciens…*

— … de véritables textes, des éléments de mémoire exacts et fidèles. Par exemple, on peut dater aujourd'hui, à l'année près, sur ces mêmes carottages, le moment où, le Moyen-Orient a découvert le bronze, parce que l'atmosphère a retenu des éléments métalliques, microscopiques, émanés des feux de forge, que la glace a conservés, par l'intermédiaire des chutes de neige. Sur la couleur d'une étoile, les astrophysiciens savent lire sa jeunesse, sa vieillesse, son évolution, sa composition, la proximité de sa mort… parfaitement écrites et conservées.

— *Ou si, tout simplement, elle n'existe plus.*

— Autre lieu de mémoire, universel celui-là : le rayonnement cosmologique, oui, se souvient du big-bang ; il en est la trace fidèle, l'éclat qui en reste. Quinze milliards d'années de mémoire, qui peut dire mieux ! Non loin du cratère de l'Arizona, Patterson a su lire, aussi, sur des éléments radioactifs, l'âge exact de la planète Terre. La nature conserve des textes, des phrases, des codes, des nombres… qu'il suffit de déchiffrer.

— *Vous croyez donc aussi à la mémoire de l'eau, par exemple, qui fut un sujet…*

— Comparons, maintenant : les lieux de mémoire historiques et humains remontent à des dates à court terme ; peu exacts et relatifs, ils risquent, de plus, de mentir… Tandis que les lieux de mémoire naturels…

— *… ils ne sont pas discutables.*

— … quatre milliards d'années pour la Terre, quinze

milliards d'années pour l'Univers, trois milliards huit cents millions d'années pour l'émergence de la vie sur la planète, voilà des comptes rigoureux, objectivement discutables, variables, certes, selon de nouvelles découvertes, jamais mensongers. La nature joue peut-être aux dés, sans doute cache-t-elle ses jeux et ses alphabets, mais elle ne trompe ni ne ment. De même, nous datons de mieux en mieux l'apparition des espèces vivantes, leur disparition, les événements catastrophiques au cours desquels ces vivants furent en grande partie éradiqués ; enfin, ce qui nous intéresse au premier chef, l'émergence des diverses espèces hominiennes, dont la nôtre.

— Les êtres humains que nous sommes ont en fait besoin de lieux de mémoire humains, et aussi des lieux de mémoire naturels dont vous nous parlez.

— Je veux conjuguer la nature et l'histoire. Nous ne vivons pas hors du monde, nous sommes des êtres au monde : certes nous avons une histoire, des histoires, selon nos cultures ; mais je rêverais de fonder une histoire qui n'exclue pas la nature de l'humain ni l'homme du naturel.

— Finalement, notre culture est faite, d'une part, de la réalité des choses que la science nous permet d'aller capter dans le passé, et puis de ce que nous emmagasinons, à notre manière, et que nous retransmettons…

— Aux lieux de mémoire culturels, écrits, gravés, sculptés par les hommes, relatifs, souvent émouvants et beaux, nécessaires, mais toujours sujets à soupçons, associons les lieux de mémoire naturels, étoiles et constellations, rivages et roches, feux et cristaux, fossiles… tous pleins de signaux et de codes. conservatoires rigoureux d'un passé colossal, au-delà de notre histoire humaine.

La télévision a soixante-dix ans

Chronique du 13 novembre 2005

— Michel Serres, cette semaine, nous allons fêter les soixante-dix ans de la télévision – si l'on prend le premier émetteur de la tour Eiffel, la télé en cent quatre-vingts lignes comptait, à l'époque, quelques rares récepteurs. En France, la télévision prend son essor en 1948 – c'est la télé en 819 lignes. Et l'on date de 1967 les prémices de la couleur, avec le procédé Secam d'Henri de France. Aujourd'hui, la télé c'est comme l'eau courante : elle fait partie de notre quotidien. Indispensable et même dictatoriale, la télé imprime les idées et l'évolution de la société, on la dit même, Michel Serres, responsable de tout. Êtes-vous d'accord ?

— Puisque l'anniversaire de ce jour commémore la première image, saluons d'abord la performance technique. Les innovations de la technique précèdent toujours de beaucoup les objets courants qui les utilisent ; on a tendance à croire ces découvertes nouvelles, c'est-à-dire contemporaines de leur utilisation. Loin de là. Peu de gens savent, par exemple, que la Silicon Valley travaillait sur l'électronique dès le début du XXe siècle et que, si elle doit son essor actuel à l'ordinateur, elle avait pris, en ces domaines, beaucoup d'avance dès 1900. Une longue histoire est souvent la condition d'une réussite tardive. Même là, les choses viennent rarement d'un coup.

— À titre expérimental, on arrivait d'ailleurs à montrer de la télévision en couleurs avant-guerre.

— Premièrement, performance technique ; deuxièmement,

influence sociale, politique socio-culturelle. La société crée de la technique, et la technique, comme en retour, crée de la société. Au sujet de la télévision, je vois deux révolutions et une évolution. Première révolution : dès 1955, la télévision se répand, surtout dans les lieux publics, comme les cafés ; immense renversement de culture. Une simple histoire, en forme d'autobiographie. Je suis né à 750 kilomètres de la capitale ; avant 1955, étudiant à Paris, j'apportais mille nouvelles à ma famille lorsque j'allais en vacances. Mes parents me considéraient un peu comme le messager de la modernité. Je racontais ce que l'on racontait à Paris, ce que j'y voyais, les événements auxquels j'avais assisté ; bref, c'était moi qui portait les nouvelles. Cette année-là, parurent, à Agen, Lot-et-Garonne, des postes de télévision, Alors, dès que j'arrivai en vacances, ma famille me donnait les nouvelles de Paris, à moi qui arrivais de Paris. Ils savaient tout, et de loin, mieux que moi. Renversement extraordinaire du flux d'informations. Annulation du témoin.

— *Il y avait déjà la radio, tout de même…*

— Crachotante, surtout pendant la guerre, où le brouillage la rendait souvent inaudible. La révolution télévisuelle fait entrer à la maison l'information en personne ; entrant chez vous, l'image y joue le rôle de l'invité.

— *L'image marque les esprits.*

— Premier renversement dans le flux d'information. Deuxième révolution : à la même époque, je passais l'agrégation ; mon grand rêve fut alors de devenir professeur de philosophie, non pas au lycée, non pas à l'université, mais dans cette boîte, que j'ai considérée vite comme un opérateur excellent d'acculturation, comme un instrument de diffusion culturelle sans exemple dans toute l'histoire humaine. Immense espoir.

— ... déçu ! Pour tout le monde d'ailleurs, pas que pour vous.

— Enfin, l'évolution. De nouveau, une anecdote, et, de nouveau en forme d'autobiographie. Lorsque j'entrai à l'Académie, je succédai à Edgar Faure, dont je dus faire l'éloge. Il avait été avocat au procès de Nuremberg, puis était devenu homme politique : député, puis ministre, ministre de l'agriculture et de l'éducation nationale, enfin Premier ministre. Pour mieux connaître sa vie et son œuvre, après avoir lu ce qu'il avait écrit et interrogé des témoins, amis et ennemis, j'ai demandé à l'INA de bien vouloir me fournir les documents audiovisuels correpondants ; fort aimablement, l'Institut les a mis à ma disposition. Au cours du long examen de ces bandes et films, la vie et l'évolution d'Edgar Faure, sont soudain devenus, à mes yeux éblouis, une histoire réellement significative de la télévision elle-même. La voici : au début, dans les années 1955 à 1960, lorsqu'on interviewait Edgar Faure, il était seul sur le plateau et l'écran ; le journaliste, hors image, lui posait des questions du dehors, et le ministre répondait pendant dix minutes, vingt minutes, quelquefois une demi-heure ; au vu de ces images, à l'entente de ces réponses, je prenais fébrilement des notes pour mon éloge. J'apprenais beaucoup de choses que je ne savais pas. Cinq ans après, le journaliste entre dans l'écran ; au lieu de parler vingt minutes, Edgar Faure ne parle plus que dix minutes, puisqu'il faut bien dix minutes pour les questions, dix minutes pour les réponses. L'information baisse de moitié.

— Les questions sont longues.

— Encore cinq ans après : notre ministre n'est plus seul sur le plateau ; il n'y est même plus seul, accompagné de l'animateur, car il s'y trouve flanqué de plusieurs comparses, de tout un collège de gens, quatre, sept... alors, au lieu de parler dix minutes, Edgar Faure ne parle plus qu'une ou deux minutes, et même, à la fin, il tire sur sa bouffarde – il avait une belle pipe de Saint-Claude, dont il était le député, il la suçait avec délices gourmandes – en éructant, parfois : « Euh, oui, plutôt non, boff... » Alors, je ne prenais plus de notes, l'information venait de disparaître. Sous mes yeux, elle venait, en dix ans, de décroître jusqu'à s'évanouir. Elle ne fournissait plus aucun renseignement disponible pour la biographie que je devais écrire. Voilà mon témoignage d'historien politique. Il peut se doubler d'un calcul de théoricien de l'information : elle tend vers zéro. Et voici maintenant mon témoignage d'historien des religions. Pour quelqu'un qui vit en Amérique, comme moi, ces talk-shows, puisqu'on dit ainsi maintenant, reproduisent quasi à l'identique un culte protestant où le pasteur en exercice veut bien donner tour à tour la parole à ceux qui sont présents ; l'émission de télévision imite et répète ce culte protestant, jusqu'à devenir catholique, religion où le prêtre parle plus et mieux que tous les assistants. La leçon de ce changement devient alors toute simple : instrument de diffusion et d'information formidable et plein d'espoir, en ses débuts, la télévision devint rapidement un instrument propre à fabriquer de la puissance et de la gloire pour l'animateur, prêtre de ce culte. Les invités ne sont plus là pour fournir l'information dont ils sont les porteurs, mais pour illuminer la gloire de qui les interroge et, le plus souvent, minute et réduit au maximum leur temps de parole. Évolution ou renversement des rôles ?

— *Peut-on dire que la télévision, c'est le bien ou le mal ?*

— La langue est la meilleure et la pire des choses, disait le vieil Ésope. Généralisons : tout moyen de communication est, à la fois et indistinctement, la meilleure et la pire des choses. Par un quelconque canal, la radio bien sûr aussi, je peux dire : je t'aime ou je te hais. Mais maintenant et surtout : dernière révolution culturelle, celle des ordinateurs. Celui qui parle à la télévision fait un cours magistral, sans interactivité ; ce moyen devient un peu ringard, dès lors que les ordinateurs fournissent justement cette interactivité ; cette dernière révolution culturelle concerne le corps ; vous le savez, le corps ne trompe jamais. Devant l'ordinateur, il se penche en avant, en position active, comme fait celui du conducteur, dans une automobile ; devant la télévision, le corps, au contraire, se renverse, dans la position passive du passager. Non, le corps ne trompe pas : conduisez-vous vous-mêmes là vous voulez aller ou vous laissez-vous emmener ? Par sa position le corps exprime votre décision et votre liberté.

— Pour conclure, Michel Serres, nous pouvons quand même dire que nous n'oublierons jamais les premières images de l'homme sur la Lune… La télévision nous a offert ça.

— Voyez ma naïveté : je croyais que c'était les cosmonautes qui y étaient allés.

Fracture numérique

Chronique du 20 novembre 2005

— *Michel Serres, cette semaine, parlons de ce que d'aucuns nomment la « fracture numérique ». Le sommet mondial de la société de l'information vient de se tenir à Tunis. Une autre forme de sommet Nord-Sud, qui illustre la division de la planète entre les connectés et les non-connectés : près d'un milliard sur la Toile et cinq qui attendent. Mais n'en est-il pas de même de toutes les avancées technologiques : elles mettent du temps à toucher les masses. Rappelez-vous, la télévision…*

— Commençons, en effet, par des chiffres exacts. Ce qu'on appelle les « nouvelles technologies » connecte entre sept et huit cents millions de personnes ; nous approchons très rapidement du premier milliard de connexions. Sur les 6 milliards d'humains sur la planète, une personne environ sur six se trouve concernée. Curieusement, ce chiffre se répète pour les téléphones portatifs, qui approchent également d'un milliard.

— *Tout cela démarra il y a dix ans. Ça avance finalement assez vite.*

— D'où la première question, celle du temps. Lesdites connexions commencent entre dix et quinze ans et leur croissance court presque verticalement. Je ne connais pas de techniques qui aient crû aussi rapidement dans l'histoire ni aussi largement par le monde. Les révolutions techniciennes de jadis et de naguère, aussi rapides qu'elles aient été, ont souvent concerné des localités précises du monde : ladite révolution industrielle, par exemple, ne toucha, en ses débuts, que l'Ouest de l'Europe. Je voudrais, maintenant, essayer de montrer vraiment que l'expression « fracture numérique » témoigne d'une grande ignorance historique et constitue donc un abus de langage. Voilà : quelles sont les conditions pour se servir d'un ordinateur ; je ne parle pas, pour le moment, d'un téléphone portable, mais simplement d'un ordinateur ? Il y en a deux, me semble-t-il, au moins : il faut savoir lire, d'abord, savoir déchiffrer quelques lettres sur l'écran ou le clavier ; ensuite, quand on appelle un moteur de recherche, par exemple, il faut pouvoir écrire le code de son adresse, et pouvoir le taper sur la console, reconnaître les lettres etc., il faut donc avoir ce minimum d'instruction-là : savoir écrire et lire…

— *… de culture.*

— Non, savoir écrire et lire, pas plus. Or cela suppose une seconde condition, non plus seulement individuelle, mais collective, historique… et qui me paraît décisive. La première, savoir lire et écrire, ne concerne que la personne : elle a appris, ou non. Mais cela suppose, deuxièmement, une chose, je le répète et le souligne fortement, collective, sociétaire, historique : que la langue que l'utilisateur parle soit une langue écrite. On ne peut afficher sur l'ordinateur, et maintenant sur le portable, que des langues avec écriture. D'où le second chiffre, mille fois plus accablant que le premier ; plus encore, cent mille fois plus long dans le temps de l'histoire que lui : combien y a-t-il de langues écrites dans le monde sur les 6 800 parlées ? À peine deux ou trois centaines ! Par conséquent, avant de parler de fracture numérique, parlons, d'abord, de la vraie fracture, réelle, historique, oui, accablante celle qui sépare, et cela depuis des millénaires, les langues avec et les langues sans écriture.

— L'ordinateur nous conduirait donc à parler les langues écrites et, en particulier, l'anglais, l'espagnol… ?

— Une minute! je n'ai pas terminé. Soulignons, de nouveau, la comparaison entre deux autres chiffres : les dix ou quinze ans dont nous avons parlé tout à l'heure, et les quatre ou cinq mille ans, durée globale de la fracture de l'écriture. Elle n'a pas été réduite depuis des millénaires. Faisons, par exemple, l'éloge des Jésuites qui, au Paraguay, ont inventé d'écrire certaines langues amérindiennes, seulement parlées jusqu'alors, leur permettant aujourd'hui de devenir, avec l'espagnol, les langues officielles dans la politique du pays.

— Le quichua…

— Du coup, la fracture qui me paraît décisive, la voici : avons-nous jamais vraiment interrogé la décision étrange que nous prîmes, nous, Occidentaux, de ne faire commencer l'histoire qu'avec l'écriture ? Dès le moment où vous prenez cette décision, que l'histoire ne commence qu'avec l'écriture, vous creusez de manière terrifiante la fracture profonde dont je parle : vous excluez de l'histoire les peuples sans écriture. Il n'y a d'histoire que des peuples qui écrivent ; il n'y a d'histoire que de moi, qui peut et sait écrire ; il n'y a d'histoire que de nous ! Du coup, nous pouvons dire de tels ou tels, rencontés ici ou là sur la planète, cette pure abomination, ce résidu raciste : qu'ils datent de la préhistoire, qu'il vivent encore à l'âge de pierre, alors qu'ils sont, très exactement, nos contemporains.

— Selon vous, finalement, l'ordinateur, l'informatique vont réduire cette fracture ?

— Je le pense. Voici donc la seconde partie de ma démonstration : j'ai entendu des linguistes brésiliens dire que les langues amérindiennes commencent à rentrer en écriture grâce à l'ordinateur… Allez donc dans les pays dits défavorisés et même quelquefois dans les banlieues, l'appétit d'accéder à cette technologie accélère le désir d'apprendre à lire et à écrire. Du coup, ô paradoxe, ladite fracture numérique, que l'on voit sans qu'elle existe, peut aider à combler la vraie, la profonde fracture historique, celle que nous ne percevons point, alors qu'elle existe.

— *… combler…*

— … moins combler que réduire… allez; maintenant, vous promener dans des villes, ou même dans des villages d'Amérique du Sud, voire d'Afrique, entrez donc dans les cafés Internet… j'y suis allé souvent, il y faut y faire la queue tant ils ont du succès… et la pratique y est si fréquente que, sur les claviers, les lettres sont effacées ; les gens du pays savent s'en servir, et moi, qui ne voyais pas les lettres, je ne savais pas m'en servir, parce que je ne connais pas vraiment leur ordre par cœur ; du coup, parmi ces peuples que l'on prétend illettrés, je devenais, moi, le plus illettré de tous, parce que j'étais devant le clavier muet comme, devant une page, celui qui ne sait pas lire ! C'était moi l'illettré, là.

— *Quand même, ne peut-on dire que sont plus heureux encore ceux qui savent s'affranchir de cette société de l'information qui devient tentaculaire et dans laquelle on ne peut plus vivre sans un téléphone ou un ordinateur ?*

— Belle, cette idée romantique ou même utopique, oublie peut-être que l'on peut, en effet, se délivrer, se libérer de la culture (ou de la technique, ou de la science…) ; mais cela se réalise plutôt par un excès de culture, de technique, de science que par leur manque… Le manque ou l'ignorance, hélas, ne libèrent de rien et rendent plutôt esclave.

L'Inde

Chronique du 27 novembre 2005

— *Michel Serres, France Info sera, dès demain matin et pour la semaine, en direct de l'Inde. L'Inde, ce quasi-continent, ce deuxième pays du monde par la population – presque la Chine, avec plus de un milliard d'habitants. L'Inde qui n'est plus celle de la colonisation britannique, et qui n'est plus non plus celle de Nehru ou de Gandhi…*

— Comment parler de l'Inde en sept minutes ? Attaquons le sujet par trois points de vue : physique ou géologique ; culturel ; scientifique.

— *Attaquons par le point de vue physique, géographique.*

— Je demande aux auditeurs de regarder, sur un atlas, l'Océan Indien, et d'y descendre vers le volcan de la Réunion. On dit de ce volcan qu'il correspond à ce qu'on appelle un « point chaud ».

— *Le piton de la Fournaise.*

— Du Piton de la Fournaise, remontez du sud au nord ; vous observez, en allant vers l'Inde, une suite de points volcaniques qui aboutissent au Dekkan, où sont déposés d'énormes amas de laves refroidies. Voilà une belle trace du trajet exact qu'en plusieurs centaines de millions d'années, la plaque profonde du sous-continent indien a fait du sud vers le nord pour aller frapper la plaque asiatique. Le choc géant de ces deux plaques et la pression qui s'ensuivit et qui continue encore aujourd'hui ont déterminé le soulèvement de la plus gigantesque montagne du monde, l'Himalaya.

— *L'Himalaya !*

— Je me souviendrais, je crois, toute ma vie, du jour où, au sortir d'une profonde vallée, j'ai aperçu pour la première fois l'Everest, le Makalu, la Madablan... Je grimpais avec une équipe d'alpinistes que j'aimais beaucoup et que j'aime encore... spectacle extraordinaire. Voilà, le point de vue physique, le récit ou le spectacle du sous-continent indien allant frapper le continent euro-asiatique. Voilà pour la vue ; voici pour l'ouïe. Allemands, espagnols, français ou scandinaves, n'oublions pas que nous parlons des langues indo-européennes et que, parmi les langues parlées en ce sous-continent, beaucoup sonnent fraternellement. Nous sommes, en effet, des cousins très rapprochés. Ouvrez donc l'oreille pour, au moins, le mot le plus connu : *maharadjah* ; *radjah* signifie « roi », c'est exactement le même mot, le *rex* latin ; et *maha* répère *major*, *maximus*... On dirait un mot français ! *Maharadjah*, c'est le « grand roi », avec, exactement, la même racine.

— *Il y a aussi l'échange des cultures...*

— Nous leur devons beaucoup ; par exemple la numération. Les chiffres, que nous croyons arabes, sont, originairement, des chiffres indiens. Nous leur devons aussi une bonne partie des *Fables* de La Fontaine. Je rappelle aux auditeurs, que La Fontaine avait rencontré, dans le salon de Madame de la Sablière, un voyageur, philosophe et médecin, Bernier, qui revenait des Indes où il avait passé quinze années ; il lui avait fait lire le *Pañchatantra*, d'où il tire un bon dixième de ses *fables*. Deux siècles plus tard, ce *Pañchatantra* inspira Kipling aussi bien, qui en tira *Le Livre de la jungle*. Les *Fables* de La Fontaine sont, pour une part, notre *Livre de la Jungle* ! Cette inspiration commune, nous la devons à l'Inde.

— *Mais pas les* Fables *d'Ésope.*

— Elles sont d'origine grecque, mais aussi latine, par Phèdre. Nous avons donc en commun avec l'Inde, la langue, la numération, de grands fragments de culture… voilà nos frères, nos cousins. Passons maintenant à une impression contemporaine, en forme d'autobiographie. L'Inde n'est plus celle de Nehru, les jeunes y oublient peu à peu la colonisation britannique ; elle a donc beaucoup changé. Combien ai-je rencontré là-bas d'étudiants et même de professeurs qui ne se souviennent plus de l'époque à laquelle vous venez de faire allusion. Et ce qui m'a beaucoup bouleversé, à part l'Himalaya et notre fraternité linguistique, c'est le niveau de culture qu'on peut rencontrer dans la rue. À nous faire tomber de honte, devant notre propre barbarie !

— *Et scientifique.*

— À Calcutta, Bangladesh, un chauffeur de taxi découvre que je suis écrivain et professeur ; aussitôt, il me cite des dizaines de vers et il me montre son propre recueil de poèmes ! L'imprégnation culturelle de ce pays est extraordinaire. Dans certains de leurs journaux, la double page scientifique, à l'intérieur, est d'un niveau étincelant. Nous ne supportons pas la comparaison ! Moi qui, humblement, suis professeur d'histoire des sciences, j'ai appris dans ces pages-là, sur l'histoire scientifique du XVIIe siècle français, des précisions exquises que je ne connaissais pas : nous avons oublié l'inspiration indienne des *Fables* de La Fontaine, mais eux citaient le grand poème du même La Fontaine sur le Quiquina, sur la quinine. Dans une réunion mondiale sur les problèmes d'éducation, la semaine dernière, à Rome, un représentant de l'Inde a exposé les efforts réalisés là-bas, pour l'éducation des enfants dans la rue, au moyen des nouvelles technologies. Ils dépensent un budget donné par enfant et par jour pour les passionner avec des matières d'enseignement transmises ainsi, alors que ces gosses ne savent ni lire ni écrire… L'élan de leur pédagogie est tel que l'on peut déduire de lui l'envolée prochaine du pays. Parmi les pays dits « sous-développés », ceux qui décollent sont ceux qui ont eu une politique pédagogique ambitieuse, voici déjà dix ou quinze ans ; l'Inde est de ceux-là. Et nous ? Ainsi a-t-elle pu arrêter l'hémorragie de ses scientifiques vers les Etats-Unis d'Amérique – la France en souffre autant et plus qu'elle – de sorte qu'une partie des ingénieurs indiens qui travaillaient naguère dans la Silicon Valley reviennent aujourd'hui à Bangalore. Mais les nôtres ne reviennent pas. Une étude norvégienne récente montre que l'intérêt pour l'école est inversement proportionnel au produit national brut d'un pays. Pays pauvre, pays passionné par la science et la culture. Délétères, nos richesses nous entraînent à l'inculture anti-connaissance dont, épouvantés, nous voyons aujourd'hui les ravages, en France.

— L'Inde sera sans doute bientôt riche : c'est à n'en pas douter un pays émergent… Nous allons retrouver les Indiens toute la semaine sur France Info. Nous serons d'ailleurs dans la semaine à Bangalore…

— J'aurais tant aimé qu'il y eût un Bangalore, en France…

La norme

Chronique du 4 décembre 2005

— *Michel Serres, cette semaine, je vous propose de parler de ce qui est normal. Quoi de plus normal ? Parlons de la norme, du standard, du format et, par conséquent, de la différence. Nous sortons de l'année du Handicap, grande cause nationale – le président de la République, notamment, a rappelé la nécessité d'assumer l'altérité. N'a-t-on pas tendance à vouloir tout standardiser ? À l'inverse, n'a de valeur que ce qui s'extrait de la norme… Il faut être très quelque chose : grand, fort, beau, méchant, riche, ou aller plus loin, plus vite, plus haut, etc. Il faut toujours se distinguer. Cultiver ou blâmer les différences, tout cela n'est-il pas paradoxal, Michel Serres ?*

— Tout le monde a lu les albums d'Hergé, les aventures de Tintin et Milou. Dans *L'Oreille cassée*, les protagonistes sont à la recherche d'un fétiche, certes, en bon état, mais qui a l'oreille cassée. À la fin de l'album, on retrouve ce fétiche, complètement brisé à la suite d'une chute survenue sur un bateau. On le retrouve donc, on le rapièce un peu, on le réinstalle sur son socle du Musée ethnographique, où il avait été volé. De tous vos yeux, regardez ce fétiche : revissé, recousu, replâtré, remonté…

— *… rapiécé… Je l'ai parfaitement en mémoire.*

— … refait par pièces et morceaux par des fils de fer, des plaques, des éclisses, etc.

— *Mais il est unique.*

— Regardez-le bien : voici l'homme. Nous sommes tous

des Arlequins, comme ce fétiche…

— … *à l'oreille cassée…*

— … personne n'est parfait. Personne n'est moyen, nul n'est dans la norme, celle qui a de beaux yeux se plaint beaucoup de ses jambes ; d'autres, aux larges épaules, se trouvent un peu gras du bide, etc., personne n'est normal. Atroces photos de mode qui imposent une norme qui rendent les femmes si désespérées…

— *Et les hommes !*

— … parce qu'elles s'épuisent, sans jamais y parvenir, à ressembler à cette norme-là, raciste souvent de surcroît. La mode impose une norme, elle reproduit partout des modèles dont personne n'approche.

— *Et elle exclut. Parce qu'on a du mal à ressembler.*

— … en me promenant sur la plage, de la Gironde à la Bidassoa, il m'est arrivé de tomber sur un camp de nudistes. Merveilleuse expérience ! Nous ne voyons jamais que la diversité des visages, nous n'entendons jamais que la variété des voix, nous ne sommes jamais à même de vérifier celle des corps, vraiment hallucinante. Hélas, nous connaissons les animaux, nous ne connaissons pas vraiment l'homme, nous n'apprécions que rarement son extraordinaire bariolage. Voir un camp de nudistes permet de mesurer la variation formidable des torses, des ventres, des seins, des cuisses et des verges. Voilà : le kaléidoscope fait loi. Il n'y a que des individus. Par rapport à la norme, nous sommes tous déviants. Il n'y a que des singularités, il n'y a pas de norme. Bon. Thèse inverse, maintenant : mais le format, mais la norme, mais le canon, mais la moyenne sont d'une efficacité, d'une utilité extrêmes. Au début de mon livre *Rameaux*, je décris la Venise puissante des

Doges, au moment où elle dominait la Méditerranée. Pourquoi parvint-elle à cette puissance ? En raison de la norme, que j'appelle : format. Venise ou invente ou applique ou impose des unités de longueur, des unités de volume, des unités de poids, des bureaux de change où s'estime la proportion des monnaies… elle canonise l'espace, la perspective en peinture… dans l'imprimerie, des normes apparaissent pour les marges à gauche, les marges à droite, les marges en haut, la séparation entre les mots, les paragraphes, etc. Les horloges mesurent le temps, des portées permettent de transcrire la musique… des instituts forment les jeunes (vous constatez alors que *former la jeunesse consiste à la mettre sous format*). Cet ensemble formidable de formats fut d'une efficacité redoutable sur le commerce, lui-même formaté par la comptabilité. Pour pouvoir être efficace, il faut des normes, et, par exemple, du droit, bien nommé puisqu'il rectifie le groupe, qu'il met les sociétés à la norme… Les sociétés ne peuvent pas vivre sans droit.

— *Ne finit-on pas par aller trop loin ? Dans nos sociétés actuelles, un alcoolique, par exemple, c'est quelqu'un de répréhensible – on renonce donc à Baudelaire, à Apollinaire –, un homophile, c'est quelqu'un de particulier – on renonce donc à Proust… Et celui qui est habité par la folie ? On peut aussi renoncer à Artaud, à Dalí… À force de vouloir tout ramener à la norme, à force de vouloir tuer les différences, on va perdre aussi le talent !*

— Vous parlez d'individus, d'inventeurs, de personnages d'exception, hors norme. Tous les alcooliques n'écrivent pas de poésie, les fous n'ont pas d'œuvre et les drogués dorment. J'ai dit, justement, en commençant que la loi se situait hors norme, dans la diversité. Inversement, la norme, la loi, le canon, la moyenne, parlent du nombre, et même du grand nombre, de l'organisation efficace d'un ensemble. D'où les deux points de vue et la tension entre les deux, entre l'individualisme du divers et la moyenne d'une société, d'une famille, d'un collectif, d'un État, d'une nation. Certes, l'invention est toujours hors norme. L'inventeur sort de la norme, mais, comme en un choc en retour, la science va se réorganiser à partir de cette invention et, à partir de la nouvelle norme, la société même peut se réorganiser en formatant cette chose même naguère hors format…

— … *cela va produire des inventeurs.*

— Non, il faut de nouveau sortir de cette norme. Vous qui travaillez dans les médias, vous savez parfaitement ce que c'est que le format ; nous parlons sept minutes, pas plus ; les informations font une minute et demi. Rappelez-vous les quelques émissions originales que je vous ai parfois proposées : ne m'avez-vous pas répondu qu'elles n'étaient pas au format de France-Info ? Du coup, je n'ai pu les dire. De même, à la télévision, les images ne durent pas plus qu'un nombre limité, calculé de secondes ; les émissions sont toujours dans le même format… Or, d'après la tension décrite tout à l'heure, *plus il y a de formats, moins il y a de nouvelles*. Voilà une tension que devraient méditer les médias. Mais, malgré la parenté des mots, les médias méditent-ils ?

— *Mais quand l'actualité est exceptionnelle, on casse les formats, on casse les normes et on change les durées…*

— Que non ! Quand l'actualité devient exceptionnelle, tous les médias la répètent, uniformément et jusqu'à la nausée… La norme organise la société, le savoir et l'art académique, la répétition domine les médias et l'entreprise. Inversement, quand arrive l'invention, elle ne fait pas de bruit. Nul ne la voir venir, personne ne l'attendait. Générale, dominatrice, la norme fait un bruit d'enfer ; si assourdissant qu'on ne peut pas ne pas lui obéir. La nouveauté arrive comme un voleur dans la nuit. Rarissime, l'invention survient sur des pattes de colombe, sans annonce, sans préalable, sans cortège ni fanfare. Ce que vous appelez l'« information exceptionnelle », nul ne la voit, nul ne l'entend ; silencieux, quasi muet, voici le cambrioleur de l'ombre.

— *C'est ce petit fil qu'il faut savoir tirer… et qui fait le talent dans nos métiers.*

— Talent introuvable ?

Les prix Nobel

Chronique du 11 décembre 2005

— *Michel Serres, cette semaine, parlons prix Nobel. Les prix 2005 ont été officiellement remis hier. Les cinq premiers prix Nobel ont été décernés en 1901 ; c'est au roi de Suède que revenait l'attribution des prix de physique, de chimie, de médecine et de littérature, et au Parlement suédois que revenait celle du prix de la paix. Depuis, un Nobel d'économie a été ajouté. Rappelons qu'Alfred Nobel est d'abord l'inventeur de la dynamite et que c'est sa fortune ainsi gagnée qui a permis de financer ces superbes prix.*

— En 1896, par testament, il lègue quarante millions de couronnes ; le prix Nobel dispose d'une importante dot. Celui d'économie voit le jour en 1969 ; celui de mathématiques n'existe pas. Une légende tenace, qu'il faudrait vérifier, veut qu'Alfred Nobel ait perdu sa maîtresse dans les bras d'un mathématicien… Vrai ou faux, je ne sais. En tout cas, le prix de mathématique a été remplacé par une médaille Fields, que beaucoup de Français ont obtenue.

— *Sacrée punition pour les mathématiciens !*

— Nobel avait réalisé sa fortune en mettant au point un explosif à base de nitroglycérine, la dynamite. En 1864, une violente explosion détruisit son laboratoire. Je rêve que le testament que j'ai mentionné contienne la première idée d'une morale de la science. Le chimiste constate que son invention n'a pas toujours eu des applications pacifiques ou destinées à des progrès humains et il essaie de restituer une dette : première idée d'éthique scientifique ?

— *Nobel pensait que la dynamite serait une arme de dissuasion – comme l'arme nucléaire –, et qu'elle empêcherait la guerre…*

— Elle sert surtout aux travaux publics, au creusement des tunnels ; je l'ai moi-même employée dans des carrières…

— *… et aussi des tranchées.*

— Donc, première idée de morale de la science. Deuxième remarque : peu de femmes ont reçu cette récompense, parlons-en d'autant plus volontiers que c'est une Française qui a eu deux fois le prix Nobel dès 1901-1902-1903…

— *Marie Curie.*

— Marie Curie, en effet, gagnante à la fois du prix de physique et du prix de chimie, exploit sans précédent et sans imitateur. D'autre part, on dit souvent, avec raison, que le prix Nobel récompense de vieilles gloires, qu'il arrive souvent tard. Essayons de comprendre pourquoi. Une invention vraiment innovante n'est pas toujours immédiatement comprise, non seulement par le public, mais par les savants, par les pairs eux-mêmes : pas seulement ni trop souvent jaloux, mais surtout étonnés, parce que ladite innovation bouleverse leurs schémas. Je me souviens de Lynn Margulis, autre femme et biochimiste que j'admire beaucoup. Le jury la choisit fort tard parce qu'elle avait inventé, mais dans son jeune âge, une idée sur la symbiose de deux espèces, que n'avaient jamais admise ses collègues ; il a fallu plusieurs décennies avant que le consensus des scientifiques finisse par admettre qu'elle avait raison. La physique, la chimie, la biologie mettent ainsi beaucoup de temps à consacrer les inventions. En attendant, certains génies connurent des destins dramatiques : Boltzmann se suicida ; nul ne crut Semmelweis, quand il demanda aux accoucheurs de se laver les mains ; tous les géologues se moquèrent de Wegener lorsqu'il eut l'intuition de la dérive des continents, mère de la théorie des plaques... Comparez cette longue attente à ceux qui obtiennent la médaille Fields, en mathématiques ; Serre l'obtint à trente ans et Lafforgue, lauréat de cette année, est, lui aussi, très jeune. Pourquoi ? Parce que les mathématiques démontrent. Dès lors que l'un d'entre eux démontre rigoureusement la nécessité d'un résultat, les citoyens de la communauté mathématique s'inclinent. Ce n'est pas le cas en physique et en chimie.

— *Comment se fait-il que ce prix, qui a maintenant plus de cent ans, soit resté une consécration suprême ?*

— Il n'a qu'un siècle alors que les sciences ont deux millénaires et demi ! De plus, nos sociétés sont, pour une grande part, fondées sur, influencées ou dynamisées par la science. Une grande partie de nos métiers, de nos travaux, des progrès, des aises de notre confort, de nos pensées, de nos conduites même est due à la physique, à la chimie ; que doivent nos guérisons, notre absence de douleur aux inventions de la biochimie ? Du coup, la science a une importance sociale beaucoup plus forte qu'on ne le fait croire à l'opinion. Voyez : les médias font la plus belle part aux hommes politiques. Or, prenez du recul et dites-moi qui les Français d'aujourd'hui connaissent mieux : Marie Curie, par exemple, ou celui qui, à cette époque, était ministre des Affaires étrangères ou Premier ministre ? De fait : pourrions-nous répondre à quelqu'un qui nous demanderait leur nom ? Oui, au bilan, la science a eu, a et aura plus d'influence sur les changements de la société que la politique.

— *Vous voulez dire que la science change vraiment les choses, et que la politique ne les change pas toujours ?*

— Vous l'avez dit, je vous l'ai soufflé ! Pour prendre un parfait exemple, notez la dérive du prix Nobel de médecine depuis quelques décennies. Jusqu'à la fin de la Seconde Guerre mondiale, des praticiens l'obtenaient. À partir de là, les savants biochimistes les ont trustés presque tous : souvenez-vous de Jacques Monod, que j'ai bien connu, de François Jacob... Pourquoi ce brusque changement ? Parce que, avant cette date, la médecine diagnostiquait parfaitement mais guérissait peu, alors que les laboratoires de biochimie ou de recherches pharmaceutiques réussissent aujourd'hui à obtenir, plus efficacement, des guérisons. Qui aimez-vous mieux ? Un chimiste qui trouve une molécule qui guérit dix mille malades ou dix hommes politiques déterminés à faire la guerre pour tuer dix mille de leurs enfants ?

— *Je vous aide à conclure : science et conscience dans le prix Nobel.*

— De même qu'on note cette dérive sur le prix de médecine, plus souvent attribué à des inventeurs qu'à des praticiens, on souligne une semblable dérive entre un prix Nobel de littérature idéalement destiné à l'auteur d'une œuvre et celui qui sanctionne surtout l'engagement politique. L'avez-vous remarqué ? Ce prix couronne aujourd'hui plutôt un ressortissant de pays pauvre, alors que ceux de sciences reviennent plutôt à des savants issus des pays riches. Pourquoi le jury observe-t-il un tel décalage, uniquement politique ? Changement soudain : la politique détermine la science !

Mots anglais et langue française

Chronique du 18 décembre 2005

— Michel Serres, cette semaine, vous avez un coup de blues – j'emploie le mot à dessein. Vous voulez que nous partions en guerre, non pas contre le franglais, mais contre l'envahissement des mots étrangers, mots anglais en tête, qui renvoient souvent d'ailleurs à des publicités ou à des concepts du marché – du « marketing », dans notre langage. Le prix de la Carpette anglaise décerné il y a quelques jours vous a touché. Pourtant, cette semaine, vous avez aussi accueilli à l'Académie française René Girard, qui est quand même le plus américain des intellectuels français. Tout cela est bien paradoxal.

— J'enseigne moi-même à l'université Stanford, où René Girard était mon collègue jusqu'à sa retraite. Quoique tous deux anglophones, nous exportons la langue, la culture et la philosophie françaises, d'où notre scandale devant ce qui se passe en France. La langue française ne se porte pas trop mal à l'étranger, mais, hélas, fort mal en France. Bien qu'elle arbore le mot « France » dans son titre, la compagnie aérienne Air France, a distribué une carte de fidélité *Flying Blue*…

— *C'est un joli mot, « bleu »,* blues…

— Voulez-vous dire : « voler triste, voler mélancolique »…

— *… cela signifie peut-être « voler bien, voler nostalgie », on y associe les bons vieux avions…*

— … « voler en pleurant » ? Pour le commerce, ce n'est pas une publicité décisive. Mais je me moque… France Télécom aussi a eu la Carpette anglaise, vous le savez, avec *family talk*, *business talk*, etc. Radio France a une *City Radio*…

— *… qui s'arrête le 31 décembre, Michel Serres, c'est fini !*

— Quelle chance ! Personne dans le monde ne peut s'imaginer que *city* désigne Paris. La *City* se trouve à Londres.

— *C'est un Québécois, un Canadien, qui l'avait inventé.*

— La SNCF a battu tous les records, de vitesse peut-être, en distribuant, à son tour, une carte de fidélité, *S'miles*. Plus nos compagnies arborent, en effet, le mot « France » dans leur titre, plus elles s'enorgueillissent de servir le public, plus elles parlent l'anglais des snobs, pas forcément ni toujours compris dans les pays anglophones. Pourquoi conserver le titre : « France » ? La SNCF, a, en effet, battu un beau record de vitesse, puisqu'elle compte désormais non plus en kilomètres, mais en *miles*. Calculez, le TGV double presque sa rapidité. Record de sottise aussi : je ne suis pas sûr que l'astuce *S'miles* fasse vraiment rire un anglophone.

— *Quand on utilise des textos, on fait de petits* smileys. *Voilà : c'est un concept de marché, un concept marketing.*

— Puisque nos décideurs éprouvent de la honte à parler français, nous dirons que cette langue devient celle des pauvres, de ceux qui ne décident pas. J'en fais partie.

— *Ne seriez-vous pas un peu sectaire aujourd'hui ?*

— « Sectaire » signifie, vous le savez, quelqu'un qui demeure dans sa secte, dans sa commune, sa paroisse, bref dans un lieu fermé. J'ai enseigné dans tous les pays du monde, sur tous les continents, ou à peu près ; j'ai donc eu, devant moi, des étudiants de plusieurs dizaines de langues, de cultures, de religions, d'idéologies, j'ai dû m'adapter à des gestes étranges, à des usages bizarres, je viens de recevoir, à l'Académie française, un Français qui enseigne en anglais… Je ne vois vraiment pas ma secte ! Mais je trouve extraordinaire que la France aujourd'hui oublie deux choses. Premièrement : comment se fait-il que les spécialistes de communication, que les publicitaires ignorent que, dans les pays étrangers, lorsqu'on veut lancer un article bas de gamme, on le baptise plutôt, en effet, en langue anglaise, mais que, si on veut lancer un article de bonne qualité, pour faire voir vraiment qu'il sort de l'ordinaire, au point de vue de la finesse – demandez aux Japonais, à ceux qui réussissent dans le commerce international –, alors, ils utilisent un mot français ? On dit, en anglais, « la crème de la crème »...

— *Je vous attendais sur ce coup-là, vous en êtes fier !*

— Air France, France Télécom, la SNCF lancent sans doute des produits bas de gamme.

— *On s'adresse à l'étranger, on utilise des mots français… et on se sert de mots étrangers pour s'adresser aux Français. C'est ça, le marketing.*

— Allons maintenant au plus sérieux, au tragique même, à une idée qui me fait pleurer. Dans tous les pays envahis, dans les Républiques extérieures de l'ancienne URSS, le premier combat que les vaincus menaient, c'était pour leur langue, pour ne pas parler russe, mais parler leur langue, conserver leur langue, qu'ils considéraient comme le trésor le plus inaliénable de leur culture, de leur personnalité, de leur identité. Regardez nos amis québécois plongés dans un univers complètement anglophone, eux ne disent pas *e-mail*, ils disent « courriel », ils essaient de défendre vraiment leur langue parce qu'ils savent vraiment ce qu'il en coûte…

— *… ils sont assiégés…*

— … ils défendent leur âme, leur identité. Je crois vraiment que les décideurs et que les spécialistes marketing, comme vous dites, ne savent pas ce qu'ils font. Non, ils ne savent pas ce qu'ils font. Ignorants, peut-être, incultes, je le crois…

— *Moi, je vous crois méchant. Je ne pense pas qu'ils soient incultes. Tout cela repose sur une volonté, basée sur des analyses de clientèle…*

— Je ne suis pas méchant, je suis malheureux, j'en pleurerais des larmes de sang. Comment se fait-il que vous, comme eux, n'aimiez plus la langue française ? Ni la culture de votre pays ? Pourquoi n'aimez-vous donc plus ceux qui ont écrit, écrivent et parlent en langue française ? D'où vous vient cet oubli ?

— *Là, vous essayez de nous avoir par les sentiments.*

— Il a toujours existé une langue de communication ; la Méditerranée a parlé grec ; ensuite elle a parlé latin, puis arabe, puis français, enfin anglais. Comment se passer, en effet, d'une langue de communication ? En voyage, qui peut savoir toutes les langues ? Il faut bien s'accorder sur une *lingua franca*, sur une sorte de jargon commun aux voyageurs, aux marins, aux aviateurs, aux commerçants et aux savants. Mais pourquoi imposer la langue anglaise là où l'on a déjà des mots français pour le dire ? Pourquoi imposer la langue des puissants là où les pauvres ont déjà des mots pour le dire ? Là, il y a quelque chose qui me paraît, oui, criminel.

Noël et la crèche

Chronique du 25 décembre 2005

— *Michel Serres, c'est Noël. Et Noël, c'est la crèche. C'est vrai dans les églises catholiques mais également dans les familles et souvent sur les places de village. Jésus est là, puisqu'il est né dans la nuit du 24 au 25, il y a sa mère, la Vierge Marie, Joseph, les animaux de la crèche – les Rois mages, eux, ne vont arriver que dans quelques jours, pour l'Épiphanie –, on y voit aussi des personnages indépendants de la scène sainte. Cette crèche, qui est l'un des symboles les plus forts de la culture chrétienne, est pourtant relativement récente, elle ne date pas des débuts de la chrétienté…*

— Je suis content que vous ayez dit « culture chrétienne ». La crèche n'est pas récente, en effet ; elle ne fait pas partie du dogme, elle ne fait même pas partie de la liturgie, elle ne fait même pas partie de ce qui est historique dans cette religion. Une tradition assez tenace et probablement vraie fait remonter cette représentation naïvement théâtrale au culte instauré par saint François d'Assise, vers le XIIe-XIIIe siècle ; elle viendrait, semble-t-il, de textes qu'on a rejetés comme apocryphes, d'Évangiles qui ne font plus partie aujourd'hui du corpus dit « canonique », autrement dit accepté en concile. Cette crèche n'est pas seulement installée dans les églises catholiques, puisque nos amis luthériens, spécialement en Allemagne du Sud, ont la même pratique, enracinée sans doute, pour les pays d'Europe considérés, dans les traditions et pratiques paysannes.

— *Ces crèches ne sont pas toutes pareilles…*

— Autour du noyau principal groupant Marie, Joseph, Jésus, l'âne, le bœuf et les bergers appelés par les anges cette nuit-là et survenant, étonnés, avec leurs moutons, mille scènes varient, plaisantes et naïves. L'année dernière, à Saint-Sulpice, dans le VIe arrondissement de Paris, une crèche extraordinaire, venue d'Europe du Sud, s'étendait à peu près sur la longueur de l'église, et représentait des paysages, ruisseaux, forêts, montagnes, villages, fermes et champs, avec des dizaines de personnages...

— *On avait reconstitué toute la Palestine.*

— Plutôt une rusticité imaginaire, assez ressemblante pourtant au paysage rural familier, selon que vous êtes portugais, italien, espagnol ou provençal, une Palestine de rêve pour enfants. Quant aux personnages, les Provençaux les appellent des « santons », petites figurines de terre cuite parmi lesquelles l'une me ravit, que l'on appelle *lou ravi.*

— *Pourquoi* lou ravi *?*

— *Lou ravi* peut être un promeneur, un paysan, quelqu'un qui n'est pas dans le coup, disons un incroyant. Il passait là, et, voilà, il tombe en arrêt devant ce qui se passe. Non seulement il ne croit pas, mais il s'étonne des croyants. Que font ces derniers ? Ils veillent, parce qu'ils croient que Jésus-Christ vient de naître cette nuit ; ils attendent, puis vénèrent l'avènement de quelque chose qui n'existait pas sur terre. L'incroyant, quant à lui, veille pour boire, manger, danser, avec raison, bien sûr – qui pourrait le critiquer de vouloir s'amuser... Alors, pendant une fraction de seconde, il regarde les croyants. Les incroyants bien évidemment ont les pieds sur terre ; ils pensent que sur terre, font rage la laideur, la violence, les guerres ; nous le savons en abondance et nous le pratiquons, avoir les pieds sur terre veut dire s'occuper de son salaire, de ses enfants, de son travail, enfin bon, du pratique, du concret, des actualités, des guerres et de la violence. Le croyant, quant à lui, croit qu'il peut y avoir autre chose sur terre que cela. Or l'incroyant, qui passe, regarde le croyant qui, lui, croit qu'il se passe autre chose. Nous sommes tous incroyants aujourd'hui et nous regardons, en passant, ce qui se passe en cette scène de Noël : tout à coup, on s'arrête. Je demande aux auditeurs de s'arrêter, de s'arrêter comme *lou ravi*, de s'arrêter trente secondes – « de s'arrêter », dites-vous ? pour quoi faire ? Je ne sais pas, n'importe quoi : regarder par la fenêtre les enfants qui passent, rien que pour les regarder ; voir des vieillards en train de discuter sur le trottoir, rien que pour les voir ; lever les yeux et regarder le ciel où scintillent les étoiles, simplement pour les observer… s'arrêter rien que pour entendre battre son cœur. On s'arrête, un moment court, pour se regarder vivre, et tout à coup on trouve qu'on vit… C'est curieux, justement parce qu'on s'arrête, on s'aperçoit qu'on peut regarder, qu'on peut observer, et, soudain, on s'aperçoit que c'est justement ça, avoir les pieds sur terre, que le réel, c'est cela même : s'arrêter ; que le réel, c'est cette immobilité qui permet de percevoir… Comment alors ne pas s'étonner de cette vue nouvelle, si étrange et qu'on n'avait jamais remarquée, oui, voilà, extatique. Alors, comme fait naïvement *lou ravi*, les bras montent vers le ciel, la bouche s'ouvre, les yeux s'écarquillent, on s'aperçoit que le réel, on ne le connaissait pas du tout, lorsque l'on s'occupait du concret, de son emploi du temps, de la fuite éperdue de sa propre durée, de la perte de sa vie…

— *Il n'est pas touché par la grâce. C'est simplement une pause.*

— La grâce, c'est précisément cela : avoir les pieds sur terre. La Terre est beaucoup plus qu'on ne le croit, peut-être est-elle divine…

— *Vous nous demandez aussi, dans la vie, de prendre un temps. Un temps pour regarder, un temps pour voir…*

— *Lou ravi* s'arrête devant ce qu'il voit, seulement ce qu'il voit, pour le voir seulement.

— *Pourquoi ce personnage dont la philosophie vous impressionne se rencontre-t-il seulement dans la crèche provençale ?*

— Toutes les crèches groupent des statues, c'est-à-dire des gens arrêtés. Toutes immobiles, toutes aussi arrêtées que *lou ravi.* Mais pourquoi se sont-elles arrêtées ? Autrement dit, qu'est-ce qu'une statue ? L'immobilité. Or, dès le moment où l'on s'arrête, où l'on ne bouge plus, où l'on ne court plus, on voit différemment le monde, on voit différemment les autres. Alors, on s'aperçoit que la réalité n'a rien à voir avec ce que l'on croit d'habitude, lorsque l'on court éperdument après ce que l'on croit concret, réel, pratique, etc., que cette réalité est complètement différente. Au fond, quand on est incroyant et qu'on s'arrête, on comprend tout à coup pourquoi s'arrêtent les croyants.

Calendrier républicain

Chronique du 1er Janvier 2006

— *Michel Serres, cette semaine, parlons calendriers – julien, grégorien, révolutionnaire… Nous sommes en nivôse, peut-être le 12 de l'an 214 si je ne me trompe pas, et c'est justement le deux centième anniversaire de la réintroduction du calendrier grégorien – c'était le 1er janvier 1806, après que Napoléon a aboli le calendrier révolutionnaire.*

— Je vous laisse, en riant, la responsabilité de ce compte, où triomphent les calculateurs prodiges…

— *Aïe, aïe, aïe !*

— J'admire la poésie du calendrier révolutionnaire ou républicain. L'automne s'y divise en trois mois : vendémiaire, brumaire, frimaire ; l'hiver, en nivôse, pluviôse, ventôse ; le printemps, superbe, en germinal, floréal et prairial ; enfin, l'été, encore plus beau, en messidor, thermidor et fructidor.

— *Mais il y a la patte du poète.*

— Il s'agit de Fabre d'Églantine. Il a composé des mois immédiatement compréhensibles, comme « frimaire », les frimas, « prairial » ou « floréal », prairies et fleurs, mais il faut parfois décrypter les autres, un peu plus difficiles parce que plus latins que français : « vendémiaire », pour les vendanges, « messidor », pour la moisson ; parfois aussi grecs, comme « thermidor », pour le mois des chaleurs. Fabre d'Églantine a eu moins de chance ou de talent pour les semaines ; pour se mettre en harmonie avec le système décimal et métrique, qu'une commission où siégeaient Lagrange, Monge et Laplace venait de créer, il a tenté d'arrondir les semaines à dix jours.

— *Et de faire des mois de trente jours.*

— « Primidi », « décadi »... sonnent moins poétiquement que nos « lundi », « mercredi » et « samedi ». De plus, il vaut la peine de le dire, avant que les médias et quelques financiers obligent nos enfants à chanter en anglais, les mères françaises transmettaient à leurs enfants de vieilles chansons traditionnelles comme *Il pleut, il pleut bergère*... Fabre d'Églantine en est l'auteur...

— *Chantons-le ! « Il pleut, il pleut, bergère... »*

— Il n'était pas, en effet, un trop mauvais poète. Revenons à ce calendrier républicain : il n'a rien de révolutionnaire, à mon avis. Quoique nous ayons l'habitude d'associer brumaire ou thermidor avec quelques exécutions sanglantes à la guillotine, il reste que ces appellations, rurales, météorologiques, se réfèrent plus aux pluies, aux vents, aux fleurs, à la moisson, bref, à la campagne, qu'à des événements historiques ou politiques. Voilà un excellent témoignage de ce qu'à l'époque la France comportait 70 à 80 % de paysans. Géorgique, bucolique, d'une sérénité champêtre, décalé par rapport au Champ-de-Mars ou à la place de la Bastille, il n'a rien de révolutionnaire ni de républicain !

— *Mais c'était surtout un symbole de rupture avec le passé.*

— Cette rupture renoue avec un passé quasi éternel puisqu'il s'agit de vents, de neige et de chaleur. Mais il essayait de rompre avec un calendrier référé à des calculs savants.

— *Le calendrier grégorien...*

— ... grégorien, julien...

— *... solaire.*

— Fabre d'Églantine, poète officiel, paya de sa vie…

— *… il fut guillotiné.*

— Oui, comme d'autres poètes, comme André Chénier ; comme d'autres scientifiques, comme Lavoisier… On tranche toujours les bonnes têtes…

— *La République, à l'époque, disait…*

— … « La République n'a pas besoin de poètes ; la République n'a pas besoin de savants. » Cela nous arrive tout autant aujourd'hui, j'en sais quelque chose : les écrivains passent à la télé aux heures du porno et les savants s'expatrient aux États-Unis. Croyez-vous que la France n'ait plus besoin d'eux ? Or donc, Fabre d'Églantine fut fauché comme une fleur. Or donc encore, Bonaparte, excellent savant, arrêta le calendrier révolutionnaire et revint au calendrier grégorien. Celui-là exige, en effet, des calculs raffinés, pour harmoniser deux rythmes, celui de la Lune, caractéristique des calendriers juif ou musulman, avec le rythme du Soleil, peut-être plus fréquent ou universel ; harmoniser ces deux cycles n'est pas un problème simple, parce que les deux rythmes ne s'accordent ni ne coïncident. Voyez, par exemple comment nos amis musulmans observent le ramadan tantôt en printemps, tantôt en été ou en hiver.

— *Et la Pâque catholique…*

— La Pâque juive et la fête chrétienne correspondante, qui en est l'héritière, toutes deux lunaires, se décalent par rapport au rythme de l'année solaire. On appelle « épacte » le nombre de jours de cette arythmie, de cette dysharmonie entre la Lune et le Soleil. Du coup, le rétablissement du calendrier grégorien a été non seulement une action de type politique, mais aussi une décision de science.

— *Cela a sans doute également eu un avantage fantastique :*

Napoléon voyageait beaucoup et faisait voyager ses troupes. Ne pas avoir le même calendrier que d'autres pays lointains était très complexe.

— Voilà que vient une question d'universalisation, déjà de mondialisation. Au moment où ils dataient ou comptaient avec le calendrier de Fabre d'Églantine, les acteurs de la Révolution française avaient des visées universalistes qui aboutirent, certes, à la Déclaration des droits de l'homme, mais aussi au système métrique : le premier universel pour la société des femmes et des hommes, le second, établi sur la mesure du méridien, universel pour le monde. Or, quoique inventé par ou sous le pape Grégoire, le calendrier grégorien était plus universel que tant d'autres, justement parce qu'il harmonisait les deux rythmes, de la Lune et du Soleil. Cela fut sa chance ; ainsi est-il adopté aujourd'hui à peu près dans le monde entier.

— *Il n'aura pas vécu très longtemps, ce pauvre calendrier du poète Fabre d'Églantine....*

— Quatorze ans. Les décisions qui changent, sur décret, des habitudes historiques enracinées depuis longtemps ont peu de chance de subsister ; voilà l'une des leçons du calendrier révolutionnaire.

— *Laissez-moi vous énumérer quelques fêtes qui existaient du temps de ce calendrier révolutionnaire : fêtes de la Vertu, du Génie, de l'Opinion, des Récompenses...*

— Moins d'un demi-siècle après Fabre d'Églantine, Auguste Comte a établi un autre calendrier, dit « positiviste », où les mois, les jours et les fêtes se réfèrent aux noms des génies et des savants de l'histoire et du monde entier. Il y manque Jésus-Christ.

La musique partout

Chronique du 8 janvier 2006

— *Michel Serres, cette semaine, parlons musique. Nous fêtons cette année les deux cent cinquante ans de la naissance de Mozart. Mozart, génie précoce, qui, dans sa courte vie – trente-cinq ans –, a apporté une contribution majeure au répertoire classique et beaucoup fait pour la popularisation de la musique. Mais la musique, à cette époque, c'était un instrument, chez soi, c'étaient des partitions, c'étaient des concerts. Aujourd'hui, la musique nous accompagne à chaque instant. Elle est omniprésente, y compris grâce à votre i-pod.*

— Jadis exceptionnelle, la musique nous attendait au concert ou demandait une expertise : le talent du piano, du violon ou du chant ; du coup, nous l'entendions peu. Bénéficiant de dix moyens de réplication et de reproduction, elle nous poursuit désormais toujours et partout. Chez les voisins, dans les magasins, au café… Vous le savez sans doute, sainte Cécile, ainsi représentée par dix grands peintres et sculpteurs, comme Cimabue, comme Véronèse ou Donatello, sainte Cécile, dis-je, est la patronne de la musique et des musiciens ; elle est, de plus et surtout, la patronne d'une des plus belles cathédrales de France…

— *… je sens qu'on va aller dans le Sud-Ouest…*

— Un peu avant Noël, je me trouvais en effet à Albi – je souhaite que nos auditeurs visitent cette ville, peut-être l'une des plus belles du monde, pure merveille d'une extraordinaire unité. Comment peut-on l'appeler « Albi la Blanche », puisque *albus* veut dire « blanc », alors qu'elle est complètement rouge,

rouge comme le Tarn, rouge comme la brique de sa cathédrale, admirable, ronde et majestueuse… Comme je me trouvais justement transi devant l'admirable cathédrale, je me suis, par après, réfugié dans l'un des cafés de la place, aussi admirable. Seul client, à cette heure, en ces lieux, comme je voulais prendre quelques notes, j'ai demandé à la serveuse : « Soyez gentille, arrêtez la musique. » Elle l'arrête, je commence à travailler ; dix à vingt secondes après, la patronne arrive, remet la musique plus fort encore, je lui redemande d'arrêter le bruit.

— *Un instant de tranquillité.*

— « Non, me dit-elle, non, il faut céder à la norme. » La veille j'avais aussi tenté de dormir dans une autre ville du Sud-Ouest, où dans les couloirs de l'hôtel, toute la nuit, la musique vrombissait. L'hôtel, pourtant construit et conçu, me semble-t-il, pour que dorment ses clients, retentissait de musique, comme le café… Musique présente, musique prégnante, musique norme. N'est-il pas intéressant de réfléchir sur ce phénomène social ? Sur cette interdiction de travailler au café, de dormir à l'hôtel, dans tous les cas de s'entretenir avec son voisin ? Comment se fait-il que la musique, exceptionnelle de Mozart à mon enfance, de la fondation du monde à hier matin, ait envahi l'espace et le temps, les villes, les lieux publics, même les confidences que je cherche à faire à mes amis, à mon âme elle-même… ?

— *Les ascenseurs…*

— Musak partout, musak toujours. Avis à mon amie la correctrice, avis aux imprimeurs, veuillez, je vous prie, laisser la graphie « mus*ak* », je dis bien « mus*ak* ». Me voilà donc, la semaine suivante, invité à un dîner privé, bon chic bon genre, aggravé d'un orchestre et d'une Castafiore tellement gigantesque et tonitruante que je n'ai pas pu dire un mot à mon voisin ; nous communiquions par gestes et par grognements, comme de bons Néandertaliens.

— *On dit pourtant que la musique adoucit les mœurs.*

— Là où les nerfs s'irritent, là où les oreilles se bouchent, la comprenette cherra... Chantiez-vous, dans votre jeunesse, cette sorte de canon : « Maudis sois-tu carillonneur / que Dieu créa pour mon malheur / Dès le point du jour à la cloche il s'accroche, / et le soir encore carillonne plus fort », et le quatrain se terminait par : « Quand sonnera-t-on la mort du sonneur ? » Peut-on imaginer que nos pères se scandalisaient d'entendre de la musique, du carillon, trois fois par jour, pendant quarante à cinquante secondes ? Quand sonnera-t-on la mort du disco ?

— *Ils ont gagné à peu près partout.*

— Vieux veinards ! Assaillis seulement trois minutes par jour ! Comparez avec nos oreilles, assaillies toujours et partout. Pourquoi la musique a-t-elle envahi la société ? Je veux répondre à cette question, aujourd'hui majeure. Écoutez, doucement : imaginons la fonction du silence. Muet, silencieux, j'entends ma propre voix, ma rumeur propre, ma propre pensée, mes sentiments, émotions, tendresses, colères, intuitions soudaines. Dans ces conditions douces, chacun peut entendre ce qu'on appelait autrefois la « voix de sa conscience ». Oui, quelque chose comme une musique qui émane de sa propre personnalité. Alors, toujours dans le silence, chacun construit son individu, la ligne propre de sa voix, le ton, le son de son *ego* ; oui, l'on se construit soi-même. Si la musak domine de son tonnerre cette timide entreprise, que des méga-ondes ravagent, interdisent cette écoute, lente, profonde, discrète, personnelle, singulière, la construction singulière de son *moi* se perd, la construction personnelle de l'individu s'effondre.

— *Elle tue la solitude.*

— Non seulement la solitude, mais cet arrêt dont nous parlions la dernière fois, à propos de *lou ravi*… Mais tout à coup je délaisse cette philosophie de l'individu, cette petite éthique singulière, cette confidence de psychologie, et je me permets, pour une fois, de m'engager vivement dans la politique. Dites-moi la loi suprême, la règle fondamentale des régimes autoritaires, tyranniques, des régimes fascistes. La voici : les réunions de deux ou trois personnes sont interdites ; vous n'avez pas le droit de parler au voisin. Poussez maintenant cette logique jusqu'au bout et imaginez des régimes plus tyranniques encore que ceux-là, que nous avons bien connus. Quelle serait leur loi suprême ? La voici : *vous n'avez pas le droit de vous réunir avec vous-même.* Vous n'avez pas le droit de construire votre propre individu, vous n'avez plus le droit d'être une personne. Si la parole intime, douce, s'accompagne d'une petite musique sourde, la sienne propre, et si ce son quasi muet vous permet de vous créer, puis d'exister, alors cette musique publique, laide, obligatoire, tonitruante, oui, strictement politique, aura des résultats plus lourds encore que la loi sur les réunions de ces régimes autoritaires. Comment, alors, les individus se construiront-ils ?

— *Je ne vous suivrai pas sur ce terrain ; je crois que l'on doit choisir les moments où l'on veut écouter…*

— … on ne peut pas choisir…

— *… il faut pouvoir choisir.*

— Il faudrait, comme au pied de la belle cathédrale, pouvoir demander d'arrêter la musique. Or on ne peut pas, elle est obligatoire comme une loi fasciste.

— *C'est vrai que quand on met la* Petite Musique de nuit *en musique d'attente, on gâche un peu Mozart…*

— Ce n'est pas moi qui ai pleuré Mozart assassiné.

Pèlerinage

Chronique du 15 janvier 2006

— *Michel Serres, aujourd'hui parlons pèlerinage. Un mouvement de foule a fait plusieurs centaines de morts à La Mecque. Saint-Jacques-de-Compostelle, Chartres, Lourdes... le pèlerinage, c'est une occasion d'hommage, de recueillement, de communion. C'est en général plutôt religieux, mais pas toujours.*

— Notre vie se tisse d'événements comme la naissance, les premières amours, tels exploits, tels échecs professionnels, intervenus ici ou là ; nous ne détestons pas revenir audit paradis de l'enfance ; nous aimons retrouver le jardin où nous rencontrâmes la première fois notre compagne. Voilà des lieux de pèlerinage. Vrai pour la vie privée, vrai aussi pour la vie publique ou politique. Un semblant de pèlerinage conduit le maire vers le monument aux morts le 11-Novembre, un autre vers la place de la Bastille le 14-Juillet, mais le pèlerinage est d'abord religieux. Les anciens Grecs allaient à Delphes pour consulter l'oracle d'Apollon, à Épidaure se faire soigner par Esculape, les chrétiens vont en Terre sainte, à Lourdes, les musulmans à La Mecque. Pourquoi vont-ils dans ces lieux privilégiés ? Une vraie surprise nous attend là. Je compare les mots à des boîtes ; quand on ouvre ces boîtes-là, on peut avoir des surprises extraordinaires, car elles contiennent parfois de merveilleux secrets.

— *Alors, ouvrons « pèlerin ».*

— Ouvrons la boîte du mot « pèlerin ». On disait jadis

« pérégrin », on peut dire encore « pérégriner »... Dans cet « égri » ou « agri », vous entendez le mot qui a donné « agriculture ». Cette racine signifie « champ », au sens paysan du terme.

— *Pérégrination...*

— Le pèlerin désigne donc celui qui cultive un champ situé ailleurs et qu'il ne connaît pas. De quelle terre s'agit-il ? Il s'agit d'abord de notre planète ; l'espace ne nous laisse pas indifférent. Il y a, sur la terre, des lieux merveilleux. Le Mont-Saint-Michel, lieu sublime qui ne me, qui ne nous laisse pas indifférents; saviez-vous qu'il s'aligne sur deux autres points consacrés au même archange, l'un dans le sud de l'Italie, du côté de Monte Gargano, l'autre sur la pointe des Cornouailles ? Les Anciens nommaient parfois ces lieux « nombrils de la terre » ou « ombilics du monde ». Nous avons toujours envie de considérer que là où nous vivons est, justement, le centre du monde, l'ombilic de l'Univers. Voilà pourquoi les mots « pèlerin » et « pèlerinage » se réfèrent à la terre, à l'espace des champs. Ainsi le mot « païen » répète-t-il le mot « paysan ». Ici le mot religieux reprend et décline le mot « agricole ». Là, une deuxième surprise nous attend...

— *Vous avez fait quelques recherches pour faire cette chronique, n'est-ce pas ?*

— Non, je suis simplement fils de paysan, donc anciennement païen. Les plus antiques des religions vénèrent les ancêtres enterrés dans le champ que la famille travaille. Cultiver le champ ou pratiquer le culte des ancêtres, vous dites le même mot : « culture » et « culte ». Or, surprise étonnante, lorsque survient le temps que l'Occident appelle l'« ère moderne » ou l'« ère chrétienne », de nombreuses populations, généralement païennes, abandonnent soudain les dieux de leur pays les dieux de leur sol, les dieux de leurs champs, de leur lieu, pour considérer que le lieu saint, que l'ombilic de la terre, ne sera désormais plus chez eux, mais ailleurs. Vous entendez déjà le mot « pèlerin » : le champ se situe ailleurs. Pour le Gaulois, le lieu privilégié n'est plus Alésia, mais Jérusalem, n'est plus la Gaule, mais la Palestine… La Terre sainte n'est plus celle de mes ancêtres, de ma naissance, le chez-moi de mes dieux, la Terre sainte n'est plus ici, je ne suis plus d'ici… Tout à coup advient un déplacement, une extraordinaire ouverture vers l'altérité. Ces populations se convertissent à un dieu étranger, à une terre étrangère, à une langue étrangère, la langue sainte n'est plus la leur mais l'hébreu ou l'araméen, langue et terre étrangères, qu'ils ne parlent même pas, où ils n'habitent même pas, où ils n'irons peut-être jamais. Nous avons parlé naguère de *La Marseillaise*, du sang impur de nos ennemis : quelle sinistre régression vers soi et son sol ! On revient à notre champ, au lieu de s'ouvrir au champ d'un autre.

— *Le pèlerinage est-il, oui ou non, une ouverture ?*

— Le pèlerin marche vers ailleurs parce qu'ailleurs est la valeur. « Païen » signifie casanier, celui qui ne cesse de vivre dans son propre champ ; quitter le paganisme veut dire voyager ailleurs, ne pas hésiter à traverser les champs étrangers.

— *On se renforce, on se régénère ?*

— Partons, alors, en pèlerinage, allons justement ailleurs, vers cette Palestine promise, ou ce lieu espéré…

— *… les bords du Lot, pour vous faire plaisir.*

— Là parvenu, le pèlerin s'aperçoit, déçu, qu'ailleurs c'est comme ici ; que l'espace étranger n'est pas si différent qu'il croyait de l'espace familier qu'il vient de quitter ; que même les lieux saints ne sont pas vraiment différents des lieux ordinaires.

— *Ils sont souvent même très organisés et mercantiles.*

— Du coup, l'ailleurs, l'étranger, le but du pèlerinage se déplace. Il n'est plus chez nous, il n'est même plus chez le voisin, même plus à l'étranger, même plus en Terre sainte ; il ne se trouve en aucun des points de la planète – même les plus beaux – que le voyageur a visités ou même pourrait visiter s'il avait le don de l'immortalité. Déçu par ces pèlerinages, devenu un exilé perpétuellement errant, le pèlerin rêve alors d'un ailleurs radical ; il pense alors qu'il est d'ailleurs ; il dit alors qu'il n'est pas, comme on disait, d'ici-bas. Bien sûr, nous avons toujours la nostalgie des pays de notre enfance ; la nostalgie du pont où nous avons rencontré notre compagne ; celle des lieux saints ; mais, essentiellement, nous vivons nostalgiques d'un ailleurs absolu, peut-être même du septième ciel. Que dire de nous ? Que nous nous sentons toujours en exil. Oui, je me demande ce que je fais là. Exilé, pèlerin sans plus aucun but ici.

Vietnam et Yersin

Chronique du 22 janvier 2006

— *Michel Serres, aujourd'hui revenons en Asie et parlons du Vietnam, un des sept pays qui composent l'Indochine. France Info poursuit ses semaines asiatiques et, dès demain, sera en direct du Vietnam. Le Vietnam, pays en plein développement, encore sous un régime politique complexe… Mais ce qui vous inspire ce soir, Michel Serres, c'est un personnage, aujourd'hui méconnu, Alexandre Yersin. Un pastorien, mais aussi l'homme qui a introduit l'hévéa en Indochine, l'arbre à caoutchouc.*

— L'escadre vient de jeter l'ancre dans la rade ; on entend des canonnades ; certains bateaux, à quai, débarquent l'armée ; éclatent des fusillades. Les soldats envahissent le pays, l'Amérique des Indiens, l'Afrique des esclaves, l'Asie d'Indochine… Qui ne voit, sur écran géant, cette scène du débarquement, mille fois racontée dans l'histoire, avec ces bruits et ces détonations qui s'entendent, et de loin. L'histoire va s'en saisir, on en parlera. Une minute maintenant : le soir tombe. En plissant un peu les yeux, apercevez-vous, le long des filins et des aussières d'amarrage, des rats en train de courir à la queue leu leu ? Ils débarquent à leur tour dans le pays. Cela s'entend peu, on le voit mal, on pourrait à la rigueur en prendre des photos, les animaux envahissent le pays, on pourrait même dire qu'ils le colonisent.

— *Ils quittent le navire, colonisent le pays.*

— Quelques jours se passent. Les puces qui fourmillent

entre les poils des rats sautent à leur tour à terre, dans le sable ou dans l'herbe ; elles envahissent le pays, on pourrait même dire qu'elles le colonisent. Quelques heures se passent, et les bacilles, *Pasteurella pestis*, portés par ces rats et par ces puces, se mettent à parasiter les habitants du pays.

— *La peste.*

— Alors on ne voit plus rien, on n'entend plus rien, puisque ces bacilles sont invisibles ; nul ne parlera de cette affaire, mais une épidémie de peste fait rage, et l'on compte tout à coup des dizaines de milliers de morts. Voilà mon scénario, imaginaire certes : ne croyez pas que la peste fut apportée par la colonisation, non, elle vint en Europe d'Asie, au contraire. Mais je voulais simplement monter un scénario, comme une fusée à cinq étages : les bateaux arrivent ; les hommes débarquent ; les rats débarquent ; les puces débarquent ; les bacilles débarquent. Cette fusée, issue de l'histoire des sciences vraies, redresse aujourd'hui les histoires ordinaires et leur théâtre un peu voyant. Exemple entre mille : de la grippe importée en Amérique ou de l'arquebuse espagnole, laquelle des deux a mis le plus à mal l'empire des Aztèques ? Voilà une question que l'histoire des sciences aujourd'hui pose mieux qu'autrefois. Mais parlons maintenant de ladite Indochine, excellente appellation géographique, puisqu'elle désigne le lieu où l'Asie indienne se fond peu à peu et se termine là où l'Asie chinoise commence...

— *C'est son sens véritable, finalement.*

— J'ai envie, maintenant, de parler de Yersin. Pourquoi ? Parce que personne n'entend parler de lui, personne ne le connaît, ou très peu, sauf quelques téléspectateurs qui ont vu, voici quelques années, *La Légende des sciences* où, avec Robert Pansard-Besson, nous avions décidé de parler de lui, sans doute pour la première fois, au moins à l'écran. Des rues, des avenues, même dans le Vietnam actuel, portent encore le nom de Yersin ; les habitants de l'époque l'appelaient familièrement « M. Sud ». Qui était-il ? Médecin, né en Suisse en 1863, Alexandre Yersin fait ses études à Lausanne, puis entre, avec Pasteur, au laboratoire de l'École normale supérieure, où il vaccine contre la rage. J'ai moi-même connu ce vieux labo, où le toubib, Pierre Étienne, soignait les jeunes normaliens, moi compris, sous ces ombres illustres. Difficile d'accès et malaisé de compagnonnage, Pasteur n'avait pas bon caractère; Yersin le quitte soudain et se décide à naviguer, comme le rat, comme la puce de tantôt. Il embarque pour le compte des Messageries maritimes ; médecin du bord, il fait la ligne entre Saigon et Manille, entre Saigon et Haiphong, entre Saigon et Hongkong... Tout en restant pastorien. Un jour, il débarque à Hongkong où sévit une épidémie terrible de peste. Il y débarque comme un rat ; il y débarque comme une puce. Le 20 juin 1894, date à mes yeux historique – l'histoire ordinaire n'en tient que rarement compte, l'histoire ordinaire parle de tuer, beaucoup moins de guérir –, le 20 juin 1894, dis-je, Alexandre Yersin isole pour la première fois le bacille de la peste et démontre, preuves en main, le rôle des rats dans la propagation de la maladie. Pas celui des puces, il se trompe et donne ce rôle aux fourmis, pauvres innocentes en cette matière. Voilà pourquoi j'ai raconté mon histoire, au début, parce que, maintenant, je puis retourner ma fusée à cinq étages. Yersin la retourne, en effet, isole le bacille, puis remonte vers les rats, vers les hommes, et met une main formidablement efficace sur cette terreur immémoriale : une épidémie.

— *Il invente donc le vaccin.*

— Il invente un vaccin, pas encore décisif, loin de là. Mais j'admire Yersin, non seulement pour cette découverte, mais pour une vie extraordinairement pleine, magnifiquement remplie. Continuons : il reste en Indochine, collabore à la naissance et à la construction de Nha Trang, y installe un observatoire astronomique. Enfin, il y introduit l'hévéa, comme vous l'avez dit…

— *… et que Michelin va utiliser, acheter. Ce sera son premier client.*

— L'agronome qui, en laboratoire public, a le mieux étudié l'hévéa, Jean Campaignolle, fut même le dernier Français à quitter Saigon à la fin de la guerre américaine. Le gouvernement vietnamien tenait beaucoup à lui et à ses travaux. Je suis son allié, je suis son ami, je crois bien qu'il ressemblait à Yersin. Je reviens à ce dernier : il installe non loin de Nha Trang une station agricole, où il y familiarise le *Chincona*, c'est-à-dire le quinquina, pour la quinine…

— *… ce n'était pas pour l'apéritif.*

— Ainsi prendra-t-il la suite… devinez de qui Yersin prend la suite ? De La Fontaine ! Qui donc a oublié que La Fontaine écrivit, en plein XVIIe siècle, un grand poème sur le quinquina, et chanta la publicité de cette quinine qui, à l'époque du fabuliste La Fontaine, du pasteurien Yersin et encore aujourd'hui, guérissait, guérit et guérira du paludisme. Croyez-moi, on raconte toujours l'histoire méchante, on ne raconte pas assez d'histoires aussi miraculeuses que celle-là.

Vie privée/vie publique

Chronique du 29 janvier 2006

— *Michel Serres, cette semaine, parlons vie privée/vie publique. Régulièrement, dans la presse, nous découvrons des détails, pour certains croustillants, sur les amours, les petits secrets et l'intimité de bon nombre de célébrités. Chanteurs, présidents et élus, chefs d'entreprise et têtes couronnées... Certains s'y prêtent volontiers, d'autres s'y refusent, certains jouent sur les deux tableaux et, piégés, montent sur leurs grands chevaux et vont ester en justice. Mais il n'y a pas qu'eux : à la télévision, à la radio ou sur le Net, les blogs ou des émissions populaires nous donnent également à voir, lire ou entendre des couples qui s'affichent, se déchirent ou s'exposent dans des postures bien intimes... Où commence et où s'arrête la vie privée ?*

— Alors le berger compta ses moutons, et à force de les compter, s'aperçut qu'il lui en manquait. Laissant donc son troupeau dans le parc, il se mit à chercher la brebis perdue, mais ne la trouva pas. Aux limites de la lande où il avait coutume de paître son troupeau, il arrive, anxieux, à une sorte de falaise de hauteur médiocre, où une anfractuosité de roche faisait comme une ouverture. Il s'y glissa – il fallait ramper parce que le sol descendait –, et là parvint à une crypte, sombre, et dans cette grotte, sur un socle, un cercueil s'ouvrait, transparent, où gisait, mort, un homme nu. Dans l'ombre, le berger vit luire une sorte de diamant à la main de ce cadavre, sur une bague que le mort portait à l'annulaire de la main gauche. Impressionné, il n'hésita pourtant pas à ôter la bague de la main du cadavre et à la glisser à son doigt. Et comme la sape s'arrêtait à la tombe et que le berger vit que la brebis ne s'y trouvait pas, il ressortit de la caverne. L'histoire ne dit pas s'il retrouva la bête, mais il garda la bague.

— *Je me demande vraiment où vous m'emmenez.*

— La semaine suivante, il assistait à une fête paysanne, où un vieux, comme moi, pérorait, comme moi, et ennuyait ses auditeurs, comme moi. Pour se désennuyer, il se mit à jouer avec le chaton de la bague. Oh ! surprise ! au moment où le chaton se trouvait à l'intérieur du doigt, le berger s'aperçut que ses amis parlaient de lui comme s'il venait de sortir. Il s'en étonna, et s'en étonna d'autant plus qu'en faisant plusieurs fois l'expérience, il en vint à une certitude : pas de doute possible, l'anneau à l'envers le rendait invisible. Incroyable circonstance ! Alors il entra chez les voisins sans que personne s'en aperçût. Alors il se mit à les voler ; alors il entra chez les filles et les femmes, les séduisit et les viola. Il s'enhardit. Devenu riche à force de voler, il entra au palais du roi ; alors il pénétra dans la chambre de la reine ; alors il se glissa dans le lit de la reine ; alors il devint l'amant de la reine ; alors il complota avec la reine pour tuer le roi ; alors il devint roi. Et c'est ainsi que le pauvre berger Gygès devint le successeur du roi Candaule, seigneur de Lydie. Alors le berger devint le tyran le plus puissant du monde, mais voleur, mais violeur, mais meurtrier. Riche, certes, respecté, certes, mais abominable. Voilà l'histoire.

— *Mais d'où nous vient cette légende ?*

— Voilà l'une des plus vieilles histoires du monde, celle de l'homme invisible, dont voici la morale : doit-on se méfier de celui qui cache ses actes, qui reste ignoré de tous dans ses intentions, ses pensées et ses projets ? Devient-il forcément dangereux, celui qui devient invisible, l'homme absolument privé ? Autrement dit, l'homme vraiment bon doit-il agir et penser devant le monde entier comme s'il était en privé, ou plutôt, doit-il agir en privé comme s'il était devant tout le monde ? Question pressante, maintenant : et nous, que faisons-nous, lorsque nous avons la certitude que personne ne nous voit ? Que faisons-nous quand nous sommes sûrs que nul ne saura jamais ce que nous faisons, ce que nous pensons ? En profitons-nous, comme le berger Gygès ? Que faisons-nous, dans le privé ? Que pensons-nous, par-devers nous, en douce, dans le secret de la poitrine, dans l'intime secret du privé ? Qu'est-ce que le privé ? L'intime, l'intérieur, l'invisible à tous. Intérieur, voilà le comparatif ; intime, voilà le superlatif ; l'intime de l'intérieur, c'est ce qu'il y a de plus dedans, dans la caverne, dans la tombe, dans l'ombre, dans le pli du doigt... Quoi de plus invisible au public ? Vous le savez bien, le dieu des croyants, c'est celui qui voit dedans : « L'œil était dans la tombe et regardait Caïn. » Voilà donc ma première version, ma première morale de l'histoire : celui qui réussit à réaliser ses projets, en restant invisible, devient aussitôt un salaud. Voilà, maintenant, la seconde, où je me retourne complètement. Quand la société se méfie des individus, lorsqu'elle n'aime pas les originaux, les hommes libres et autonomes, alors elle invente une histoire comme celle du berger. Un État autoritaire traque les singularités, traque le privé ; une société qui exige la transparence totale du privé peut être aussi dangereuse que devient dangereux l'individu invisible. Choisissez entre les deux versions : celle qui accuse le privé – le berger Gygès est un salaud – ; et celle qui accuse la société : qu'elle demande la transparence, et elle peut devenir autoritaire et totalitaire...

Nous l'avons dit pour la musique, l'une des semaines passées. N'allez-vous pas me demander mon choix, entre les deux versions ?

— *Évidemment !*

— La voici. Revenons à l'histoire : lorsque le chaton de la bague glisse à l'intérieur de sa main, le berger s'aperçoit qu'il devient invisible. Mais il s'en aperçoit seulement parce que les autres parlent de lui comme s'il venait de sortir, vous en souvenez-vous ?

— *Absolument.*

— Il ne peut donc savoir par lui-même s'il devient invisible ; il lui faut, pour cela, le témoignage d'autrui.

— *Qu'on lui donne ce retour.*

— Il se demande s'il est visible ou invisible. Seuls les autres peuvent le lui dire. Nous ne nous connaissons pas vraiment nous-mêmes ; nul n'est opaque ni transparent soi-même à soi-même ; ainsi ne savons-nous pas vraiment ce qui est public et ce qui est privé dans notre vie. Serais-je donc à ce point privé de ce que j'ai de plus privé ?

— *J'en conclus donc que notre indiscrétion nous en apprend un peu sur nous… et qu'elle est la raison de cette même indiscrétion. Michel Serres, je n'ai pas encore saisi l'origine de la citation que vous nous avez faite…*

— Platon, *République,* livre II, histoire de Gygès, berger, roi de Lydie.

Himalaya

Chronique du 5 février 2006

— *Michel Serres, revenons sur la disparition, dans l'Himalaya, de l'alpiniste français Jean-Christophe Lafaille. C'était il y a plus d'une semaine et il n'y a malheureusement plus d'espoir de le retrouver en vie. Un nouveau conquérant des cimes paie de sa vie cet irrésistible besoin d'exploit. Lafaille tentait la série des 8 000, les quatorze plus hauts sommets du monde, sans oxygène. Michel Serres, nous avons déjà parlé d'exploits et d'aventuriers, mais cette disparition est aussi l'occasion de magnifier cette formidable discipline qu'est la haute montagne, avec ces mots qui résonnent particulièrement : « guide », « cordée », « solitude »… Je sais que vous y êtes très attaché.*

— Selon toute probabilité, Jean-Christophe Lafaille vient de se perdre dans le Makalu ; avec Benoît Heimermann, il avait écrit ce magnifique *Prisonnier de l'Annapurna*, où il évoquait la mort de son ami Pierre Beghin. Il vient de le rejoindre, seul, dans le Makalu. Je voudrais à cette occasion célébrer les guides de haute montagne. Je ne connais aucune profession pour laquelle je nourrisse un respect aussi grand. Voilà des gens courageux, aguerris, vigoureux, extraordinaires pédagogues, généreux… Ces femmes et ces hommes risquent leur vie pour leurs clients. Dans un monde banal qui célèbre souvent l'égoïsme et la triche, je salue, avec émotion et admiration, ces hommes et ces femmes qui n'ont jamais droit à l'erreur, qui vivent à la fois dans la santé, mais aussi dans la sainteté.

— *Vous avez été alpiniste.*

— Oui, j'ai été alpiniste, un médiocre alpiniste, mais j'ai quand même gravi quelques sommets dans les Andes, les Alpes, les Rocheuses et l'Himalaya, en compagnie d'une amie, Anne-Marie Delaunay, et de deux guides de haute montagne, André Chappelier et Jean-Yves Hubaud, l'un proche du mont-Blanc, l'autre du massif de la Meije ; j'aimerais que tous trois m'écoutent ce soir. Je ne les remercierai jamais assez de m'avoir appris et d'avoir partagé avec moi la joie incandescente, la passion dévorante du glacier, de la paroi, de la neige, du rocher, de la parfaite beauté. Je me rappelle des couloirs de glace gravis à la pointe de l'aube, quand une couleur violette envahit la blancheur de sa diaphanéité de feu. Comment alors ne pas croire à une transcendance ?

— *Vous avez, en quelque sorte, confié votre vie à ces gens…*

— La cordée invite dans un univers particulier, celui de la haute montagne. À partir d'une certaine hauteur, on quitte la moyenne montagne, la montagne à vaches, pour entrer dans un autre monde. Notre planète se divise en deux parties, la terre avec un petit *t*, celle que l'on habite et que l'on laboure, celle qui nous permet de manger, ensuite la Terre avec un grand *T*…

— *… celle qui est accessible à tous les humains, et l'autre…*

— … celle où habitent tous les hommes, celle où il n'y a personne. Cette dernière, on la découvre dans le désert, sur la banquise, en haute mer et en haute montagne. Ici, l'habitat ; là-haut, la planète. Or là où il n'y a vraiment personne, nul ne peut accéder sans de petits modèles réduits de société : en haute mer, en bateau ; en haute montagne, en cordée. Et la cordée, c'est le modèle du contrat social parfait : tu me sauves, je te sauve ; tu me protèges, je te protège ; aie confiance en moi, j'ai confiance en toi. Au sens le plus précis, je sais que tu ne me laisseras pas tomber ; moi aussi, je te rattraperai. Voilà le meilleur modèle du contrat social ; mais aussi un bon modèle du contrat naturel, parce que le bateau épouse la mer, comme la cordée, avec un respect infini, épouse la paroi, le rocher, le glacier. On touche la roche, on la caresse, on l'aime, elle vous répond ; oui, on dialogue avec elle. On aime la montagne et la mer, comme on aime une amante.

— Besoin d'y retourner ?

— Oui, malgré mon âge. Distinguons, je vous prie, deux voyages : l'ordinaire va à la rencontre des hommes – faisons la louange du voyage de l'historien, de l'ethnologue, du journaliste même… –, l'autre va vers la beauté. Ce que l'on a prétendu inutile, c'est le voyage vers la beauté ; je sais, la beauté n'a plus bonne réputation, mais je ne saurai jamais remercier assez mes deux guides de haute montagne qui ont exposé leur vie pour partager avec moi ce sens extraordinaire de la beauté, de la virginale beauté, de la verticale beauté, de la transcendante beauté de la montagne. Là vient de mourir Jean-Christophe Lafaille, au milieu de la beauté immaculée.

— Pourquoi certains individus ont-ils, sur cette Terre, droit à cette beauté et peuvent vivre une vie qui n'est que d'aventures et de découvertes de ces espaces formidables, alors que d'autres doivent au quotidien…

— … est-ce un droit ? Je crois qu'il faut tout simplement des chaussures, un piolet, un sac et des crampons – ce n'est pas hors de prix, vous savez –, plus ses propres mains, mêlées d'un peu de bonne volonté. On ne paie pas non plus pour grimper. De plus, et ce n'est pas rien, l'héroïsme de Jean-Christophe Lafaille, comme celui de tous les guides que j'ai connus et aimés, consiste à ne vaincre personne, à ne se faire l'adversaire de personne, le rival de personne, mais à se trouver seul à seul devant des objets inertes, roche et glace, devant le monde tel quel, devant la Terre, devant la planète, devant la mort… Jean-Christophe Lafaille s'est trouvé devant la mort comme nous nous retrouverons tous un jour devant la mort… Qui nous prendra ? Le Makalu a pris Lafaille comme la mer a pris Tabarly. Qui me prendra ?

— *C'est quand même un besoin de conquête.*

— Je respecte ces gens-là à la hauteur de la haute montagne ; je respecte les guides comme je respecte les hauts sommets où ils m'ont accompagné ; devant l'Everest et devant le Makalu, je me souviens avoir pleuré de contempler ces deux sommets de solitude et de beauté.

— *Vous nous ramenez peut-être à d'autres images. Vous parliez du désert, par exemple, et de la mer, que vous connaissez. Il y a aussi des guides dans le désert, il y a aussi des marins qui connaissent la mer mieux que d'autres et qui savent affronter…*

— … comme disent les guides, les parois horizontales sont quelquefois plus difficiles que les verticales…

— *Comment peut-on être prêt à sacrifier sa vie à ce besoin de découverte ou d'aventure ?*

— Se mettre un moment seul face à la beauté silencieuse. Silence total, beauté transcendante. S'il existe une attirance, c'est celle de la beauté ; ils vont vers la beauté, comme j'y suis moi-même allé.

— *Vous parlez de cordée : dans le cas de Lafaille, il était seul. C'est encore pire…*

— C'est très dangereux de partir seul ; il faut avoir une confiance immense dans ses capacités, dans sa propre expertise. Aucun droit à l'erreur ; personne pour rattraper la plus petite erreur. Je n'ai jamais eu ni ce courage ni cette confiance ; je ne suis qu'un médiocre alpiniste ; je n'ai jamais su ni pu partir seul, mais j'admire sans réserve ceux qui, follement, le font.

Les chroniques par dates

Les chroniques par mots-clés

Achevé d'imprimer en mai 2006
par ***Bussière***
à Saint-Amand-Montrond (Cher)

GROUPE CPI

N° d'impression : 062088/1
Dépôt légal : juin 2006
N° d'éditeur : 0289-01/1

Imprimé en France